高职高专"十三五"公共基础课系列规划教材

创新创业指导

主　审　张建华
主　编　石冬喜　宋晓玲
副主编　吴高潮

西安交通大学出版社
XI'AN JIAOTONG UNIVERSITY PRESS

图书在版编目(CIP)数据

创新创业指导/石冬喜主编. 一西安:西安交通大学出版社,2016.8
ISBN 978-7-5605-6209-4

Ⅰ.①创… Ⅱ.①石… Ⅲ.①职业选择-高等教育-教材 Ⅳ.①G647.38

中国版本图书馆 CIP 数据核字(2016)第 202775 号

书　　名 创新创业指导
主　　编 石冬喜
责任编辑 王建洪

出版发行 西安交通大学出版社
(西安市兴庆南路 10 号　邮政编码 710049)
网　　址 http://www.xjtupress.com
电　　话 (029)82668357　82667874(发行中心)
(029)82668315(总编办)
传　　真 (029)82668280
印　　刷 陕西元盛印务有限公司

开　　本 787mm×1092mm　1/16　**印张** 13.5　**字数** 324 千字
版次印次 2016 年 8 月第 1 版　2016 年 8 月第 1 次印刷
书　　号 ISBN 978-7-5605-6209-4/G·1474
定　　价 32.80 元

读者购书、书店添货,如发现印装质量问题,请与本社发行中心联系、调换。
订购热线:(029)82665248　(029)82665249
投稿热线:(029)82668133
读者信箱:xj_rwjg@126.com

前言

随着以信息化、网络化为主要特征的知识经济时代的到来，创新型人才培养已经成为我国教育教学改革的重要主题。然而，时至今日，创新创业指导并没有像期待的那样得到普及，学校的创新创业氛围也没有期盼的那样浓烈，学生的创新创业意识及对创新创业方法技巧的掌握也没有期望的那样理想。面对多方面诘问，如何走出创新创业的困境是社会各界所关注的一个热点问题。

创新创业在于思维创新，创新创业能力的培养在于创新创业思维的训练。为了培养创新创业思维，不少高校开设了“创新创业指导”课程，专门训练创新思维。然而，创新创业的培养并非一门课程就能够做到，需要多方面、长期训练养成。通修、专业等必修课程面广量大，如果将创新创业训练与知识的传授有机地结合，使每门课程成为创新创业指导的训练场，培养“创新创业”类人才则不难实现。

所谓思维就是在表象概念的基础上进行分析、综合、判断、推理等认识活动的过程。思维是人类特有的一种精神活动，是从社会实践中产生的。创造性思维是多种思维的综合表现，它既是直觉思维与分析思维、发散思维与聚合思维、抽象思维与形象思维的结合，又离不开创造性想象，是观察能力、分析能力、知识整合能力、创新能力等综合能力的表现。创造力的培养应该在了解创造性思维组成的基础上，进行有针对性的训练，在教学中，要根据学生的学习、认知、记忆与心智技能的具体特点制订综合的训练方案。根据学生思维活动的发展规律，引导他们正确对待设计活动中出现的问题，深入分析，多思、多解、举一反三，最终找到解决问题之道。只有注重启迪学生的创造性思维和创业能力的培养，培养他们的能力，才能收到事半功倍的效果。

本书注重理论与实践相统一、应知与应会相交融、当前与长远相结合，内容丰富、结构严谨、信息量大、指导性强、注重实践。本书安排了很多的典型案例，便于读者抓住重点、领会要点、排除难点。本书既可作为大学生创新创业指导课程的教材，也可作为高校师生、社会创新创业指导人员的参考书。

本书由长期从事创新创业指导的专家、教授编写而成。本书在编写的过程中得到了苏州经贸职业技术学院张建华、周家伟、杨毅红、许凌、张立俊、李俊飞的悉心指导和关心帮助。全书由苏州经贸职业技术学院张建华教授担任主审，石冬喜担任主编，吴高潮、宋晓玲担任副主编，郁小琴、顾旭东、吴新龙、杨扬、汤梦、陈晓、孙苏云参与编写。具体编写分工如下：苏州经贸职业技术学院石冬喜（第 1、6 章）、杨凌职业技术学院吴高潮（第 2、4 章）、杨凌职业技术学院宋晓玲（第 3 章）、苏州奇锐克有限公司郁小琴（第 7 章）、苏州市吴中中等专业学校顾旭东（第 5 章）、苏州技师学院吴新龙（第 8 章）、苏州经贸职业技术学院杨扬、汤梦、陈晓、孙苏云（第 9 章）。本书在编写过程中，参阅了国内外有关大学生创新创业指导方面的著作、教材，还吸收了部分专家、学者的研究成果，在此一并表示感谢。

由于编者水平有限，缺点、疏漏在所难免，敬请同行专家及广大读者多提宝贵意见，以便修订完善。

编　者

2016 年 8 月

目录

CONTENTS

第八章　创业指导

第九章　编制创业计划书

参考文献

第一章　创新思维

第一节　创新思维的定义

一、创新思维的含义

创新思维(creative thinking)是指重新运用已获得的知识和经验,提出新途径、新方式,并创造出新思维成果的一种思维方式。它是在一般思维的基础上发展起来的,是人类思维的最高级形式,是人类思维能力高度发展的体现,是人类认识世界、改造世界、创造世界的先锋队和突击队。

至于“创新”的内涵,可以作狭义与广义两种不同的解释。

狭义的创新思维,指的是建立新的理论,产生新的发明、发现,或塑造新的艺术形象的思维活动。它强调的是,思维的成果是独创的,是前所未有的,而且是得到了社会的承认和具有巨大社会效益的。此外,它也包括那些在社会范围内得到了该行业专家公认或权威性专利机构承认的具有重大价值的种种新设想。

广义的创新思维,指的是思考自己所不熟悉的问题,而且没有现成的思路可以完全套用的思维活动。它强调的是,所思考的问题对思考者来说是生疏的,思考活动的进行没有老一套的思维程序和模式可以完全照搬照套。这种广义的创新思维活动包括的范围很广——企业员工提出关于技术革新和改进经营管理的种种建议;刑事侦查人员对案件的分析推测;医务人员对疑难杂症的诊断治疗;机关工作人员开拓、改善管理工作的构想;服装设计师对服饰款式的设计;广告设计人员提出的产品营销计划;等等。形形色色的创新过程虽指向不同,但都体现着其核心——思维活动的创新或是思维成果的创新。因此,只要有思维能力的人就有产生创新思维的可能性。

必须肯定和承认狭义创新思维的存在及其作用,才能使具有重大价值的创造发明成果,以及创造发明者付出的辛勤艰苦的劳动,得到全社会的高度重视、尊重和钦佩,从而切实有效地保护和激励创造发明者继续进一步发挥创新积极性,为社会的发展作出更多更大的贡献。

同时也必须肯定和承认广义创新思维的存在及其作用,才能使社会的广大成员都愿意和乐于参与社会各个领域里的种种创造性活动,调动起社会各类人员的创造积极性,从而培养造就出适应社会发展需要的千千万万勇于创新、善于创新的开拓型人才。

二、创新思维的过程

创新思维是有创见的思维过程,它不仅能把握事物发展的本质,而且能进一步提供具有新价值的各种思维成果。我们只有充分了解创新思维的运行过程,才能使智慧之船沿着正确的航道驶向光辉的彼岸。究竟怎样的思维过程才会产生创意呢？世界公认的创意大师詹姆斯·韦伯·扬(James Webb Young)给出了一种看法：

创意的产生有两点基本方针：

(1)创意完全是把事物原来的许多旧要素作新的组合。

(2)必须具有把事物旧要素予以新的组合的能力。

这就揭示了创新思维过程实质上表现为选择和重新建构两者的统一。借用著名创意人赖声川先生在《赖声川的创意学》曾提到的一个比喻来形容：人的大脑就好比一台神秘的电脑，这台电脑平时自动搜集并储存一些文档，包括已经发生过的各种事件、各种素材，已经经历过的各种情感、各种思想，等等，而这些文档就是创意工作的原始资料。在创新思维的发生过程中，这台电脑进入一种机制，自动搜索、挑选这些文档，并将这些文档重新排列组合放入同一个新文档中，形成新的创意构想，再通过不断地修改、补充使其完整。这台电脑的配置优劣决定了其重组要素的能力高低，唯有那些高效、先进的电脑机制才能运作出最佳、最快的创新思维。因此，创新思维就是一个"无中生有""有中出新"的"组合"过程，如何完美地完成这个过程，需要创新思维方法和能力去实现、完善。

选择，可分为无意识的选择和有意识的选择。任何思维活动都本能地具有无意识的选择功能，很多无价值的联系不需要什么分析判断，就会被淘汰。但创新思维，特别强调有意识的选择。富有创意的人常在提出问题之初，就花较多的时间去思索、去选择，而缺乏创意的人则可能倾向于马上就干。前者由于思考周密、选择正确，往往能在创新思维的中途或后半程迅速超过后者。

在创新思维过程中，选择是创意思维得以展开的首要因素，也是创新思维各个环节上的制约因素。然而，选择不是盲目的，创新思维选择的目标在于破旧立新，在于对未知王国外围的层层阻碍和重重迷雾的突破。在这之后，才是新质在一个变更点上的爆发，才是新价值在一个缺口上的涌流，才是新假设、新方案、新思想、新理论、新形态、新成果诞生带来的希望和喜悦。

清代国学大师王国维在其代表作《人间词话》中，用三段绝美宋词诠释了"古今之成大事业大学问者，必经过三种境界"的说法：第一境界——"昨夜西风凋碧树，独上高楼，望尽天涯路"；第二境界——"衣带渐宽终不悔，为伊消得人憔悴"；第三境界——"蓦然回首，那人却在，灯火阑珊处"。这"三境界"说也可以看做是创新思维过程中主观感受的描述，对应了创意产生前后不断探索、比较、验证乃至顿悟的时刻。可见，无论思维的内容为何，人类创新思维的过程都是相似的，都是一个经过选择和酝酿，最终创意喷涌的思维演变。

重新建构，就是有效、及时地抓住新质，建筑起新的思维框架，迅速扩充其新的价值领域，完善和充实新的思想体系，为理论的发展和各种新的思维成果奠定新的根基。选择是重新建构的基础，重新建构是选择的归宿。人类的创造行为、创新成果，都受到创新思维的制约，更准确地说，都是受到重新建构后具有新价值的思想体系的制约。这种新的思想体系，只有经过完善和充实之后，才有可能成为创意行为的指南。历史上的科学家、发明家、艺术家、思想家以及各类伟大的创新者，都是善于进行思维的重新建构者。

英国心理学家奥勒斯(G. Wallas)在1926年提出：科学创造一般都呈现出"准备—酝酿—明朗—验证"四阶段的结构模式。一是准备期。在这一时期，发现问题，提出创造性课题，并搜集与课题有关的知识材料，对材料进行整理和加工。二是酝酿期。在第一阶段搜集材料、加工整理的基础上，对问题做试探性解决，提出各种试探方案。三是明朗期。经过第二阶段的试探，提出新的认识成果，产生新的观念、新的思想。这是创新思维最关键的阶段。正是在这一阶段，思维主体的思想得以摆脱旧经验、旧观念的束缚，新思想脱颖而出，从而产生质的飞跃。四是验证期。这一阶段的主要任务是对第三阶段得到的初具轮廓的新思想进行验证和证明。

创新思维在本质上是选择和重新建构的辩证统一。这两者并不具有绝对的界限，而往往是相互渗透、相互促进的，从而构成创新思维的运行过程。

三、两类思维方法在创新思维过程中的作用

人类思维的主要形式有两种：逻辑思维和非逻辑思维。它们各有自己的特点和作用，也各有自己的优势和局限。在创新思维的过程中，这两类思维方法就像自行车的两个车轮一样，缺一不可，互相配合。这是因为当我们驾驶思维方法这辆自行车，行进在创新思维的大道上，在每一段路途中都需要两者协调一致地同时转动起来。

创新思维的道路始于问题的提出，终于问题的解决，这其中每一个阶段都离不开逻辑思维和非逻辑思维。在“酝酿和产生新思想”阶段，主要需要运用非逻辑思维，以突破已有知识和经验的束缚，沿着各种非常规思路，反复进行辐射思考，力求从各个不同的角度和侧面，提出一个又一个新颖独特的设想；在“审查和筛选新设想”阶段，主要需要运用逻辑思维方法，对所提出的种种新设想逐个进行审查、检验、对比、筛选，从中选定和加工制作出解决问题的最佳方案。所以说，非逻辑思维侧重于使人的思维活动更加灵活和独创，而逻辑思维侧重于使人的思维活动更加严密和准确，就像郭沫若说过的：“既异想天开，又实事求是，这是科学工作者特有的风格。”

青霉素是英国细菌学家弗莱明在 1928 年发明的，当时，弗莱明在研究葡萄球菌的变种时，发现培养皿的边沿生长了一些霉菌，而这些霉菌周围的葡萄球菌没有了。在此之前，日本科学家古在由直也曾发现过这种现象，他经过仔细思考后，将这一现象归为普通的污染现象，认为是霉菌的迅速繁衍，消耗了葡萄球菌生长所需养分的缘故，因此未做深入研究。而弗莱明大胆运用非逻辑思维，将这一现象想象成是“霉菌杀死了葡萄球菌”的结果，并随即对这一设想进行了检验，最终从霉菌中分离出了一种能抑制细菌生成的抗菌素——青霉素，为人类战胜肺炎、白喉、脑膜炎等“绝症”提供了有力的武器，并因此获得了 1945 年的诺贝尔医学奖。

可见，创新思维是非逻辑思维和逻辑思维的融合和互补，是两者共同作用的结果，将创新思维等同于非逻辑思维的看法是相对片面的。尽管非逻辑思维是创新思维的核心和难点，在创新思维过程中往往起质变的决定作用，但是逻辑思维作为思维活动的基础，同样起着不可或缺的作用。任何新思想的提出、概念的形成、方案的选择及其补充、验证，都离不开逻辑思维，它本身不具有创新性质，但是为创新思维的展开构建着根基。未经过逻辑思维的思维活动，往往以纯粹的想象力零散地四处辐射，是无根或断线风筝式的游思。虽然这种思维有时也丰富而有弹性，也有智慧的闪光，但深度不够，杂乱无章，除了表现出“孩童式”的美感外，对新观点的培养并无大益；而以较强的逻辑为铺垫的思维活动，能灵活结合非逻辑思维与逻辑思维，以客观规律为本展开深刻思考，那么这种思维才既有开创性，又有洞察力，既有发散性，又有系统性，才是真正的创新思维。

第二节 创新思维的特征

一、独创性

创新思维具有独创性，内涵表现为其思维内容的“独一无二”“与众不同”。当一个人的思维可以不受外界因素的干扰，不受已有知识、经验的限制，也不依附或屈从于任何一种旧有的或权威的理论，那么他在认识问题、处理问题和解决问题的时候就具有了独创性。因此，独创性是创新思维最重要的特征，也是衡量一个人创新活力的重要因素。

同其他思维类型相比，创新思维以“新”“奇”制胜，它是人类智慧的集中体现。人类之所以能与其他动物相区别，成为大自然的主人，主要就是归功于其创造性禀赋。正是人类的创造性禀赋，赋予人类创造自然和社会环境、创造新世界的能力，使人类突破自然极限，在一切领域里开创新局面。具体到各种创新思维过程中，思维的独创性又可分为求异性独创、探索性独创、自变性独创三种。

(一)求异性独创

创新思维是一种求异思维，这个特征贯穿于创新活动始终。这种求异性并非主观臆想之说，而是指认识过程中着力发掘客观事物的差异性、现象与本质的不一致性和已有知识的局限性。因此，创新思维往往是一个冲破传统、超越习惯的过程，是一种反思性的思维活动，是对司空见惯的现象和已有的权威理论持分析的、怀疑的、批判的态度。无论是发明创造、行政管理、商贸经营，还是科学研究、文艺创作，求异性的体现都是对思维的再思维，力求在时间、空间、观念及方法上另辟蹊径、别具一格。也就是说，当他人或自己有了某种观点和思想后，人们就会利用既有的思维成果加以审查，看其符合事实与否，解释合理与否，根据充分与否，如有评估成分，其评价客观与否以及所采用的标准是否合理，有无应用价值以及应当如何去应用等。通过怀疑和批判，能够对其有效取舍，有助于明晰思维。

“近代化学之父”拉瓦锡21岁时对流行的“燃素说”产生了怀疑。当时“燃素说”已经统治人类思维一个多世纪，人们普遍认为燃素是一种构成火的元素，他却敏锐地直觉出其中的破绽，他在潜心钻研6年后，系统地提出了氧化理论，发动了物理学和化学史上的这场摧毁“燃素说”的革命。正是创新思维的求异性，使他大获成功。

(二)探索性独创

创新思维独创性的实质在于独立思考和创新。具有这种思维素质的人，对于未知领域、迷惑不解的现象有着强烈的探索欲，他们善于发现理论和实践中的新情况、新问题，提出意想不到的新课题，或从新的角度进一步研究老问题，或用新材料、新的方法作出新的概括，赋予新的生命。这种创新思维特征带有鲜明的开放性和探讨性。

中国是丝绸之都，中国丝绸的原料是蚕丝。1855年，有一个叫奥杰马尔的法国人，看见蚕吐丝的过程就提出一个新问题：既然蚕吃了桑叶能吐丝，那么让机器吃进桑叶，是否也可以吐出丝呢？于是，他开始实验，把从桑叶中提取出来的纤维素浸泡在硝酸溶液中，结果成功了，桑叶真的变成一种蛋白质黏液，将这种黏液通过一个小孔挤压，一根根连绵不断的细丝就从机器中“吐”了出来。这就是人类最早制造出来的人造丝——人造纤维。

(三)自变性独创

创新思维反映了一批思维活跃的人能够主动否定自己，打破自身的约束，不断去发现事物自身不合理的东西，并力图改变它们、完善它们的一种心态。新事物、新思想发展的初期往往会受到现有的、落后制度的阻碍，然而创新思维毕竟代表着社会发展的客观规律，所以这种变革的思想或迟或早要被社会绝大多数人所接受。随着创新思维的变革主张被绝大多数人接受并经过一定的过程之后，这种思维的内部就会开始孕育并分化，其中一部分会转变为传统的观念而保留下来，另一部分则随着自身的消亡转变为新的意识。因此，"新"与"旧"都是相对的，创新思维也是在自身的变革中不断完成的。

理查德·费曼在量子电动力学方面进行了卓有成效的工作，获得了1965年的诺贝尔物理学奖。但在荣获诺贝尔奖后的1965—1967年间，他却令人惊讶地放弃了自己的独创风格，忙于追踪别人的研究成果，结果，不但使自己的研究工作收效甚微，还把自己搞得精疲力尽。1967年，费曼访问芝加哥大学时，遇到了分子生物学家沃森。在拜读了沃森的名作《双螺旋》的打印稿后，他发现了一件令人震惊的事情：尽管当时沃森取得了非常突破性的科学进展，却对同一研究领域内其他人的工作一无所知。在一个不眠之夜之后，费曼终于清醒地意识到，沃森的成功秘诀就在于这种"无知"。正是因为不刻意关注别人正在做什么，而完全埋首于自己的研究工作，专心致志地在自己的研究领地上耕耘，他才获得如此重要的成就。费曼由此联想到自己先前在量子电动力学、超流性和弱相互作用方面作出的开创性工作，再次发现了独立思考、创新探索的价值。他不再亦步亦趋地关注其他研究者，而是一心一意地思考自己的研究对象，摒弃先入之见和用普通的形式来解决问题的做法，使他再次获得了引人注目的研究成果。

二、灵活性

创新思维具有灵活性，内涵表现为其思维内容的"随机应变""与时俱进"。创新思维最忌讳"以不变应万变"的教条思考模式，需要创新者发散思维，"因时、因人、因地制宜"地对一个问题尽可能地想出多种思路和多种解决方案，以扩大选择余地。美国著名心理学家吉尔福特曾指出，创新思维主要是由发散性的智力因素构成的，"凡有发散性加工或转化的地方，都表明发生了创造性思维。"灵活地多向思考为解决问题提供了多种可能性，发散地调整影响事物质和量的诸多因素中的某一个，从而产生新的思路；或者当思维在一方向受阻时，马上转向另一个方向，以寻求最优方案。

《纽约时报》的著名记者泰勒年轻时曾因为思维缺乏灵活性而失去了一次绝佳的机会。当时，泰勒刚参加工作，奉命采访一位著名演员在纽约的首场演出，到了剧场，才知道该演出取消了，于是他回家睡觉了。半夜，值班编辑打来电话训斥他："你知道明天各家报纸头版头条是什么吗？就是我叫你采访的演员自杀的消息！"确实，著名演员的演出取消本身就是新闻，可年轻的泰勒因为采访经验不足，思维缺乏变通，只想到采访演出，而未能随机应变地采访演出取消的前因后果，而失去了一次出色报道的机会。

三、偶然性

创新思维具有偶然性，内涵表现为其思维内容的"突发"和"跳跃"。这是指在某一个时间质点上，思维因为一些偶然因素而诱发顿悟，省略了某些中间环节而突然迸发出思想火花，新的观念在极短的时间里就脱颖而出，这是创新思维最"可遇而不可得"的环节，却也是创新思维最精彩、最迷人的灵光闪现。

H. H. 梅契尼科夫是俄国著名的科学家，他发现了吞噬细胞，建立了细胞免疫学说。在谈及细胞吞噬作用时，他这样描述思维是如何运转为自己引出重要新思路的："一天，我的家人全都去马戏团观看几只大猩猩的特技表演，我独自在家里工作，在显微镜下观察一只透明星鱼幼虫细胞的生命。忽然，一个新念头闪过脑际：这一类细胞能起到保护机体不受侵袭的作用——我深感这一点的意义非常重大，兴奋不已，在书房中来回踱步，后来干脆到海边去汇总我的思路……"1908 年，梅契尼科夫因对免疫性的研究而荣获诺贝尔生理学/医学奖。

四、综合性

创新思维具有综合性，内涵表现为其思维内容的"广采博纳""融会贯通"。创新思维不是一种简单的平面思维，而是一种复杂的立体思维，是运用各种知识，综合多种思维方法的一门高超艺术。创新思维形成于大量概念、事实和观察材料的综合；形成于前人智慧的巧妙结合；形成于多种思维形式和方法的交替、融合。在创新思维的过程中，既有归纳、演绎、分析、综合等逻辑思维，又有超越经验材料的科学遐想；既有长期的积累和经久的沉思，又有短时间的突破和一时的顿悟；既有正向、逆向的线性思维和纵向、横向的平面思维，也有多维开阔的立体、空间思维和交叉、整体思维。一言以蔽之，创新思维是一种具有综合、统摄性的高级思维形态，具有高度概括性，是建立在各种思维基础之上的整体，是人类多方面智慧的体现；又具有极其深刻性，是各种思维的最后升华，是突破性的质的飞跃。正是从这个意义上说，创新思维是人类思维的最美花朵。

第三节　创新思维的形成机制

创新思维作为一种复杂的立体思维，以创新主体为中心，具有内外系统的统一性。就外在系统而言，创新思维与创新主体所在的家庭、学校、社会及历史背景有关；就内在系统而言，创新思维与创新主体的认知因素、动机、意识、人格等因素有关。这就要求我们以系统的观点来考察创新思维的形成机制，即不仅要考察创新思维的过程和特征，还要综合考察影响主体创新思维的诸多内外因素。

一、影响创新思维形成的外在系统

人创造环境，同样环境也影响人，人类固然离不开自然环境，与社会环境更是密不可分，因此，创新与环境的关系涉及创新思维的各个过程和环节。人类的创造发明活动来源于社会的需要，来源于生产生活实践的需要，同时受到社会环境和历史条件的制约；而环境提供了发明创造活动所需要解决的问题，提供了创新思维所需要的必要的信息、资源、物质条件，创新的成果要接受社会的评价，要得到社会的认可才能完成创新的过程。

(一)家庭环境

父母是孩子的第一任老师，家庭环境在培养创新品质方面起着开发创造力摇篮的作用。研究表明，儿童一生中身心发展最快的时期是从出生到 8 岁，而处在这一时期的儿童最易接受外界信息，家庭环境对儿童心理、性格的成熟，对儿童兴趣爱好的形成，对儿童意志品质的培养，对儿童人格的发展都具有非常重要的影响。

形成良好的创造个性对创新思维能力的培养将起到积极的作用，而父母的心理开放度高、宽容、民主、独立性强等个性特征对儿童的个性和心理发展具有良好的示范效应。父母教养方式可分为权威型、放任型和民主型三种不同的方式，其中民主型教养方式最有利于创造力的发展。权威型教养方式容易使儿童形成消极、被动、依赖、服从、缺乏主动性的人格特征，放任型教养方式容易使儿童形成任性、幼稚、自私、独立性差、唯我独尊等人格特征。民主型教养方式是一种民主、平等、建设性、合作式的教养方式，它为儿童提供了一种独立、自主、民主、尊重、宽容而不专断、鼓励充分表达、善于接纳不同意见的良好氛围，为儿童提供和创造了更多自由选择、独立思考、独立作出判断、独立行动和尝试解决问题的机会，有助于培养儿童活泼、乐观、独立、开放、思维活跃、善于交往和富于合作的人格特征。

日本著名的发明大王中松义郎，他的母亲毕业于女子高等师范学校，但她没有去学校执教，而是对孩子从小悉心教育，几乎花费了她全部心血和精力。她在家中开辟了一间手工劳动室，专供中松制作各种玩具。做玩具可以培养孩子的创造意识和创造能力，同时还能培养孩子专心致志的良好习惯。5 岁的时候，中松义郎在模型飞机上安装了一个重心稳定装置，消除了机翼的摆动，这出自 5 岁孩子之手，非同凡响。在他 37 年的发明生涯中，共获得 2360 件发明专利，甚至超过了美国爱迪生的 1320 件专利的纪录。在 1982 年的世界发明比赛中，中松义郎荣获了“对世界作出巨大贡献的第一发明家”奖。

(二)学校环境

学校是个体发展和成长的重要环境，它对个体思维、智力发展、性格和人格形成具有非常重要的作用。学校对个体的影响主要表现在学校采用的教育模式、教学方式、教师的教学风格、教学气氛以及教学评价等方面。

从教育模式来说，素质教育应比应试教育更有利于创新思维的发展。从教学方式上来说，启发式教学、自主式学习、研究式学习和问题解决教学等教学方式比灌输学习更有利于创新思维能力的提高。从教师的教学风格来说，民主型教学风格最有利于创造力的发展，仁慈专断型容易养成学生的依赖性，强硬专断型会压抑学生的个性，放任型则使学生缺乏自我控制力。

有一位叫诺曼的心理学家早在 1980 年就很尖锐地表达了他对学校教育环境的不满，他说：“很奇怪，我们要学生学习，却很少教他们怎么学；我们要学生解决问题，却又难得教他们如何解决问题……现在是我们弥补这个缺陷的时候了。”他强烈主张必须研究出如何学习、如何解决问题的一般原则、方法，并发展一些实际课程，使这些原则、方法进入学校的正规课程。只是可惜，时至今日，我国学校的教育环境仍然在培养学生的创新能力方面有所欠缺，往往把全部精力集中在应用知识的灌输上，而无暇顾及学习、推理、创新和问题解决等技能的训练和培养。

安全、开放、自由的教学氛围是创造力得以表现的必要条件，宽松、和谐的气氛能使每个学生都具有心理上的安全感，使学生能够充分表达自己的不同见解，使不同观点、观念能够进行相互交流和碰撞。学生在这样的环境下，才会思维活跃，没有顾忌，勇于展开辩论和大胆质疑，树立创新意识。

美国著名的人本主义心理学家 C. R. 罗杰斯 1959 年提出了“心理安全”和“心理自由”的概念，并认为它们是有利于创造性活动的普遍环境条件。他认为，“在一种教育环境里，它容许获得知识的多种途径，并承认解决问题的异常方法……在一个无威胁的社会环境里，有创造力的人就不感到忧虑。他的动机的主要源泉能变为钻研和发明的积极的满足，而不是减少他的忧虑。当一个人感到心理安全时,他就能积极地表达出他的歧异意见。”他还列举了“心理自由”的以下一些特征:①他能承认自己是什么就是什么,而不怕被人笑话和奚落;②对他的思想冲动,至少能作出象征性的表达,而不必压制、歪曲或隐藏它们;③他能用开玩笑或独特的方式,处理某些印象、概念和字词,而不感到不安;④他把未知和神秘的东西既看做是一种需要解决的严肃挑战,也看做是一种好玩的游戏。

从教学评价机制上来看,尊重学生的个体差异,不以学业成绩为唯一标准的多元教学评价标准和考核体系更有利于创新思维的发展,教学评价体系也是创新环境和创新教育的一个重要组成部分。

(三)社会环境

一个尊重知识和人才,提倡和鼓励创新的社会环境对创新活动具有重要的支持和推动作用。在这样的社会环境下,个人的兴趣爱好得到充分尊重,个体的独特见解和行为不会受到社会的过度指责和批评,没有权威和学派的压制,不同观点、观念和学术上的交流和争鸣都得到鼓励,个体的创新活动得到社会群体的肯定,社会能为个体展现个人潜能及多方面的发展提供充分的机会。

创新思维活动所需要的信息、资源条件和信息、资源的充分开放分享也是社会环境为创新思维的形成提供的一个重要因素。创新个体拥有获取信息的畅通渠道和便利条件,能及时获得新信息,捕捉和跟踪科技发展前沿、国内外最新科研动态和进展,能及时获得国外最新期刊,及时通过互联网搜索所需信息和进行便利交流等,都是有助于创新思维展开的外部因素。因此,社会应重视社会公共资源的开发、开放和有效使用,创造创新活动所必需的信息和资源条件,如国家大型图书馆的建设,不同科研院所图书、知识库资源的开放和共享,正式的、非正式的学术研讨交流等。

一个国家的创新能力和竞争力还与其人才评价体系和考核机制有密切的关系。重大的基础性研究往往需要经过数年甚至十年以上的艰苦研究才会取得成果,如果一个国家或行业评价体系不够合理,则往往会造成人们只关注短期效益,在学术上更多采取短期行为,并容易引发急功近利、肤浅、急躁、学术造假等一系列学术、学风问题。这种情况特别不利于基础科学研究的进行,不利于重大基础创新成果的出现,不利于国家原始创新能力和核心竞争力的提高。

(四)历史背景和文化传统

在人类社会漫长的发展史上,为什么有的时代是仁人志士辈出,新论丛生,经济繁荣,科技成果累累;而有的时代则君昏臣庸,经济萧条,科技文化死水一潭?这是因为人类的创新活动要受到社会历史条件、当时社会科技经济发展水平和历史背景的影响,在生产力水平大前进的时期,在一门学科大发展的时期,或是在社会形势大变动的时期,许许多多的社会新课题迫使人们去研究、去思索,因而往往有益于创新活动的成批涌现。

我国春秋战国时代,出现了一批彪炳千秋的名人:老子、庄子、孔子、孟子、荀子、墨子、韩非子等。初唐和盛唐时期,出现了李白、杜甫、白居易、李贺等杰出诗人。再比如古代欧洲的希腊,一大批圣哲相继出现,创造了灿烂的古希腊文明。文艺复兴时期的欧洲更是名人迭出,有达·芬奇、哥白尼、但丁、伽利略、莎士比亚等。18世纪的法国,出现了一大批科学家和工程师,如数学家拉普拉希,物理学家库伦,化学家拉瓦锡,生物学家居维叶、拉马克等。

文化传统是一个民族文化的积淀,是民族精神的支柱。一个民族的历史传统和文化价值观会从深层次上对人们的创新活动发挥深远的影响，会潜意识地制约人们的创造性活动。然而，应当承认，东方文化传统中譬如重传统、重实用、重和谐等许多不利于创新思维形成的文化传统和价值取向，会干扰东方人对创新思维本能的追求，一味以求同心理压抑对未知的怀疑和探索。创新是一个民族的灵魂，是一个国家的核心竞争力。我们应克服本民族文化传统中不利于创新思维发挥的因素，重视个性的培养，重视实证的研究，培养对大自然的探索兴趣，培养对客观世界、对科学活动的兴趣和动机，充分调动和发挥个体的创新才能，以提高民族的创新能力，提高国家的核心竞争力。

二、影响创新思维形成的内在系统

心理学常把心理现象分为智力因素（观察、注意、感觉、知觉、直觉、记忆、想象等）和非智力因素（需要、理想、兴趣、动机、情感、情绪、意志、性格、气质等）两类，分别以“智商”和“情商”来衡量智力因素和非智力因素的高低。在创新思维的整个活动中，智力因素属于认识范畴，组织和调控认知过程；非智力因素属于情绪范畴，主宰情感过程。一个人想在创新中获得成功，除了必要的智力因素，还要有优秀的非智力因素。两者紧密联系，互相影响。

（一）智力因素

1. 智力因素与右脑功能

智力因素是大脑对于客观世界、主体自身和周围事件进行反映和做出反应的综合能力，是主客观相互统一、沟通、协调的能力。从思维的角度来说，智力主要涉及一般思维和信息加工能力，而创新则是人类通过主动选择、改造、能动地适应环境的能力，因此智力因素是创新思维的基础，创新思维是智力的最高表现形式。

前面已经提到，作为产生思维的生理基础，人类大脑的左右脑分别掌管着不同的机理功能。在很长一段时间里，人们总是认为左脑是优势半球，右脑缺乏较高级的认识功能，仅处于从属地位。然而，现代脑科学研究的一系列新成果得出了截然不同的结论：右脑在许多方面明显地优于左脑。许多较高级的认识功能，如具体思维能力、直觉思维能力、对空间的认识能力、对错综复杂关系的理解能力以及形象记忆等都集中在右脑。诺贝尔医学奖的获得者、左脑优势论的颠覆者罗杰·斯佩里（Roger Sperry）曾说：“那个所谓次要的右半球，我们以前认为它不具有认知能力并且很迟钝，某些权威人士还认为右半脑是无意识的，现在却发现，右脑实际上是高级的，特别是在进行某些智力活动时。”因此，右脑的活跃度与思维活动的指向有着极大关联，开发右脑的智力因素对创新思维的展开具有直接影响。

就整个人类的脑功能而论，不存在哪一侧脑半球占优势的问题——左脑功能是智力活动的基础，右脑功能则是创新性的源泉，只有当左右脑得到同步开发与利用，形成一个有机的平衡发展的整体时，人脑的机能才可能健全协调，相辅相成。但对于某个人来说，其左右脑的功能可能会不平衡，会有优势劣势之分，不同的人所具有的各种智力因素互有差异。因此，每个人都应当发挥和发扬自己的智力优势，有的人善于严密推理，有的人善于开拓创新，自然理应分别用其所长，避其所短。但同时也需要看到，长期偏用脑部机能，犹如长期偏用某一只眼睛或某一只耳朵一样，会不利于思维功能的全面发挥和发展，是一种不正常的跛足现象。我们应当在创新思维中让左右脑都转起来，力求既善于周密思考，有冷静的头脑和科学的求实精神；又善于运用非逻辑的思维方法，有广阔的视野和丰富的想象力。这正是我国当今一切优秀人才都应当具有的一种素质和特征。

爱因斯坦是举世公认的当代最伟大的科学家，也是最善于利用左右脑功能协调配合的大师。他并不是满脑塞满枯燥的数字、繁杂公式的老学究。他酷爱音乐，在紧张工作之余，常常陶醉于优美的旋律之中，松弛一下绷紧的神经。他还是一位颇有造诣的小提琴手。更为重要的是，这位科学大师的想象力得到了超水平的发挥，想象极为丰富。他在中学时代时常“胡思乱想”，提出一些不着边际的问题，差一点被赶出校门。据他自己说，他的主要贡献——相对论的发现，并非出于书桌旁的苦思冥想，而是源于夏日里躺在山丘上歇息时的无意遐想：半闭着双眼朝天空望去，阳光透过睫毛变成了条条斑纹，破碎成成千上万缕细小的光束。他不禁惊奇地想，若是能够驾驶着其中一束阳光，去游历一番该有多好。他就这样在其想象中进行横跨宇宙的旅行。丰富的想象，把他带到了超越正规物理学实验的时空。“如果人能够以光速前进，他将会看到一个什么样的世界。”他怀着这个想法回到了现实，他坚信自己的想象要比所受到的正规训练正确得多，因而立志要创造一个新的公式，来解释大脑想象中向他揭示的真理。所以，爱因斯坦将想象中的重新组合看做是创造性思维的本质特征。他认为想象在新联系阶段起主要作用，而言语或其他符号在接着的第二阶段起作用。这位科学大师的确异常协调地、充分地使用了他的左右脑：右脑进行了绚丽多彩的、梦幻般的想象之旅，而左脑则用于理论的探索与综合，为曾经是无形的想象寻求和创造一个存在的形式或实在的载体。由于左右脑的这种天衣无缝的复合，他为物理学作出了具有划时代意义的伟大贡献。

2. 开发右脑助力创新思维

创新思维是人脑特有的功能，也是人脑功能的最高水平。一个人创新思维能力的高低，取决于其大脑的开发利用程度。大脑的潜能远远超过人们的想象，绝大部分尚待开发利用。尽管左右脑的和谐发展和协同是创新思维活动正常进行的前提，但不得不承认，在传统观念中和当今教育实践里，仍存在严重的左脑思维的倾向，多数活动都围绕着左脑功能，而导致右脑用得少，左右脑处于不平衡的开发状况，从而在很大程度上妨碍智力水平的提高和创造力的挖掘。因此，很有必要加强右脑的开发，使大脑启动全脑思维，让两个脑半球相互配合以助力创新思维。

前苏联一位著名学者阿诺克辛发现，人脑的功能与脑细胞上的突起有着某种必然的联系。每个大脑都是由数以千万计的突起所组成的突触的奇妙组合体。他曾试图计算一个普通大脑所拥有的突起连接和脉冲传递的数目，获得竟是一个人类目前还难以表达的令人震惊的天文数字。他确信没有一个活着或曾经活过的人能够充分地使用其大脑。

美国科学家奥恩斯坦教授经过多年研究发现，如果一个人在使用其大脑的某一个半球方面受过专门训练，则他在使用另一半球时，常相对地表现出无能。“用进废退”的原则，在大脑这块神奇的物质上同样适用。研究还发现，如果对弱半球予以刺激，使它与强半球积极配合，会使大脑的总能力和效率显著提高，产生“1＋1＝5”或者更多的效应。

开发右脑要从儿童抓起，从学校抓起。学校应从提高全民族人才的高层次素质，即创新素质的高度，来重视大脑尤其是右脑的开发。例如，应经常检查课程设置、教材编写、教学内容、教学方法和手段等有没有考虑右脑活动的特点和训练？是否存在重言语、符号和抽象材料的学习而忽视了非语言材料以及图形和形象材料的学习的倾向？在培养学生能力方面，课外活动是否丰富多彩，学生动手机会多不多？等等。总之，应优化教学设计，保证学生右脑有足够的刺激机会和训练强度。

一个人从小到大，学习了大量的课程，做了大量的习题，参加了上千次的考察和考试，应当说，大脑训练的机会是相当多的。但人们往往会忽略这样一个事实：学生在学校思考的问题一般都是封闭型的，而进入社会之后遇到的实际问题却往往是开放型，两者的反差凸显了大脑使用的偏向性。长此以往，即使是学习成绩比较好的学生，也不见得有良好的创新意识和创新思维能力，而且他们本来具有的某些创新素质也可能会由于缺乏应有的锻炼而日趋萎缩。青春时期的才华如果不能发挥作用必将慢慢枯萎。

封闭性问题的特点：

①有已知的确定的答案。

②问题的答案一般只有一个。

③教材和教师提供了思考问题所必需的信息。

④教材和教师提供的信息都是真实的、正确的，而且是经过提炼、整理的。

⑤教材和教师提供的用来解题的条件不多不少，恰好够用。如果学生发现条件不够，或者发现条件过多，有的条件用不上，那就能立即判定问题本身有破绽或自己对问题的解答存在错误。

⑥一般都有确定的思维程序和步骤。

⑦一般都有比较充裕的时间可以从容地思考。

开放型问题的特点：

①没有已知的确定的答案。

②问题的答案一般都不是唯一的，答案可能有几个，甚至会有很多个。

③一般都缺乏思考问题所必需的信息，有时甚至还会根本不知道去哪儿寻找和收集必要的信息。

④有时好不容易才获得一些有关材料，却又往往支离破碎、真假混杂，还得再对它们逐一加以鉴别、整理和提炼。

⑤有时所获得的能用来解决问题的条件太少，远远不够用；有时得到的有关条件又过多。同时，一般都很难准确迅速地判定：已有的条件究竟够用不够用；哪些条件真正有用，有多大作用；哪些条件貌似有用，实际上却起不了作用。

⑥没有确定的思维程序和步骤，有时该从哪儿开始思考都不知道。

⑦常常需要对问题迅速乃至立即作出回答，根本没时间去从容思考。

大多数人都有喜用、惯用右手和右腿的习惯，还能经常看到父母极力纠正子女用左手拿筷子、用剪刀及其他工具等"不良习惯"。其实，大可不必。除了由于书写方便的原因尽量右手写字外，其余活动均可左右开弓，双手(脚)并用。俗话说，"心灵手巧"。脑科学家认为，手指在大脑皮层的感觉和运动机能中，占的比重最大，因此可以经常做一些能活动到手部的事情来刺激大脑，延缓脑细胞的衰老，改善左右脑的协调。同时，还可以有意识地多活动左肢，以强化右脑功能，从而有利于创新思维的活跃。

培养情趣，多参与音乐、绘画等艺术性活动，也是开发右脑的最便捷、最有效的方法之一。绘画离不开丰富的想象、空间关系组合和形象思维；音乐欣赏与创作需要依赖右脑的节奏、曲调功能。多参与这些活动，除了可以提高艺术水平、陶冶情操外，还可使右脑更加灵活，充满活力。

美国畅销书作家丹尼尔·平克(Daniel H. Pink)曾在其著作《全新思维》(A Whole New Mind)中提出"六感"概念，探讨如何开发右脑能力。他认为，当今时代是右脑崛起的时代，需要拥有“高概念”(high concept)和“高感性”(high touch)的能力才能适应发展。“高概念”涉及创造艺术和情感美的能力,发现格调和机遇的能力,构思令人满意的故事的能力,把没什么关联的东西组合出新奇发明的能力;“高感性”涉及共情感知的能力,洞悉人际交往的奇妙之处的能力,探寻内心愉悦并帮别人找到这种愉悦的能力,跳出日常琐事追寻目的和意义的能力。要拥有“高概念”和“高感性”的能力,就需要通过“六感”的技能来锻炼我们曾经低估和忽视的右脑。这“六感”具体是指:设计感(design)、故事感(story)、交响能力(symphony)、共情能力(empathy)、娱乐感(play)和探寻意义(meaning)。丹尼尔认为“六感”是每个人都能掌握的基本技能,关键是你愿不愿意因此去主动地开发和训练你的“右脑”,从而启迪你的智慧,有效提高创新能力。

(二)非智力因素

1. 创新动机

动机、需要和兴趣,是非智力因素的重要组成要素,是人有意识、有目的地反映和改造世界的原动力。创新动机是直接推动人们进行创新思维活动的诱因,因此也是创新心理学的一个重要问题。创意心理学家泰勒曾经指出:“动机是创造力的主要成分,这实际上是每一个人的信念。”从本质上说,动机是个体想要参与某项活动的本质和力量,心理学家将这种力量分为内在和外在两类。当个体做某件事是因为非常喜欢它,可以从中获得满足感,而不是为了某些外在奖赏,这说明受内在动机的驱使;当个体做某件事是因为得到一些与这件事关系不大的其他利益,则说明是受外在动机的驱使。

内在动机对创造力具有十分重要的作用。受内在动机驱使的个体,会关注任务本身,其动机目标的本质是个体与任务本身的融合。换句话说,具有创新思维的人,往往是有意识、有目的地遵循自己的兴趣来做事,他们做某件事是因为他们喜欢做,而不是因为别人想让他们做。相关研究文献都支持内在动机对创造力的重要性这一观点。有研究发现,某一作品创造性的高低,与作者是否按自己的兴趣选择主题呈正相关。还有研究发现,从写诗中获得乐趣的儿童,比那些仅仅为了取悦老师而写诗的儿童,能够创造出更有新意的作品。这说明,个体内在动机的乐趣可以从其所参与的某项任务中获得,这是动机与任务之间最强的联结。相反,对于那些受外在动机支配的个体来说,其动机目标和任务本身是明显分离的。

外科术发明者朱莉·亨利(Julian Henley)曾这样描述:“有些人从打高尔夫球中获得乐趣,有些人从品尝美味佳肴中获得乐趣,当我进行某一项研究时,可以废寝忘食,可以放弃打高尔夫球。因此,对我来说产生一种新的想法并在现实中加以证实,这一行为完全是内在、自发的,这个过程对我来说就像是我的业余爱好。”具有创新思维的人可以将自己所做的事情当做业余爱好,并且从中获得乐趣,因此对于他们来说,这不是工作。

早期的实证研究发现,外在动机会毒害个体创新思维的源泉,使个体关注任务目标,而不是关注实现目标的具体途径和方法,具有消极作用。但是关于心理学的问题本就是复杂的,非一分为二的严格划分。近期的一些研究也发现,尽管外在动机之前受到了一些不良指责,但对于创造力并不一定就是负面的。缺乏内在动机的外在动机可能会损害创造力,但如果外在动机与内在动机结合起来,则可能会更好地提高创新能力。一般在创造性工作的早期阶段,即问题的形成阶段和观点产生阶段,内在动机(刺激因素)尤其重要;而当创造工作进入到需要大量艰苦的劳动,对其所创造的产品进一步完善的阶段时,外在动机就会显得格外重要。因此,内在动机和外在动机往往是交互作用的,它们可以一起对个体发挥作用,而不是互相排斥。许多具有高水平创造力的个体需要做的是，去寻找一种能够将报酬、奖赏与自己的兴趣高度结合的发展道路。

2.创新意识

创新意识属于性格结构中对现实、现状的态度范畴。它以思维活跃，不因循守旧，不盲从，富于创造性和批判性，具有敢于标新立异、独树一帜的精神和追求为主要特征。只有具备强烈的创新意识，才能倾心于创意，敢想前人没有想过的事，敢创前人不曾创成的业。

求知欲是探求人类未知的欲望，是对学习、通晓、掌握新知识的欲望。当一个人在现实生活中发现自己与别人的知识经验、已知信息与未知信息之间差距过大或对未知的东西具有很大兴趣时，便会产生一种心理上的失调，并急于想尽快地消除这种不平衡的状态，从而萌发迅速采取行动的强烈愿望，这就是求知欲。人的所有行为都是为了满足某种需要，在欲望与动机的策动下才会发生、发展的。人只有意识到自己知识结构的缺陷和水平不够，才会产生求知的迫切欲望。不停顿地追求新知，正是创新意识的一个重要因素。一代代科学家、艺术家，正是为了追求新的真善美，才会创造出一批批思维的成果。

好奇心是创意的萌芽。没有好奇心，就不会有创新思维，也不会有创新思维的花和果。人类文明发展史上的各种发明创造的事实，都一再说明：好奇心可以帮助人们选择创意方向，捕捉创新信息，激发创作思路，驱策创造行动。正如法国作家法朗士所说："好奇心造就科学家和诗人。"对一些司空见惯的现象，大多数人因习以为常而漠然置之，不思寻根究源；而有的人却不满足于惯常的解释和做法，在强烈的好奇心的驱使下，力求重新认识，有新的作为。强烈的好奇心对创新思维活动的莫大影响，除了使人能善于发现奇事、产生奇想，而且还能使人把心理活动集中到奇事、奇想上来，从而达到专心致志，使注意力集中持久，记忆迅速精确，情绪高昂饱满，思维灵活敏捷，为创新思维的顺利开展奠定良好根基。

伽利略在做礼拜时望着教堂屋顶上的吊灯在风的吹动下来回摆动，不禁想弄清这种现象的奥妙所在，正是这个强烈的好奇心使他仔细观察、深入思考、亲自试验，终于悟出了单摆运动规律，开创了提高机械时钟计时精度的思路。烧水时蒸汽冲得壶盖跳动，早已是司空见惯的事情，但小瓦特却对这一普遍现象感到十分好奇，想弄个明白，从而导致了蒸汽机的发明。爱因斯坦说过："我没有什么特殊才能，不过喜欢寻根刨底地追究问题罢了。"他特别强调要保持强烈的好奇心。只要能像爱因斯坦那样怀着强烈的好奇心，不轻易放过所遇到的自己不知道或不甚了解的事物，多问几个"为什么"，就会把握时机，有所创意。

创造欲是一种不满足于现成的思路、观点、方法以及物品的质量、功能，而总想在已有基础上创新立异或推陈出新的强烈欲望。它表现为不安于现状，不甘愿墨守成规，对创意或创造怀有很大的兴趣，对现存的事物总想打破砂锅问到底，大脑里经常出现诸如"为什么会这样？""能否换个角度看问题？""有没有更简捷有效的方法和途径？""还会有什么其他功能？""能不能再变一变？"等诸如此类的问题。有强烈创造欲的人，绝不安于现成的答案，总想自己独立探索，发现有什么新的东西。诺贝尔奖金获得者温伯格曾说："这种素质可能比智力更重要。"有强烈创造欲的人富有进取心和进攻性，因而最富有创新意识，并能及早化为实际行动。

巴甫洛夫说过："怀疑，是发现的设想，是探索的动力，是创新的前提。"大胆质疑也是创新意识的重要因素，没有疑问，就不会有创意。哲学家笛卡尔在《谈谈方法》和《形而上学沉思录》两本著作中，曾详细描述了自己对于万事万物的质疑，以及从质疑中所得出的创新结论。他认为：人与人之间在思维和知识方面的明显差异，是因为有些人没有正确地运用自己的"天赋良知”，他们犯了方法上的错误。方法错了，思维的路径就错了，在错误的道路上你越努力，就离真理越远。为了获得真理，首先要端正方法，而端正方法的第一步，就是要运用“质疑的方法”审查一下我们头脑中已经拥有的知识和观念是否正确。真理与疑问是互为滋养的，“疑乃悟之父”。人世间的一切事物总是在不断演变，人类的认识和实践总是在不断发展，要跟上时空的发展，不断有所创新，就得从质疑开始。

3. 创新人格

人格可被看做是一个人与环境交互作用的方式。20 世纪早期，理论家倾向于将人格看做是在各种情境中保持相对稳定的特质，不同的人具有不同的人格特质，他们建立了大量的理论来描述个性特质的维度。因此，创新人格是指从总体上看创意活动中所必备的个性特征，也就是从创造主体的大多数人身上看到的共同性的个性特征。研究证明，良好的创新人格会激发或催化创意能力；而卑劣的人格，则可能压抑或摧残创意能力。自觉地克服不利于创意的个性，培养良好的创造个性，是创新思维形成的重要因素。有学者将创新人格总结为 12 种个性特性（见图 1－1），较为全面地将这一复杂的问题作了梳理。

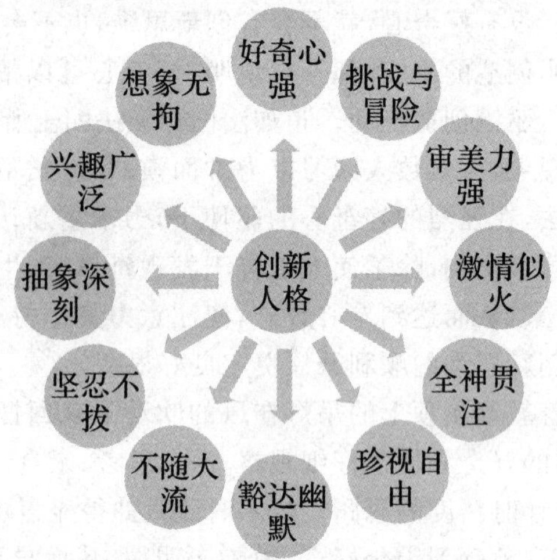

图 1－1　创新人格的个性特征

（1）好奇心强：不可遏制的求知欲望和好奇心是创新人格最突出的特点。研究表明，好奇心使创意在活动中具有“多样性”，常常使他们产生许多新的联想。

（2）挑战与冒险精神：创新往往要走前人未走的路，创新者必须有鲜明的挑战与冒险精神。有人曾对 100 位最重要的人物做过调查，他们“几乎是在积极地寻求挑战中成长的”。

（3）审美力强：创新与美有不解之缘，对美的追求和对真、善的追求一样，是创新人格最重要的特征。创新者有强烈的美感，追求全面的、优雅的解决方式，思考和表达的严密性与最终产品的优雅性有关系。可以说，美学是一种高层次的创意学，两者结合可把两门学科的发展推向一个崭新的阶段。艺术美学、科学美学、技术美学等学科的蓬勃发展，显示了这一方向强大的生命力。有意识培养和自觉提高审美力正在成为普遍趋势。

（4）全神贯注：专心致志是创新人格的关键。创新者一进入创意状态，便别无他顾，将全身心都投入进去，往往是忘了世界，忘了时间，忘了自己，以至达到苦心孤诣、如痴如醉的境界。正如创造学家贝利所指出的，“事实上任何领域里的发明创造，在解决创造性任务时都需要全神贯注;不集中精力,创造者就无法取得有用的成果。”

(5)想象无拘:科学家普利斯特利指出:“凡是能自由想象并把互不相干的各种观点结合起来的人,就是最勇敢、最有创造性的。”任何创造、创作或发明,都离不开“形象化能力”“感知确定对象的能力”“空间想象力”。创造性强的人总是想象丰富,自由舒展,无拘无束,天上地下,幻梦现实,无不有他们想象的足迹。

(6)抽象深刻:高度抽象,洞察深刻,能够透过现象洞察本质,把复杂现象简洁化、条理化。科学家固然需要高度的抽象能力和洞察力,即使艺术家也需要较强的抽象力和洞察力,才能使作品更为深刻和典型,把握时代旋律,揭示生活的深刻哲理。

(7)坚忍不拔:在创新中尤其需要坚忍不拔,锲而不舍,长期拼搏,百折不挠的精神。

(8)激情似火:创新人格的情感世界应当是丰富的,往往有火一样的激情,对创新充满着深沉的爱,把创造看做是其乐无穷的事业。

(9)兴趣广泛:现代创新事业具有高度的综合性、跨学科性,创新者要有广博的求知欲,多学科的知识。因此,大多数创造型人才的兴趣十分广泛,善于利用“他山之石”攻创新之“玉”,出其不意地解决创意难题。

(10)珍视自由:对创新人格来说,想象的自由、思考的自由和行动的自由极其珍贵。这种自由天地越大,创造成果就越丰硕。巴伦指出:“以不平常或独特的方式作出回答的能力随着自由的增加而增加。”创新思维一般有超前性,因此应当许可独辟蹊径。

(11)不随大流:不满足现状,不随大流,不盲从权威,不从众,坚定自己的路,是创新者的可贵人格。

(12)豁达幽默:创新者很少在生活小事和物质追求上斤斤计较,他们胸怀创意大目标,关心创新大局,注重净化心灵,摆脱俗气。他们喜欢“抓住事物的本质或根本”,不管喜欢不喜欢,都绝不“被眼前的琐事搞花眼睛”和“对经常出现的枝节问题患得患失”。他们豁达大度,不拘小节,有深沉的幽默感。既不为别人的诋毁诽谤而悲观丧气,也不为自己的挫败而气馁,更不为一时的成功而得意忘形。幽默感是灵活思维的兴奋剂和调节器,常与灵感、直觉形影相随,保证创意思路的畅通;同时,幽默感又是抚慰心灵的镇静剂,使人保持一种坦然的乐观。总之,深沉的幽默标志着一种内在的心理自由,有了这种自由,就会有成功的创新思维和成果。

第四节 创新思维的意义

一、创新思维与社会进步

社会的全面进步是社会发展的总趋势。社会的全面进步包括社会物质文明、精神文明及政治文明的进步,社会由低级阶段向高级阶段的演化,社会制度的更新、社会生活内容的日益丰富,等等。总之,社会的全面进步是建立在以创新为核心的人类能动劳动基础上的社会的质的飞越。一部人类社会发展史就是一部不断创新的历史。社会发展的速度是与社会主体的创新思维和创造能力的强弱以及创新成果的丰硕程度成正比的。可以毫不夸张地说,人类创新思维及其创造能力是推动社会进步的支点。

(一)知识创新

知识经济的脚步已遍及全球的各个角落,对人类经济社会活动的各个领域正在和将要产生重大的影响。1990年联合国研究机构提出了“知识经济”的概念,并指出“人类正在步入一个以智力资源的占有、配置,知识的生产、分配、使用(消费)为最重要因素的经济时代”。从一定意义上说,知识创新是知识经济中的一个经济学概念。美国学者埃米顿于1993年将知识创新定义为:“通过创造、演进、交流和应用,将新的思想转化为可售的产品和服务,以取得企业经营成功、国家经济振兴和社会全面繁荣。”因此,知识创新是知识经济的核心,它强调劳动者创新素质是经济发展的主要增长因素,认为创新发明、设计以及创造性理念、理论学说等以创新智慧为特征的因素,能够带来经济的可持续和稳定的发展,并带来巨大的物质财富。

创新思维推动知识创新,是知识创新的源泉。创新主体必须有自由探索的精神,才能完成知识创新。同时,知识创新的过程就是创新思维的过程:知识创新起源于“问题”,由问题确定课题、研究领域;然后是对问题的探索、资料积累、反复思考,直至产生新思想、新观点、新构思,导致科学发现,或技术发明,或新知识产品的创建,形成新知识成果。这一知识创新的一般过程与创新思维的一般过程是一致的。

(二)科技创新

当今时代的科技发展呈现出群体突破的态势,产业化速度不断加快,科技与经济、社会、教育、文化的关系日益紧密。在经济全球化的背景下,科技发展也成为国家发展战略的主流。没有“创新”,何来发展。因此,科技创新实质上就是科技发展的内核,唯有在科技前沿不断突破,才能实现技术和科学的重大飞跃。

科技创新的关键是自主创新。具有时代特征的自主创新包括:重大的原始性科学发现和技术发明、在已有科学技术成果上的系统集成创新以及在有选择地积极引进国外先进技术的基础上进行消化、吸收和再创新。科技自主创新能力主要是指科技创新支撑经济社会科学发展的能力,包括加快发展科技生产力的能力、自觉革新科技创新组织体制的能力、领导科技创新的能力、加快科技成果转化与规模产业化的能力以及有效吸纳国际科技创新资源的能力。

科技创新的最主要目的是提高自我创新能力,实现技术创新的可持续发展。而创新能力的提高关键在于以思维的创新走出科技发展的新路子。因此,科技自主创新需要大量具有创新思维能力的科技创新人才。人才创新是科技创新的根本,必须坚持以人为本,实行教育优先和人才强国的战略,在全社会营造尊重知识、尊重人才、尊重劳动、尊重创造、尊重和保持自主创新的良好社会文化和舆论氛围。加强创新能力建设的基础工程,推进素质教育,发展创新教育,注重创新能力培养,大力提高国民素质。同时,建立科学的创新评价体系,制定灵活的创新激励政策,健全优胜劣汰的用人监督机制,为创新、创造和创业营造出良好的环境和舞台,帮助优秀的创新人才敢为天下先,勇攀高峰。

(三)制度创新

“制度”一词,指人与人之间关系的某种“契约形式”或“契约关系”,在社会发展过程中起着重要作用。社会发展的一个重要方面是制度创新,指在理论创新的基础上和指导下,改革、突破传统体制和制度中种种不合理的制度和规定的束缚和限制,创造出、建立起适合时代发展和国情变化要求的新制度、新体制,通过制度建设来推进社会发展。

从宏观上考察,一个国家的制度包括经济制度、政治制度和文化制度,其实质是一个国家的生产关系、政治关系和文化关系。生产关系体现了一个国家的经济基础,政治关系和文化关系体现了一个国家的上层建筑。经济制度创新作为一种经济制度的根本性变革,实质上是不适应生产力的生产关系的根本性变革；政治制度和文化制度的创新作为政治、文化制度的根本性变革，实质上是对不适应经济基础及生产力的上层建筑的根本性变革。

中国共产党第十八次代表大会报告中指出："在全面建设小康社会进程中推进实践创新、理论创新、制度创新，强调坚持以人为本、全面协调可持续发展。"可以说，报告首次将制度创新与制度自信提到了前所未有的高度，是我党新的历史时期的制度自觉和制度自信的突出表现。中国特色社会主义实践在不断推进，中国特色社会主义制度也必须在此基础上不断完善。新的历史条件下，我国经济社会发展出现一系列新情况、新问题，要求我们与时俱进，不断推进中国特色社会主义制度建设与创新，积极稳妥地推进经济体制、政治体制、文化体制、社会体制以及生态文明制度等各项具体制度的改革和创新。

二、创新思维与个人实现

（一）人际交往

人际交往是人与人之间为满足某种需要而进行的一种社会活动。在社会交往中，我们每个人的行为都是由某种需要引起的，需要产生动机，而一定的动机又指向一定的行为目的。创新能力也是个人与外部世界之间的一种交互作用，因此创新型人才往往可以从人际交往中激发创新思维，反过来创新思维又可以很好地处理实际工作生活中的人际交往。

创新思维的形成仰仗于大量信息量的轰击。人的大脑只有在大量的、高级的信息传递场中，才能开发、发展自己的智慧。一个人对外界的接触面越广，从外界获得的信息量越多，诱发创新思维的可能性就越大。闭目塞听、孤陋寡闻的人是很难有所创新的。维持健康积极的人际交往，特别是与各行各业，或是与自己专业截然不同的人打交道，可以让你见识到人生的其他精彩版本。在与对方交流沟通的过程中，个体会站在一个更大视野的高度上，接触不同的知识和资源，吸收最新的智慧与灵感，为自己的人生打开无数个视窗，永远灌入新的动力和能量。同时，良好的人际关系有利于营造充分发挥创造力的优化环境，使人在轻松愉悦的氛围中最大限度地展开头脑风暴，从而有效地进行创新思维活动。因此，当我们感觉自己的思路进入一个狭小天地时，可以多与别人交流，听听别人的看法，用创新思维的"非我视角"碰撞彼此的思维，打破我们头脑中的僵局，从中获得启示。

创新思维驱动下的人际交往，也能使个体更懂得尊重别人，更了解团结合作的重要性，更明确取长补短的用人之道，以形成一个友爱、信任、互助的客观环境。以理解取代摩擦，以宽容取代冲突，以善待取代刻薄，这样的人际态度是创新式的、充满智慧的交往方式。在志同道合又积极向上的人际关系群体中，才能既允许个性与个性的不同发生化学反应，又允许良性竞争机制下的共同进步，实现互利互惠，和谐共赢。

在科学发展史上，借助人际交往促进创新思维一直是个光荣传统。读书会就是基于这种想法而创造出来的一种组织形式。爱因斯坦青年时代和几位朋友组织了"奥林匹亚科学院"，经常举行科学讨论会。这种讨论丰富了爱因斯坦的头脑，对他以后发表科学创见起了重要作用。物理学家劳厄在慕尼黑大学任教时，常去一个咖啡馆参加一群物理学家的畅谈，受益匪浅。"x 射线对晶体的衍射现象"的重大发现，就是在这种气氛中形成的。控制论的创造者维纳，也常从"午餐会"的高谈阔论中捕捉思想的火花，激发自己的创意。

（二）积极心态

人是物质和精神的统一体。人的思维是通过影响人的心理进而影响人的生理和身体的。

世界卫生组织制定关于“人的健康标准”时指出：“健康不仅仅是指身体无疾病，还应包括精神活动的健全和社会适应能力良好两个方面，是躯体、精神、社会的统一体。”可见，精神性的因素对人体及其健康是有巨大影响的。有关资料显示，人类疾病约有50%～80%是由不良心理所引起的，也叫心身疾病。近半个世纪以来，欧美出现了“心身医学”，着重研究心理、情绪和疾病的关系。随着人们生活水平的提高，人们对健康问题给予了越来越多的重视，对心理、精神、思维因素对于人体的影响的认识越来越深刻，并且还逐步认识到通过改善人的心理、精神、思维的状况进而改善人体健康状况，还有很大潜力可挖。

“心态”是决定人们思维模式和行为方式的一种心理状态或态度，是人的心理对各种信息刺激所做出反应的趋向，是由认知、情感、行为意向等因素构成的富有建设性的主观价值取向。积极心态，又称PMA(positive mental attitude)，主要是指积极的心理态度或状态，是个体对待自身、他人或事物的积极、正向、稳定的心理倾向，是一种良性的、建设性的心理准备状态。所谓拥有积极心态，就是面对问题、困难、挫折、挑战和责任时，能从正面去想，从积极的一面去想，从可能成功的一面去想，进而采取行动，努力去做。因此，PMA实质上就是一种生活态度，一种可能性思维和肯定性思维。

积极心态与创新思维之间密不可分的关系，一般体现在个体如何选择思维方式和思维视角的态度上。这是因为，积极心态往往意味着获得更多的快乐和幸福，而这些主观感来自于主体需求的满足。这种需求可以通过外界事物来改变，也可以通过内心的调节来改变。所谓内心的调节，其实就是思维视角的转变——有时采用了不寻常的视角去观察寻常事物，尽管事物本身未发生质的变化，但拓展了思维视角，就有可能创新性地挖掘出原本不曾体会到的需求满足。

美国成功学学者拿破仑·希尔曾说过：“人与人之间只有很小的差异，但是这种很小的差异却造成了巨大的差异！很小的差异就是所具备的心态是积极的还是消极的，巨大的差异就是成功和失败。”的确，积极的心态有助于人们克服困难，使人看到希望，保持进取的旺盛斗志。消极的心态使人沮丧、失落，对生活和人生布满了抱怨，自我封闭，限制和抹杀自己的潜能。积极的心态创造人生，消极的心态消耗人生。积极的心态是成功的出发点，是生命的阳光和雨露，让人的心灵成为一只翱翔的雄鹰。一个人面对失败所持的心态往往决定他一生的命运。因此，消极的心态往往是失败的源泉，是生命的慢性杀手，使人受制于自我设置的某种阴影，注定要走向失败的沼泽。假如想让梦想照进现实，就必须摒弃这种抹杀创新思维、摧毁希望潜能的消极心态。

例如，有三名瓦工，在炎炎烈日下，汗流浃背地砌筑一面墙。一路人经过，就问他们：“你们在干什么呢?”第一个瓦工答道：“我们在砌墙。”第二个瓦工说：“我干一小时，挣5元工钱!”第三个瓦工则仰望着天空，以富有幻想的表情凝望着远方，幽默而有创造力地回答道：“我正在建造一座大教堂，修建一座对本地区产生巨大精神影响的、能够与世长存的大教堂!”多年以后，起先的两个瓦工庸庸碌碌，无甚作为。而第三个瓦工，则成为一位享誉世界的建造工程师。同样的工作，心态不同的人去做，思维不同的人去做，结果完全不同。

(三)生命意义

哲学家奥修在《隐藏的和谐》一书中提到一个观念：“生命中有某些片段是会发生改变的时刻。身体每隔7年会改变一次，而且这个改变会每隔7年地持续下去……每隔7年，身体会来到一个以旧换新的过渡时刻，在这段过渡的时期，一切都处在流体的状态中，如果你希望某些新的层面能够进入生命中，这是最佳的时刻。”生命随时在发生新的变化，开发自己，发现生命的美丽，就会越来越感知到生命的美丽，越来越珍惜生命的可贵。台湾著名创意人李欣频曾说过：“我认为终极的创意就是，可以随时随地把垃圾变珍宝，把地狱变天堂，帮自己下新定义，把今天变得与过去截然不同，把生活过到最好的版本，把每一天创造成有生以来最棒，最充满冒险、惊喜，从未经验过，最极致的一天，也就是说，你怎么想你的今天，今天就是怎么成真，把今天过好到任何人要跟你交换人生你都不要，这就是我定义的‘终极创意境界’。”

真正具有创新思维的人，必然是一个富有个性和创造力、能够把握洞察其心灵秘密的、有更高生活境界的人，能在成功道路上始终将罗盘牢牢地把握在自己的手中。其实，每个人都有着无限的潜能，只要正确地认识自己，发掘自己的优势，就能有效地塑造属于自己的精彩。因此，每个人都应当将自己的生命轨迹当做一次展开创新思维的过程，充满自信心地、集中注意力地去构想、去策划，将有利和不利因素都加以关注，并适当地考虑其中的取舍，为之努力和奋斗，最终会实现一个异彩纷呈的人生。思考生命的意义本身就是一种创意。

人生难得。上天赋予人类不同于其他生物的思维和意志，我们就应当善加利用，了解自己的生命使命。如果能实现自我后完成超越自我，知道自己的生命重心不是为名利，而是要去做有影响力、对社会对人类有益的事情，那么你就会更加走对生命走向，不因善小而不为，不因恶小而为之。方向对了，小善连着大社会，天地间的能量、资源、回馈就会顺向而来，刺激个体生发出新的东西，协助个体完成更大的使命，这就是不断良性循环的正能量。

台湾创意人李欣频曾在一本书中写下这样一段话：

“不要活在你不想要的命运之中，
不要让你的未来成为过去的受害者，
不要被你过去对自我的局限，
绑住了你自己的魔力量子场；
你必须回到存有无限可能的量子场上，
宛如你回到受精卵中开始演化，
在每个奇异点上创造出你真正想要的命运高峰、你的个人奥运会，
并与你所创造的一切合一，
有能力赋予每件人事物最大的能量与祝福；
此刻的你就已与前一秒的你截然不同，
你已是自体宇宙中唯一的造物主宰者，
你就是自己的奇迹！”

第五节 创新思维的三个内在要素

一、从新思想的产生看创新思维的三个内在要素

智慧究竟是由哪些因素构成的，至今仍是众说纷纭，尚未有定论。其中有斯皮尔曼的“二因素论”（一般因素和特殊因素）、桑代克的“三因素论”（抽象或言语的智慧、具体或形象的智慧、社交的智慧）、瑟斯顿的“多因素论”（语词意义的理解、词的流畅、数字计算、推理、空间知觉、知觉速度、记忆）等，我国学者则大多数持“五因素论”（观察力、注意力、记忆力、想象力、思

维力)。这些分类大多是经验的概括和总结,很大程度上带有人为的成分,并没有多少理论上的根据。这里我们根据对智慧本质的理解,即是从新思想的产生这个角度来看,认为构成智慧和创新思维的内在要素主要有知识、非逻辑思维能力、逻辑思维能力这三个因素。

智慧和创新思维是人的属性,主要是指人所具有的思维这一属性,表现在外就是思维活动的水平如何。思维活动是由知识和思维能力两个要素构成的。这里的思维能力可以是逻辑思维能力,可以是非逻辑思维能力,也可以是两者的综合。由知识加逻辑思维能力可以构成思维活动(智能机器的这类思维最为典型),由知识加非逻辑思维能力也可以构成思维活动(有少数高级动物能进行少量微弱的这类思维活动),而由知识加逻辑思维能力加非逻辑思维能力构成的思维活动只有人类才具有。我们把这种高水平的思维看做是人类的智慧和创新思维。由此我们也可以看出,智慧和创新思维是思维,但不是一般的思维,而是高水平的思维,是能产生新思想的思维。从新思想的产生来看,智慧和创新思维的内在要素主要有知识、非逻辑思维能力和逻辑思维能力三个要素。

首先,要具有产生新思想的思维能力就必须具有一定的知识。要在某一领域产生新思想就必须具有相关领域的知识,要产生较高层次的新思想(如爱因斯坦的相对论)就必须具有较高层次的知识。知识是人类思维的原材料,知识是人类进步的阶梯。知识把人类的思想用语言符号等形式固化起来,便于后人和他人在已有的知识基础上继续向上攀登。没有或缺少知识作为原材料的思维是贫乏的、空洞的。人类文明的发展历史表明,没有以文字符号等来表示的知识的出现,就不可能有人类思维的巨大进步和质的飞跃,也就没有人类今天这样高度的物质文明和精神文明。一般说来,一个人的知识储备越丰富,可供调动的知识越多,运用起来就可能越灵活,产生新思想的可能性就越大,思维能力也就越强。

其次,要具有产生新思想的思维能力还必须具有一定的非逻辑思维能力。如果没有非逻辑思维能力的参与,也就没有新思想的提出。非逻辑思维仿佛是思维的雷达,没有它我们就不能捕捉到未知的对象。许多人之所以不能超越自己,打不破自身已有的思维框架,原因在于悟性不足,而悟性往往来自非理性和非逻辑。

再次,要具有产生新思想的思维能力还必须具有一定的逻辑思维能力。如果没有逻辑思维能力,新思想提出后就不会得到论证,也不会得到别人的认可,对人的言行也没有多少指导作用。如果我们在创新思维的第一个阶段所提出的新思想还没有得到足够论证就直接付诸实践,那就会给实践活动带来损失。

构成智慧和创新思维的内在要素主要就是这三个。弗兰西斯·培根把"心灵的能力"分为记忆、想象和理性三个方面,并把历史和诗歌等学科划入记忆和想象的领域,把科学划归理性的领域。培根的这一观点和我们这里提出的智慧的三要素观点是比较相近的。一个人只要具备了这三个要素,就一定会拥有智慧:有知识作为原材料,人的思维就有了基础和内容;有了非逻辑思维能力,人的思维就能越出已知的领域向未知的领域探索、前进;有了逻辑思维能力,人们提出的新思想就能得到一定程度的证明,就能把非科学的思想发展成为科学的知识,而这又为人类思维的进一步发展打下了坚实的基础。有了这三个要素,人就能产生新思想,人就会有智慧;反过来,缺少其中的一个,人的智慧水平就会受到很大影响。要培养智慧和创新思维能力,就必须增长知识,训练和培养非逻辑思维能力与逻辑思维能力。

二、创新思维的内在要素与非智力因素的关系

与对智慧和创新思维及其要素的认识一样，人们对非智力因素是什么，它由哪些因素构成也没有形成一致的意见。不过，我国学者大多认为非智力因素是指智慧因素以外的、影响智慧活动效果的一切心理因素，主要包括动机、兴趣、情感、意志和性格五种基本的心理因素，并且都要以基本智力为基础才能显现出来。有的学者还提出了十种或八种非智力因素，但不论十种，还是八种，其中情绪、情感、情谊、情愫都是共同的。其他一些因素如意志、性格、兴趣、动机等可以说都直接或间接与情绪、情感联系在一起。因此，现在有一些人把非智力因素主要看做是情商(EQ)。

知识、逻辑思维能力、非逻辑思维能力是智慧和创新思维的三个内在要素，非智力因素是影响智慧和创新思维的外在因素，它们两者相互影响、相互作用。只有做到两者均衡发展、协调一致，人的智慧和创新思维水平才能处于最佳状态。具体说来，两者具有如下关系。

(一)两者有明显区别

唯物辩证法告诉我们，内因是事物变化发展的根本原因，外因是事物变化发展的外部条件。内因起决定作用，外因通过对内因的影响对事物的变化发展起作用。知识、逻辑思维能力和非逻辑思维能力是智慧和创新思维的内在要素，非智力因素是影响智慧和创新思维的主要外在因素。两者对智慧和创新思维发展所起的作用存在着质的差别。前者对智慧和创新思维发展起决定作用，后者则对智慧和创新思维发展起影响与制约作用。那种把智慧和创新思维的内在要素的作用与非智力因素的作用等同起来的观点，那种认为以情商为主的非智力因素在人的智慧和创新思维水平中起80%以上作用的观点，是根本错误的。智慧和创新思维主要存在于人的思维领域，其内在要素对其起直接的主导作用；而非智力因素则主要存在于人的心理领域，对人的思维只能起间接的影响和制约作用。

(二)两者相互影响、相互作用

1.智慧和创新思维的内在要素对非智力因素的影响

智慧和创新思维的内在要素对非智力因素的影响表现在两个方面：

第一，智慧和创新思维的内在要素水平决定着、制约着一个人的非智力因素水平。一个人非智力因素水平的高低与其智慧和创新思维的内在要素的水平高低有很大关系。学习动机正确与否，动力的大小之分；学习兴趣的广度与稳定性及其效能；情绪体验的深刻程度及主导心境的情况；意志力、坚韧性、自制力及克服困难的快慢、难易等都与一个人的知识经验及思维水平密不可分。不难设想，面对同一问题、同一事物、同一困难，不同思维水平的人其非智力因素的表现是大不相同的。

非智力因素是在各种形式的智慧和创新思维活动中产生的，正是由于人们对各项事物的感知、记忆、想象、创新思维等认知活动，人们才清楚了人与外界的关系，产生了对外界的某种需要，因而产生了相应的动机、兴趣等。在此基础上，情感日益丰富完善，意志品质也得到形成和发展，并相应形成性格特征、情绪特征和意志特征。不管哪种非智力因素，也不管是优良的还是不良的，归根到底都是在认识、学习等智慧活动中产生并发展起来及表现出来的。弗兰西斯·培根也曾表达过类似的观点：凡有所学，皆成性格。

学生的非智力因素都是在学习各门课、参与各项教育活动中逐渐产生发展起来并表现出

来的。不难找到在数学学习中智慧水平较高、成绩也好的学生，同时对学习数学的兴趣也特别浓厚，碰到难题，有攻无不克的意志和毅力，对数学课感情特别投入，注意力特别集中，甚至于对数学老师也表现分外亲热。足见智慧和创新思维的内在要素制约着非智力因素。

第二，智慧和创新思维活动的效果可转化为非智力因素。心理学的研究表明，人对其行为结果及其原因的认识和理解会转化为新的动机，加强或削弱日后的行为。认知的结果可以转化为动机，可以增强求知欲和好奇心，可转化为情绪，也可以影响行为动力的调整等，这些都显示了智慧和创新思维的内在要素对非智力因素的影响与制约作用。

2.非智力因素影响智慧和创新思维的内在要素的发展和表现

虽然智慧和创新思维的内在要素有其自身相对独立的发展过程，但智慧和创新思维的发展始终受非智力因素的影响和制约。良好的非智力因素能提高智慧和创新思维水平；而不良的非智力因素则会阻碍智慧和创新思维水平的提高，这种情况在学生时代尤其明显。

人的智慧和创新思维水平是通过思维活动表现出来的，在这个过程中，需要良好的非智力因素的支持。如果一个人智慧和创新思维水平一般，然而非智力因素发展得很好，他就能获得超过其自身智慧水平的成就，表现在学业、事业等方面，就是能使后来者居上，成为力争上游的强者，获得较大的成功。“笨鸟先飞”“勤能补拙”都说明非智力因素的优势能弥补智慧和创新思维内在要素发展的不足。相反，如果一个人智慧和创新思维水平较高，然而非智力因素很差，那么就会对智慧和创新思维的发挥起干扰和妨碍作用。家长和教师常常抱怨这样的学生：“这孩子反应快，脑子好使，就是贪玩好耍，不把聪明用在学习上”，并称这样的学生为“小聪明”“鬼聪明”。这类学生的智慧和创新思维的内在要素明显较优，非智力因素较差，如果及时矫正，学习成绩就可能有明显的提高。所以，成大业者不仅要有超常的智慧和创新思维，还要有坚强的意志、饱满的情绪和远大的抱负、博大的胸怀。

三、影响创新思维的其他外在因素

除了非智力因素对智慧和创新思维有很大的影响外，还有其他很多因素也影响着人类的智慧和创新思维，如社会环境、家庭环境等。这里我们主要探讨一下社会环境对智慧和创新思维的影响作用。

在人类历史发展的长河中，古今中外无数事例都说明了社会环境对人的智慧和创新思维发展水平的影响。如我国的老子、孔子、蔡伦、成吉思汗、秦始皇等，国外的穆罕默德、牛顿、爱因斯坦、伽利略、达尔文等。然而另外一些时代，人的智力和创新潜能不仅得不到发展，反而横遭压抑，以致备受摧残。秦始皇“焚书坑儒”、汉代“独尊儒术”、清代大兴“文字狱”，一大批仁人志士，圣明贤哲，无功而卒。在西方，欧洲中世纪的黑暗时代，反动教会残酷镇压科学家，布鲁诺被活活烧死，伽利略锒铛入狱，意大利整整一个世纪没有出现过一个大科学家。可以看出，这些社会历史条件禁锢了人们的思想，束缚了人们的手脚，影响了人的创造力和智慧的发展。的确，具有高度创造力和智慧的人敢于标新立异，异想天开。他们的主张、见解常常与众不同，往往会对实行专制和独裁的统治阶层的利益构成威胁，因而他们的观点往往被当做“异端邪说”，甚至他们本人也常常被辱为“疯子”。塞尔维特提出“血液循环论”，违背了教会——神的旨意，因而被当成妖邪、异教徒烧死。罗巴切夫斯基最初提出非欧几何学，也被人辱骂为“疯子”。达尔文提出“进化论”被斥责为“野种”。连牛顿、莱布尼茨在微积分中提出的“无穷小”，也被英国大主教贝克莱谴责为“消失了的鬼魂”。这种对于智力和创造性的迫害，并未随科学的发展而消除，只不过改头换面罢了。摩尔根遗传学派的基因理论，直到20世纪50年代还被前苏联等国斥为“资产阶级种族论”；维纳等创立的“控制论”，也曾被批判为“唯心论”。在我国像马寅初那样博学多智的学者提出的“新人口论”，也被贴上“马尔萨斯”的标签，受到了批判。即使在学校里，若有学生敢于对教材或教师的讲授提出异议，有时可能也会遭到训斥或责难。这些都表明，无论东西方的各种社会环境中，实际上都存在着对于智力创造活动心理安全的威胁。如果不采取果断有力措施及时消除这种威胁，智慧的开发和创造将缺乏保障。

美国著名的人本主义心理学家C. R. 罗杰斯(1959)提出了“心理安全”和“心理自由”的概念，并认为它们是有利于创造性活动的普遍环境条件，也是智力开发、人才培养重要的社会环境条件。他认为，个人的被承认，是增进心理安全最重要的因素之一，但在我们的文化中，它可能是有创造力的年轻人丧失的东西之一，因为许多年轻人的智力创造，难以得到社会承认。有高度创造力的人在思想和外部行为上，偏离了文化常规模式，创造力的本质决定创造性活动必须是不同的，它必须是异常行动。当个人的被承认是取决于大家都一致时，有创造力的人将被降低价值，他们的异常思想将受到阻拦。为了解决“心理安全”问题，C. R. 罗杰斯提出创立“心理自由”的环境，即“在一种教育环境里，它容许获得知识的多种途径，并承认解决问题的异常方法……在一个无威胁的社会环境中，有创造力的人就不感到忧虑。他的动机的主要源泉能变为钻研和发明的积极的满足，而不是减少他的忧虑。当一个人感到心理上安全时，他就能积极地表达他的歧异思想”。

接着，他列举出了“心理自由”的以下一些特征：

①他能承认自己是什么就是什么，而不怕被人笑话和奚落。

②对他的思想，冲动，至少能作出象征性的表达，而不必压制、歪曲或隐藏它们。

③他能用开玩笑或独特的方式，处理某些印象、概念和字词，而不感到不安。

④他把未知和神秘的东西既看做是一种需要应付的严肃挑战，也看做是一种好玩的游戏。

对照他列出的“心理自由”的特征，我们可以看出：历史发展到今天，人的思想自由、创新精神已达到全社会尤其是教育界的广泛认同和鼓励，人的“心理自由”和“心理安全”已基本上得到保障，人们已拥有了智慧和创新思维发展的良好的社会环境。我们有理由相信，随着人们对智慧的内在要素及其发展的认识的不断深化，更多的爱因斯坦、居里夫人式的人才将不断涌现出来，一个英才辈出的时代将会到来。

四、创新思维能力的关键是非逻辑思维能力

影响创新思维的因素有很多，既有创新思维的三个内在要素，又有非智力因素，还有社会环境等其他因素。但创新思维的内在要素就是知识、非逻辑思维能力和逻辑思维能力这三个。创新思维的这三个内在要素对人的智慧水平起着决定性的作用。培养创新思维能力就是要使创新思维的这三个要素都得到发展，也就是说，要获取知识、训练和培养逻辑思维能力和非逻辑思维能力。相比较而言，获取知识、训练和培养逻辑思维能力是比较容易的，因为人们已基本上掌握了获得它们的有效方法；而训练和培养非逻辑思维能力则是很困难的，因为人们对非逻辑思维还没有足够的认识，还没有找到培养非逻辑思维能力的很有效的方法。也正因为如此，非逻辑思维能力的培养就还有很大潜力可挖，培养非逻辑思维能力也就成了培养创新思维能力的难点和关键。

在不同的领域，创新需要不同的知识作为材料和基础，人们可以通过学习各门学科，也可

以通过实践来获得创新所需要的各种各样的知识，本教程不承担也承担不了传授各科知识的任务。一般说来，知识的总量是在急剧膨胀的，人们现在获取知识和信息的渠道、途径是广泛的、多种多样的，因而也是比较方便的、容易的。本教程作为思维训练教程，其任务不是传授各科知识，而是训练和培养创新思维的其他两个内在要素——非逻辑思维能力和逻辑思维能力，尤其是非逻辑思维能力。

第六节　思维研究的重要性、复杂性和研究的道路

一、思维研究的重要性

古希腊哲学家赫拉克里特说："最美丽的猴子与人类比起来也是丑陋的。"莎士比亚在他的剧作《哈姆雷特》中借主人公之口唱出了对人类的赞美诗："人类是一件多么了不得的杰作！多么高贵的理性！多么伟大的力量！多么优美的仪表！在行为上多么像个天使！在智慧上多么像个天神！宇宙的精华！万物的灵长！"和其他动物相比，人类在感觉和体力方面都不具有什么特别的优势，为什么人类能在万物中占有唯我独尊的地位呢？稍加思考就会明白，这是因为人类具有其他万物都不具有的灵性：思维。思维研究的重要性主要取决于思维这个对象对于人类的重要性。关于思维和思维研究重要性的论述可谓汗牛充栋，不可胜数，但是概括起来无非就是以下几个方面。

(一)思维是人类认识世界、改造世界的主体性力量

人是能思维的动物。思维，特别是高水平的思维(即智慧)是把人和其他动物区别开来的本质属性。为什么人类能创造出如此高度的物质文明和精神文明，而其他动物却不能呢？其根本和主要的原因又在于人能够思维，特别是高水平的思维。换言之，思维给了人类上天入地、排山倒海的巨大力量，思维赋予了人类认识世界和改造世界的主体性力量，帮助人类创造了今天这样高度发达的物质文明和精神文明。人类文明的发展固然离不开外在世界提供的条件和可能，然而把这种可能性变为现实性的正是人类这个主体的力量，正是人类的思维。以前我们总是强调思维、精神对于存在、物质的第二性，不过在承认存在、物质对思维、精神决定作用的前提下，我们也应该看到人类思维的巨大的能动作用。一个简单的事实是：如果没有人类的思维，就不可能有人类的认识及其发展，当然也就不可能有人类今天的文明。

人类的力量主要在于人类的思维和智慧，人与人之间的竞争说到底也还是思维和智慧的竞争。为了提高人类的主体性力量及我们每个人的实力，我们必须大力开展对思维的研究，优化思维，培养智慧。

(二)思维是人类精神家园的建设者和感觉范围的开拓者

没有思维的人是动物，没有感觉的人是木头；人生的意义就在于思想和感受。没有思想，没有感受，人便没有其作为人而存在的价值和意义。

人是精神和物质的统一体。人不仅要追求物质生活的满足，还要追求精神生活的满足，建设美好的精神家园。精神家园的建设者主要是人类的思维。一个人精神世界的丰富与否在很大程度上取决于其思维能力的强弱。

和动物相比，人的感觉器官并没有什么优势，在很多方面还不如其他动物。然而由于有了

思维，人类的感觉范围和动物的感觉范围有了巨大的区别：人类感觉的范围远远地超出了动物的感觉范围。这主要表现在质和量两个方面：在质的方面，人类创造了许多新的感知对象，如音乐、电影等；在量的方面，人类借助于思维和实践创造出来的科学技术条件突破了作为动物的人的感觉阈限，所有这些都大大地拓展人类的感觉范围，从而使得人类获得更多的感官上的满足和享受。

为了更好地建设人类精神家园和进一步开拓人类感觉对象世界的范围，为了人类生活的幸福，必须大力开展对思维的研究，优化思维，培养智慧。

(三)人的思维、心理对人的身体、生理有巨大的调节和控制作用

人是物质和精神的统一体。在人身上，物质的、生理的因素和精神的、心理的因素是相互作用的。人的思维是通过影响人的心理进而影响人的生理和身体的。其他动物由于没有理性思维，它们的精神的、心理的因素对其身体的生理的影响是比较小的，而人类则不然，由于有了理性思维，人的精神和心理就对人的身体和生理有非常大的影响（"暗示疗法"只适用于人类而不适用于动物就说明了这一点）。世界卫生组织制定了一个新的健康标准："健康不仅仅是指身体无疾病，还应包括精神活动的健全和社会适应能力良好两个方面，是躯体、精神、社会的统一体。"可见，精神性的因素对人体及其健康是有巨大影响的。

(四)大力开展思维研究也是时代的需要

上述三点说的是思维研究的一般意义，除此之外，思维研究在现时代也具有十分重要的意义，大力开展思维研究也是符合社会发展和科学发展的需要的。

1.发展知识经济的需要

知识的生产、分配和使用都离不开思维。1990 年联合国研究机构提出了"知识经济"的概念。知识经济是以不断创新的知识为主要基础发展起来的，它依靠新的发现、发明、研究和创新，是一种知识密集型和智慧型的经济，其核心在于创新。它强调劳动者创新素质是经济发展的主要增长因素，认为创新发明、设计以及创造性理念、理论学说等以创造智慧为特征的因素，能够带来经济的可持续和稳定的发展，并带来巨大的物质财富。当前，创新思维能力已日益显露其独特的地位和价值。可以说，没有创新思维能力，知识经济的主体便失去了竞争力和生命力。当今世界，知识经济已初露端倪，而目前我国的经济则处于相对比较落后的阶段，面临着既要工业化同时又要进行信息化的双重艰巨任务。为此，必须进一步实施知识创新工程，建设和完善国家创新体系，这就需要大力加强对思维（尤其是创新思维）的研究。

2.教育改革的需要

我国的教育改革已经过许多年的探索和试验，并取得了一定的成绩。但是目前我国的教育体制还存在很多弊端，远远落后于社会经济发展的要求，成为制约经济发展的一个非常重要的因素。为此必须加大教育改革的力度，进一步深化以素质教育为核心的教育改革，培养一大批高素质的人才。这就需要大力加强对人类思维和智慧的研究，因为思维和智慧是人才的一个最基本的素质。我们甚至可以这样说：素质的核心是能力，能力的核心是思维能力，尤其是创新思维能力。没有较强的思维能力，其他能力（如语言能力、交际能力等）都会大打折扣；没有能力，所谓素质也就无从谈起。

3.人工智能发展的需要

计算机革命曾给人类社会的经济、文化、政治等领域带来深刻的变革，新一代智能机器的研究成功必将给人类社会带来又一次深刻的社会变革，而智能机器的研究是离不开对机器思维和人类思维的研究的(机器思维是对人脑思维的模拟)。

4.科学发展自身的需要

从古代到现代，人们对自然界和人类社会的认识已取得了巨大的进展，形成了一系列成熟的学科；相比之下，人们对自身思维世界的认识却很不够，尚处于前科学阶段。这种反差已在很大程度上影响与制约了自然科学和社会科学的发展及进步。

国家与国家之间的竞争主要是科学技术的竞争，科学技术的竞争主要是人才的竞争，人才的竞争主要是人的思维和智慧的竞争。所以，开展思维研究对于当今中国来说是非常重要的。

二、思维研究的复杂性

思维研究的复杂性主要取决于思维这个对象的复杂性。概括说来，思维研究的复杂性和困难主要在于以下两个方面。

(一)思维的物质器官

人的大脑极其复杂，又不能打开进行观察和研究，对大脑和思维的研究只能采取黑箱的方法。

大脑是人体的神经中枢，人体的一切生理活动，如脏器的活动、肢体的运动、感觉的产生、肌体的协调以及说话、识字、思维等，都是由大脑支配和指挥的。作为思维的生理基础——由140亿个神经细胞组成的大脑是人体中最复杂的部分，也是宇宙中已知的最为复杂的组织结构。人类对大脑中许多区域的功能知之甚少。大脑的复杂性，还在于神经细胞在形状和功能上的多样性，以及神经细胞结构和分子组成上的千差万别。

关于大脑功能的研究，已经成为现代科学最深奥的课题，也是最难攻克的科学堡垒。为了探索人脑奥秘，攻克各种疾病，开发人工智能技术，欧美等国家纷纷制定了脑科学研究的长远计划，并宣布21世纪是“脑科学时代”。科学家们预言，脑科学将在21世纪自然科学中占据特别重要的地位。

(二)思维的运动方式

对思维进行研究有其区别于对自然和社会的研究的特殊复杂性和困难，自然界和人类社会对于人类的认识来说，都是认识外在的对象世界，即客观存在；但思维研究的对象则是一种内在于人的精神性的对象，研究起来非常复杂。

人脑是思维活动赖以实现的物质基础，无论结构上还是功能上，在宇宙中都是最复杂的。因此，人类对它的认识必然要经过曲折和漫长的道路。无论是历史上多么著名的科学家的研究成果，还是当代最新的研究进展，都不能揭示出大脑的全部奥秘。虽然近100多年来脑功能定位理论不断得到新科学事实的支持，但如此复杂的脑功能，怎能用一一对应的结构与功能关系概括无遗呢？更何况系统的结构与功能之间并不具有机械的一一对应关系。人类思维这种精神性的对象能否归结为物理的或化学的运动是一个很大的问题。

三、关于思维研究的道路问题

综上所述，我们可以看出开展思维研究面临着巨大的矛盾：一方面，思维的研究是如此重要，我们不能不研究；另一方面，思维的研究是如此复杂和困难，在这方面取得任何一点进展都异常艰难，以致我们今天还不能使之成为一门严格意义上的科学，而且在未来很长的一段时间里也做不到。由此看来，现在我们对思维的研究必须在两条道路上齐头并进。一是微观的道路，主要是脑科学、神经生理学的道路，这是一条科学的道路。说它是科学的道路，因为它主要采用的是科学的、实证的方法。也许有一天人们能制造一个高智能的生命系统并用它来代替人脑，那将是人类智慧的革命。不过现在看来，这一天离我们还非常非常遥远，可谓远水不解近渴！我们不能等到人们对思维的生理基础、思维和智慧的本质都完全认识清楚之后再来训练人的思维，培养人的智慧，人类的教育不能停下来，也等不起！由于现在关于思维的研究还没有形成为一门严格意义上的科学，人们又必须对它进行研究，以便更好地进行教育等实践活动，因此就不得不较多地采用并非严格意义上的科学方法，如各种建立在经验、实验基础上的假设、猜测、思辨等（当然通过假设、猜测、思辨等方法得来的思想、理论还是要从理论上进行论证，到实践中去接受检验的）。这就是宏观的道路和方法，哲学、心理学的道路和方法，也是思维研究必走的一条道路。

实证主义哲学家孔德宣称他"发现了一条伟大的根本规律"。这条规律就是："我们的每一种主要观点，每一个知识部门，都先后经过三个不同的理论阶段：神学阶段，又名虚构阶段；形而上学阶段，又名抽象阶段；科学阶段，又名实证阶段。"我们基本赞成孔德的看法，也赞成他把第二个阶段看做第一个阶段的延伸的看法。我们认为可以把前两个阶段笼统地合为一个阶段，统称前科学阶段。其实任何学科的发展都经历了由前科学阶段到科学阶段的发展过程，没有任何一门学科从一开始产生就是科学的。按照孔德的说法，可以把人们对对象认识的哲学阶段（形而上学阶段）看做前科学阶段。哲学不仅为各门具体科学提供世界观、认识论和方法论，而且还直接为各门具体科学提供了大量有价值的科学思想的萌芽。这些科学思想的萌芽经过科学家丰富和发展最终成为一个个科学理论。很多学科也是逐步从哲学中分离出去而成为一个个分支学科的。思维及其规律的学说之所以没有同关于自然和历史的学说一样成为实证科学，主要原因就是思维这个对象本身的异常复杂性。钱学森说："过去脑科学家们把占脑一半以上的神经胶质细胞忽略不考虑，只注意到神经元，现在发现原来胶质细胞也有重要作用！可见我们对于脑，连其基本结构和其组成部件之间的相互作用还不清楚……所以这些属于人体科学的学问尚不能作为研究思维和思维科学的基础。目前我们搞思维科学（及技术）只能靠我们从宏观上猜思维现象；当然不排除从脑科学中吸取点滴启发。"从宏观上对事物进行猜测、假设和思辨正是哲学研究的一种方式。

一门学科在成为科学之前无疑是需要哲学思考的，那么是否在一门学科成为科学之后就不需要哲学式的运思呢？不是的。即使在关于思维、智慧的学说成为一门科学之后，也是离不开哲学式的运思的。恩格斯说："终有一天我们可以用实验的方法把思维归结为脑子中分子的和化学的运动，但这样一来就把思维的本质包括无遗了吗？"不是的。脑科学所研究的，往往是脑的内部的一些微观的、局部的现象，而人的思维表现为一种宏观的整体行为，从微观到宏观的过渡是脑科学本身难以完成的；从微观的研究中很难确认一种现象在宏观行为中的作用及其本质。这也就是说，即使人们对人脑和思维的研究已成为一门科学，我们也需要哲学式运思的导引和帮助。这正如现在一切成熟的科学仍离不开哲学运思的导引和帮助一样。

对思维和智慧等问题的哲学思考就是新近产生的心智哲学的主要内容。由于心智的奥秘人们知之甚少，因而允许哲学家有充分发挥自己思辨能力的余地，是一个哲学家可在其中纵横驰骋的无限广阔的领域，哲学家可以以其自由思辨的成果为各门具体相关的学科提供可供选择的理论模型。由于对思维和智慧的探索和研究尚未形成严格意义上的科学，我们对其进行探索和研究就不能不采取哲学思辨等方式。这也是一门学科由前科学阶段到科学阶段的发展必须经历的一个过程。然而令人遗憾的是，人们往往赞叹科学知识的严谨和完善，却责难哲学思辨的大胆和粗放。由此我们也可以看出，哲学所肩负的正是这样一种忍辱负重的使命。思维领域是一个问题成堆的领域，目前人们在关于思维的很多问题上都不能达成一致的意见，对思维进行研究也很难取得令人信服、受社会承认的成果，我们现在所做的工作也许都是在为一个真正的思维科学的诞生作准备，但正因如此，思维领域也是一个可能产生突破性进展的领域，思维研究的点滴进展对人类都具有重要的意义！

第二章　创新思维素质

第一节　创新思维的智能培养

一、创造力的涵义及基本要素

创造力亦称创造性。在英语中，创造力常用 creative ability 或 creative power 表示，其源于拉丁文 creare 一词，意指创造、创建、生产和造就等。在本书中，笔者把创造力指称为创新的能力，即：人类在创造活动中表现出来的一种特殊的创造新东西的能力。这种能力或具体表现为在实践中以已有的知识为基础，凭借个性品质，通过一定的思维活动，新颖而独特地解决问题的能力；或表现为在原来一无所有的情况下，发明新事物、新技术，获得重大发现的能力。一言以蔽之，创造力即人们在新颖而独特地解决问题的实践活动中表现出来的心理、思维以及技术的能力。

与创新思维分为广义和狭义之分相对应，作为创新思维能力的创造力也有广义和狭义之分。狭义的创造力是高档次的、在解决重大问题中表现出来的创造能力；广义的创造力则是普遍存在的、在日常生活和学习过程中就能表现出来的创造能力。高层次的创造力是在广义的创造力的基础上发展起来的。没有广义的创造力，也就没有狭义的创造力。但我们又不能满足于广义的创造力，向高档次的创造力发展，是创造力发展的方向。

创造力与智力有密切的关系。但如何看待两者的关系，目前尚无定论。一般认为，创造力强的人，智力不可能很低；但智力高的人不一定创造力高。两者有相关性，但肯定不是正比关系。

创造力一般由潜在的能力与现实的能力两方面构成。潜在的创造力由四方面的基本能力构成，即感知力、记忆力、思考力和想象力。所谓感知力，即通过感觉和知觉，对客观世界产生感性认识的能力。富有创新思维能力的人，一般具有敏锐的感知力、观察力。这是从事创造活动的前提和基础。所谓记忆力，即保存和再现信息材料的能力。任何一种创造活动都不是凭空产生的，如若没有对已有知识（即已有的记忆）的整理和连接，并由此基础上产生联想，就不会有创新。记忆力是创新的必要条件。所谓思考力，即判断、推理的能力，也即逻辑思维能力。创新离不开逻辑推论，没有提出问题、解决问题的能力，是不可能有创新思维的。所谓想象力，即发散、联想的能力。它是形成创新的必经途径。

现实的创造力包括：①实践能力（即操作、技术能力），即把新思想、新观点转化为现实的能力。一般表现为操作的技能和心算、阅读等心智技能。②组织能力，即组织团队、协调人际关系、统领项目的能力。许多创新不是个人所能完成的，需要集体的力量，因而组织能力也是创新思维的一种重要能力。

二、创新思维能力的开发

如上所述,广义的创造力是普遍存在于人们日常的工作、学习活动中的。从这个意义上说,广义的创造力是人人都具备的。对这种创造力的开发具有重大意义。

二次世界大战后,日本许多大城市相继建立了“星期日发明学校”,发动大众从事创造发明活动。参加发明活动的人员多达几百万。日本的小发明之多,每年申请专利之多,在当今世界首屈一指。作为资源贫乏的日本,之所以能成为世界经济大国,与它广泛地开展群众性的发明创造活动是分不开的。驰名世界的松下电器公司,就是以这种群众性的小创造发明取胜的。松下先生曾经说过:“我公司拥有每年提供52万项发明的预备军。”

管理学大师彼得·德鲁克曾经说过:“当今企业之间的竞争,不是产品之间的竞争,而是商业模式之间的竞争。”在互联网思维被赋予多重定义的时代,商业模式和传统的商业模式最大的区别在于,不再是关于成本和规模的讨论,而是关于重新定义客户价值的讨论。商业模式就是如何创造和传递客户价值和公司价值的系统。可见,客户价值以及客户价值主张的重要性非同一般。2015年是万众创业年,众多创业企业爆发,各种各样的创新型商业模式出现在市场中。品途网梳理了2015年各行各业的创业企业中具有代表性的创新商业模式案例,供中小型创业企业参考。如滴滴巴士的定制公共交通。2015年7月15日,继快车、顺风车之后,滴滴快的旗下巴士业务“滴滴巴士”也正式上线。目前滴滴巴士已经在北京和深圳拥有700多辆大巴、1000多个班次。滴滴巴士是第一个尝试将巴士进行多场景应用的定制巴士。滴滴巴士是关于定制化出行的城市通勤定制服务。它根据大数据测算并推出城市出行新线路。滴滴巴士还将巴士进行多场景应用,比如旅游线路定制、商务线路定制等扩展了巴士出行的场景。

人人具有创造力,其依据在于人有聪颖的大脑。已有的研究表明,人的大脑可以容纳1000万亿个信息单位。人的大脑的功能远远超过其他高等动物。有人曾这样描述:一个人的大脑所储存的信息量相当于美国国会图书馆藏书量的50倍,即至少几十亿册。还有人统计,大脑的储存能力可达到同时掌握5门外语,上两所大学,熟记大百科全书10万条词目的内容的程度。在现实生活中,有的天才人物的记忆力和判断力特别强。如恩格斯能用20多种语言同人交谈,我国史丰收的心算速度可以同计算机比赛。以蒙眼下棋而著称的国际象棋手阿列克分别创下了蒙眼独对24局和32局的记录。另一位国际象棋手科尔诺夫斯基则同时与56人对弈,创下胜50局,平1局的记录。对于这样丰富的大脑资源,至今还未充分开发利用。有的科学家认为,人类对大脑的使用率还不到1%。可以说,创造力的开发,就是人的大脑的开发。

人人都有创造力,但各人的创造力并不相等,创造力的显示也有迟有早。有些人很早就显示出非凡的创造力。如意大利诗人但丁9岁就能赋诗,奥地利作曲家莫扎特6岁就担任了音乐会的主角,德国作曲家贝多芬13岁就创作了三部鸣奏曲。有些人则较晚才显示出创造力。如爱因斯坦在小学时并未显示出其非凡的创造力,相反,却被老师和同学称为“智力不佳、反应迟钝”的人,有的老师还骂他为“笨头笨脑的孩子”。但不管创造力显示早晚,有一点是肯定的,即人与人的禀赋的差异仅仅提供了创造力大小的可能性,而并不能最终决定创造力的大小。天赋条件好的孩子长大后并不一定创造力强,反之,天赋条件差的孩子长大后也可能做出富有创造性的成果。创造力的开发主要取决于后天的努力。

开发创造力的基础是培养创新人才、造就创新人才的素质。

创新人才的智能结构,可归为四个基本构成要素,即基本素质、基本能力、基本知识和基本方法。

基本素质是培养创新人才的必要前提,包括自然素质和精神素质。自然素质主要指健康状况、体力精力等生理素质,它在很大程度上由先天的遗传所决定。精神素质主要指思想道德素质,包括对社会、国家、民族的价值取向和态度以及个人与他人、集体、社会的关系的认识。这种价值取向可具体化为创造活动的毅力和动力,毅力来自于献身精神和责任感,动力来自强烈的事业心。精神素质是创新人才智能结构的灵魂。没有优良的精神素质,就不可能成为优秀的创新人才。

基本知识和基本方法是培养创新人才的文化技能准备。首先,创新人才必须具备渊博的知识,不仅要有精深的本专业知识,而且要有丰富的邻近学科知识和尽可能多的其他知识。知识愈多,联想就愈丰富,激发创见的概率也就愈高。历史上著名的、有创见的科学家都是学识渊博者。其次,创新人才还必须掌握一定的科学方法和创新思维法。这些方法作为前人经验的总结,带有普遍有效性,可以成为指导创新的方法论武器。有意识地掌握一些行之有效的创新方法,对于初出茅庐的有志于从事创造性活动的人来说,无疑可以加快成功的几率;对于那些有较深资历的科学研究人员和工程技术人员来说,无疑如虎添翼。创新思维法是开发创造力的重要思维工具。本书第六章将重点介绍几种常用的创新思维法。

基本能力是培养创新人才的关键。要成为一个优秀的创新人才并获取的出色的创新成果,仅仅靠对知识、理想和方法的掌握和一腔热忱、决心毅力是不够的。创新领域五彩缤纷,无所不包,变化万千,创新方法和知识、理论只能提供一些门路,创造一些条件,但要真正逾越一道道创新的"峡谷"和"高峰",还要辅之以创新者足够的能力,只有具备较强的创新能力才能有效地搏击于创新的海洋中。创新基本能力也就是前面所述的创造力,它分潜在能力和现实能力。潜在能力是每一个正常的人都具备的(当然有程度的差异,甚至有天才与平常之分),而现实能力则主要是通过学习、训练,在后天实践中形成的东西。当然,经过刻苦的训练,也可提高潜能的素质,并通过娴熟的现实能力把潜能更充分地发挥出来。总之,创新者在创新实践中应充分调动自己各方面的创新能力,使之得以最完备的协调配合,这样才能取得创新成果。衡量创造力开发水平的标准,就在于能否最充分地挖掘各方面的创新能力。

依据创新者的素质要求,开发创造力的途径主要有:

(1)要打好坚实、广博的知识基础。

知识和创新之间具有什么关系?学界有不同看法。有一种观点认为,对于创造性而言,并非知识越多越好。知识和创新之间,呈现一种倒 U 型关系,即中等程度的知识水平才有利于创新思维。这种观点认为,知识多了,反而有碍于创新。确实,在现实中的确存在知识过多而阻碍创新的现象,但不能因此而得出"知识多一定不利于创新"的结论。毕竟知识是人类生活和实践经验的总结,是人们吸取新知识、提出新思想的基础。任何发明创造都是建立在一定知识经验基础之上的,认为只要掌握一定程度的知识就可以有很高水平的创新的观点似乎站不住脚。持这种观点的人或者把教育程度与知识水平混为一谈,或者把知识的量等同于知识的质。

一方面,学历与知识不能画等号。在历史上,有高水平创新的人并非都有高学历,但一定都有高知识。例如,达尔文只获得了学士学位,但他的成就远远超出了学士水平。这是因为,他对知识的获取并没有因为学士学位的获得而终止。当他在跟随"贝格尔号"船完成科学考察时，他在物种进化方面所积累的知识已经达到了当时的最高水平。法拉第14岁就离开学校而成为一个装订商的学徒工，然而辍学不等于终止学习，他向他所装订的书本学习。23岁那年，他开始给科学家戴维当助手，他又向戴维学到了不少东西。可以说，没有他多年积累的深厚知识基础，就不会有以后的伟大成就。

另一方面，知识的量与知识的质不能画等号。创新需要运用知识，而知识的运用必须避免知识的僵化。为此，应实现知识的结构化和条件化。所谓结构化，即善于对知识进行组合、抽象、概括、归类。当头脑中的知识以一种网络的方式进行排列时，其提取检索率就大大提高。所谓条件化，即在掌握知识内容时，同时掌握知识运用的条件，懂得运用这些知识的方法。良好的知识素养不仅包括知识的量，更要求对知识的良好的掌握。创新思维所需要的是高质量的知识，而非僵化的知识。

为创新打知识基础，要在五个字上下工夫：一是“基”，即扎扎实实地掌握基础知识、基本原理；二是“博”，即有广博的知识背景，“学愈博则见愈远”；三是“深”，即有精深的专攻领域；四是“精”，即改善知识在头脑中的结构状态，善于对凌乱的知识进行整理；五是“活”，即善于运用知识，让知识进入流通领域，或聚合，或分解，或置换，或替代，或跳跃，或嵌入，保证思维的流畅、变通。

(2)要培养思维的灵活性、敏捷性、开放性。

创新思维是一种高度灵活的思维，思路开阔，善于发现问题，善于预测事物的发展趋势，保持对事物的高度敏捷性，是养成创新思维的重要条件。为此，要注意经常更新观念，不断追求新的目标；要注意扩大视野，既高瞻远瞩、面向未来、追踪时代，又纵横驰骋、全方位考察、立体思考问题。切忌思维的单一性、刻板性、狭隘性。为提高思维素质，有必要学习一些创新思维技法，进行必要的创新思维训练，为创造力的开发奠定基础。

(3)要培育良好的人格基础。

心理学家们从不同角度探讨了不同领域内创新人才的人格特征。经过广泛的调查研究，对创新性人才的人格特征达成了共识，包括：勇敢，敢于对公认的东西表示怀疑，甘愿冒险；富有幽默感，对饶有趣味的事物有敏感性；独立性强，有顽强意志，有恒心，有一丝不苟的精神，能排除外界干扰，长时间地专注于某个问题的钻研。在当今时代，创新人才特别需要有强烈的事业心和历史责任感，具有坚定的理想信念。这是成就事业的必要条件。

(4)要投身于创造活动实践，在实践中增长才干。

实践出真知。创新思维的训练，创新能力的培养，归根结底依赖于实践。只有积极参加创新实践，在实践中发挥创造力，不断开发、增强自己的创新能力，才能有所成就。青年学生在课堂学习之余，要积极参与课外科技活动，努力锻炼科学研究能力，努力培养运用知识的能力。科技人员要努力进行科技自主创新，积极在实践中提出新理论，开发新技术、新产品。教师要在教育实践中努力进行教育创新，努力尝试新教育理念、新教育模式、新教育内容。各行各业都努力致力于在自身实践中的工作创新，我国的社会生产力才会不断跃上新水平，迈向新阶段。

三、创新教育和创新人才培养

(一)创新教育及基本特征

创新人才的培养离不开创新教育。创新教育与一般教育相对应，具有与一般教育不同的特点。一般教育以知识积累为目标，以记忆显现型思维为主，即将书本和老师讲课的内容不断重复地输入大脑储存，在考试时再输出，这种学习是被动型的，学习内容提倡统一性、规范化。创新教育则以培养求知欲望、开发创新能力为目标，要求人们突破现有知识范围，尽力扩大知识面，将专业知识学习与多学科知识学习相结合，开阔视野，丰富想象力，提倡学习的多维性、多元性和自主性。创新教育与一般教育的区分如表 2-1 所示。

表 2-1 创新教育与一般教育的区别

类别	一般教育	创新教育
类型	单纯教学型	探讨开发型
目的	传授知识	开发创新思维能力
方法	1. 单纯在课堂 2. 单纯教师讲授 3. 单纯按教材讲 4. 固定知识和目标范围	1. 课堂和走出课堂、参观现场、社会调查相结合 2. 讲授、讨论、交流、总结、答疑 3. 课本和现代知识相结合、理论和实践相结合 4. 开发和超越原有知识范围，开发创新思维能力
特征	1. 知识型 2. 学生型	1. 应用探索型 2. 创造型

表中所谓“学生型”的特征有：以听取教师意见、遵照课本为主；记忆、理解固定的知识内容；以考试成绩为目标；尊重现在成果；尊重、服从权威理论等。所谓“创造型”的特征有：思考问题不为讲课和课本内容所限，有时会对教师意见和课本内容有异议；喜欢探索自己向往的各种知识；不为考试所限，对有兴趣的学科不惜花费时间，主动钻研；不满足现在成果；敢于超越权威理论等。

我国正处于改革开放的时期，一切社会改革都离不开创新人才的培养，而在创新人才的培养中，创新教育起到关键作用。可以说，我国的改革事业正呼唤着教育创新。

(二)创新教育要“以人为本”

1. 确立以人为本的教学理念

以人为本作为一种尊重学生的人格和潜能，把学生作为教学的出发点和归宿的新教学理念，是创新教育的题中之意。以人为本的教育观以“学生观”和“知识质量观”的转换为核心内容。

所谓学生观，主要涉及教育者对学生的角色定位和对学生智能状况的基本估价，如学生是单纯的知识接受者，还是知识的探索者；学生的人格、主体性是否应该得到充分尊重；学生是否具有一定程度的学习自由(即一定程度的选课自由、选择教师自由、怎样学的自由以及形成自己学术思想的自由等)。在中国教育史上，一直传颂着“师道尊严”“一朝为师，终身为父”的古训。在这样的教育理念下，教师往往主宰教育活动一切，学生只能是被动地学，只能盲从教师、教材。权威化的教学态度、灌输式的教学方法、统一呆板的教学模式，都出自于这种传统的、忽略了学生主体性的、陈旧的“学生观”。

以人为本新教学理念下的学生观冲破“师道尊严”的藩篱，以学生为本，充分尊重学生的人格，充分发挥学生的主体作用。

以人为本的学生观实现了从教育的单一主体论向教育双主体论的转换。谁是教育的主体？是教师，还是学生？传统的教育观视教师为单一的主体，学生作为被教育者仅是教育的对象、客体。以人为本的教学理念持"双主体论"，即：在师生互动的教育活动中，由教师和学生所构成的对象性关系的两极实体均是主体。教师主体性与学生主体性同时存在，相辅相成，共处于一个统一体中。

教育活动中的学生主体性主要表现为学生学习活动的主观能动性，诸如：对教学科目的主动选择；对教学内容的能动理解、消化和吸收；对学习专题的主动钻研、质疑；对教材、教师讲授内容的能动超越等。学生在学习活动中表现出来的这些主观能动性是成功教育的主要动力。许多教育家认为：所有真正的学习都是主动的，不是被动的，它需要运用头脑，不仅仅是靠记忆。它是一个发现的过程，在这个过程中，学生要承担主要的角色，而不是教师。以开发人的创造潜能为主旨的创新教育，关键在于重视学生的主体性，尊重和唤醒学生的主体意识，倡导和发挥学生的主动性和创造性。当前，我国教育的最大问题是没有把学生当做教育活动的主体，忽视了学生的主体意识。因而，确立以人为本的教育观，实现学生观转换的核心是肯定学生在教育活动中的主体性地位。

提倡确立学生在教育活动中的主体地位，并不是抹杀教师在教育活动中的主体地位，只是对教师的主体作用要有一个正确的理解。不能把教师在教育活动中的主体作用等同于无上权威的主宰作用；相反，教师仅仅是教育活动的设计者、组织者，教师的主体作用仅仅是一种主导作用，教师的讲授、示范、指导，仅仅是对学生学习活动的一种引导。应该理智地认识到：在学生求知和探索的曲折人生路上，教师只是给学生以提示和引导的火把而已，而不是真理的化身。

"知识质量观"的转换也是确立以人为本新教学理念的重要内容之一。所谓"知识质量观"，主要涉及如何看待学校传授的知识，如何评价学生的质量问题。传统的教育把知识作为既定的、永恒的结论传授给学生，要求学生被动地记忆、机械地模仿，并以既定知识的考试成绩作为评定学生质量的最终标准，而以人为本新教学理念下的"知识质量观"提出了新的见解。

以人为本的"知识质量观"强调知识的发现过程，而不是现成结论的记忆。从知识的形态区分，我们可把知识分为既定的知识和形成中的知识两大类。前者表现为一系列既定的概念、命题、法则、定理等；后者着眼于对获得知识的机制、规律的探索。既定知识的传授在学校教育中占有重要地位，因为任何人的认知活动都需要一定的背景知识，没有对由前人知识和旁人知识构成的社会文明的把握，也不会具备发现新知识的能力。然而，旨在培养创新人才的创新教育应更关注"形成中知识"的教育，即应更关注学生发现知识能力的培养。这实际上是包括知识教育在内的智力教育。智力教育是以人为本的"知识质量观"的主题，它重视培养学生独立自主的思维能力、学习能力、发现问题和解决问题的能力、处理与社会和自然关系的能力，以及适应未来社会需求的能力等；相应地，评定学生质量的标准也在于学生应用和拓宽知识的能力，在于学生的创新能力。显然，这种"知识质量观"的确立是以尊重学生的主体性为前提的。

2.发扬以人为本的教学作风

贯彻以人为本的教学理念，需要发扬以人为本的教学作风，这就是教育上的民主作风(或称"教育民主化")。民主体现着对人的尊重，教育的民主化则体现着对学生的尊重。

首先，学生主体性的形成和发挥离不开教育的民主化。学生的主体性养成于学生对教育活动的参与。唯有以主体身份参与教育实践，在教育活动中有施展自身才能、发挥自身主动性的机会，隐藏在学生中的主体潜能才能得以充分发掘，学生才能清楚地认识到自身的价值，其主体性才能从不自觉上升到自觉，从朦胧变为清晰。教育民主化追求的目标就是提高学生的主体性。

其次，以人格平等为前提的新型师生关系形成于教育的民主化。教育民主化的基本原则是承认师生人格的平等。尊重、信任和理解学生，懂得维护学生的人格尊严，不把自己看做高于学生一等的人，抛开以教师为中心的观念，警惕自己对学生可能产生的禁锢影响和控制欲望，坚持以学生为中心，是在教学中发扬民主作风的必要前提。为此，教师要善于与学生作学术思想的平等切磋，并虚心听取学生的意见，吸取学生的有益思想，从学生的提问、质疑中寻找自己教学中的不足，甚至鼓励学生否定自己的意见；要学会用欣赏的眼光看学生，善于发现学生的长处，并虚心向学生的长处学习，以弥补自身的不足；要善于洞察学生的心灵世界，熟悉学生心理，多与学生进行心理交流，同学生交知心朋友，学会用“心”与学生作平等对话，以达到师生的彼此真情理解。

再次，学生的个性发展、创新思维的自由空间也源于教育的民主化。创新是一种个体思维素质的体现。创新思维的培养，一来源于对学生个性发展的鼓励，因为智力是个体掌握知识、运用知识、创造知识的一种个性心理品质，它以个体知识为基础，受个体认知结构和质量的制约，因而，只有个性化的教育才能激发学生的创新思维；二来源于给学生以主动探究、自主学习的空间，因为学生创新能力的形成和发展，不能单方面依赖教师的讲解或读书，而主要依赖于自己的探究和体验，依赖于群体讨论和思想交锋，创新思维往往是群体自由讨论中大量信息轰击的结果。如教师在教学中不给学生自主学习的机会，不为学生提供探究的自由空间，不鼓励学生思维的自由驰骋，创新也就无从谈起。为此，教师要尊重学生个性，鼓励学生进行创造性学习，努力构建生动活泼、主动探索的学习气氛，引导学生积极思维、主动探索，在学习中发掘内在潜力。

总之，教育民主化关系到学生主体性的发挥，关系到新型师生关系的形成，也关系到创新思维品格的养成，一句话，关系到以人为本教学理念的落实。

3. 倡导以人为本的教学手段

好的教学理念、民主的教学作风最终必须落实于恰当的教学手段。因而，倡导以人为本的教学手段是确立以人为本的教学理念、发扬教学民主作风的最重要环节。

所谓以人为本的教学手段，即贯彻以学生为中心的原则的，体现平等、宽容的新型师生关系的，有利于发展学生个性、激发学生创新思维的，区别于“一支粉笔一块黑板教师一言堂”传统教学模式的新型教学手段。根据国内外先进的教学经验，已在不同程度上经历过试验，并已见成效的、能体现以人为本教学理念的新型教学手段有：

(1)启发式教学法。

所谓启发式教学法，即引导学生独立思考和主动学习、提高学生学习兴趣和积极性的教学方法。启发式教学法有两个要点：一是要引导学生真正理解所学的知识；二是要引导学生运用所学的知识解决实际问题。为此：①要努力创设具有挑战性的问题情境，诸如，设计一些有助于理解和灵活运用知识的问题；提供解决问题必需的研究素材；提供解决问题的参考步骤；提供评判解决问题方案的原则和标准等。这是一种以问题为本的教学，即在问题的一步步展开中进行教学。②要努力创设一种活泼而宽容的教学气氛。为有效地引导学生思考，必须充分尊重学生，包括：尊重学生提出的古怪问题；尊重学生的想象或别出心裁的念头；让学生知道他们的观念是有价值的；并公开地向学生表示，他们的任何好奇心和探究性行为都值得鼓励。③要允许学生按自己的想法活动，自己动手解决问题，尽力倡导轻松活泼的气氛。

(2)发现式教学法。

发现式教学法即研究型教学法，最早由美国学者布鲁纳于20世纪60年代提出，他认为，发现式教学法的基本特征是：①教师引导学生以科学家们从事研究的方法进行学习、观察和实践；②提出问题，以启发学生思考，激发学生探索的欲望；③引导学生提高归纳推理的能力；④重视寻找导致结论的理由或论据。发现式教学法旨在激发学生多方面思维，使其智力活动多样化、丰富化；旨在培养学生独立研究的能力，并养成学生的学术兴趣，促进其探求未知的热忱，强化其创新动机。发现式教学法已在我国一些学校作过试点，并取得明显成效。

(3)吸引教学法。

吸引教学法即努力把学习场所(如课堂)构建成令人向往的“最吸引人的场所”，以人际交往的情绪吸引、激发学生学习兴趣的教学法。其指导思想是所谓“吸引教育”(invitational education)理论。这种理论相信人是有能力、有价值和负责的，所有人都有未开发的潜能，旨在探索发掘人的潜能的激励机制；强调教学的民主化，认为教育应该是合作、配合的过程，教师应通过吸引的方式(如开放的、自由的、平等的对话)激发学生的学习积极性，使学习成为学生的自愿，而非强迫命令。吸引教学法的具体实施环节有：培育良好的教育环境、制定以人为本的教育政策、设计吸引人的教学大纲和课程、提倡尊重和关怀行为，以吸引、召唤学生主动参与教育过程，促进学生潜能的发挥与实现。

(4)“学习自由”教学法。

追求学术自由是高等教育发展的主题之一。高校的学术自由包括学生的“学习自由”，学习自由的思想和实践系统形成于19世纪。洪堡、费希特等人创建的柏林大学自开办之日起就把“尊重自由的学术研究”作为办学的根本思想。柏林大学所倡导的学术自由包括学习自由，这在教育史上尚属首次。当时的柏林大学校长费希特认为，学术自由由“教的自由”和“学的自由”两部分构成，“学的自由”指“学生在教授的正确方法指导下，在专业学习上拥有探讨、怀疑、不赞同和向权威提出批评的自由，有选择教师和学习什么的权力，在教育管理上参与评议的权力……”在当时柏林大学的各种“Seminar”(研习班)中，学习自由的精神得以最充分的体现。在此，传统的权威学说不再成为研讨的前提，师生可以大胆地怀疑和批判，充分发挥个人的独创精神；师生关系也发生了变化，师生共同研究和讨论，一起探讨真理。学生由过去的被动学习者成为教育过程的积极参与者。

(5)强化、改革哲学类课程。

在实施以人为本的教学理念，培养学生创新思维方面，哲学类课程具有义不容辞的责任。这是由哲学固有的精神所决定的。哲学是对智慧的追寻，它作为一种质疑的艺术，其根本特征是批判、反思和超越。无论是对现成问题的质疑，还是对超经验理想的追求，或是对客体深层次本质的挖掘，都体现出创新的精神。卓越的创造性的科学研究需要哲学素养；科学所需要的多方面品格和素养，如热情、敏感、惊异、好奇、善于发现问题等，都与哲学素养有关。离开哲学就没有创新。哲学教学不是一般知识的传授，而是智慧的培养。因而，创新教育无疑是哲学教学的本意。然而，在我国的学校教育中，哲学的理性思维训练功能一直未能得以充分重视。要改变哲学教育的现状，首先必须全面认识哲学课程的功能，并从根本上改革陈旧的、满堂灌的哲学理论教育模式和标准化的考核方式，建构有助于调动学生主体性的、符合哲学本性的哲学教育模式。

(三)创新教育应发展个性化教育

1.个性化教育体现了教育创新的本性

创新教育应发展个性化教育,是由创新与教育的本性所决定的。

我们说过,创新思维,是指人们在探索未知领域的过程中,充分发挥认识的能动作用,以灵活、新颖的方式和多维的角度探求事物运动内部机理的思维活动。创新思维的本质不仅在于结果的“新”,而且在于“创”,即获得“新”的过程。创新精神本质上是一种独立探究的精神,关键在于突破常规,独立思考、独立判断、独立探究、独立发现,而不是迷信、盲从、墨守成规。显然,以“独创”为特色的创新思维必然是一种个性化的思维。创新思维离不开逻辑思维,但又不同于逻辑思维,逻辑思维倾向于人类共同的知识领域,创新思维则倾向于人类个体的心理领域。构成创新思维的重要因素——独立性因素是一种个性化的“积极求异性”;作为创新思维的重要能力——想象(包括幻想、联想等)能力是一种个性化的能力;创新的过程更是一种个性化的思维建树过程。

真正有成效的教育也必须是个性化的教育,这是由教育的特殊规律决定的。

首先,教育不仅仅是使人接受前人的知识技能、价值观念、思维方式等的传承性事业,而是开发人的潜力,发展人的个性,活跃人的思想,激励人们去创造新的社会生活的开创性事业。教育以开发人的智能为最终目的,而人的智能分为实能和潜能两部分。实能即知识和技能,这是共性的东西;潜能指分析、综合、评价等学习能力及创新能力,这是个性化的东西。传统的“应试”教育重实能而轻潜能,即重共性而轻个性;实际上,实能仅是人的认知能力中的低层次部分,教育的真正目的应是开发人的认知能力中的高层次部分。这也就是传统的“应试”教育的根本缺陷所在。

其次,在知识经济时代,中国急需有创造能力的人才,我们的教育要适应这一形势需要,适时地实现思路转换,以培养创新人才为宗旨。因而,当今的教育应强调素质教育。而创新教育正是素质教育的核心。创新教育之所以是素质教育的核心,这是由新世纪对人才素质的新要求所决定的。随着新世纪的来临,知识经济的脚步愈益迫近,而知识经济是一种创新型经济,知识信息量激增及知识创新周期性的日益缩短,越来越成为经济增长中最具生命力和最活跃的生产要素;创新成为推动知识经济发展的不竭动力。知识经济又是劳动主体智力化的经济。知识经济的发展依赖于具有创新精神的劳动主体,唯有具备创新能力的人才能充当知识产业中的决定性因素。同时,在新世纪中,社会变革的速度将更快,五彩缤纷的未来社会必将呼唤富有创意、勇于创新的人才。社会可持续发展所面临的许多世界难题也迫切需要最具创意的科学思想。可见,只有以开发创造能力为目标,以培养创造型人才为宗旨的创新教育才能适应社会、经济发展的要求。以培养高级专门人才为使命的高等学校理应把创新教育作为素质教育的中心环节,成为培养创新人才的摇篮。

创新教育呼唤崭新的教育理念、教育机制和教育手段。如前所述,创新教育不同于一般教育。一般教育以单纯的知识传授、积累为目标;以记忆显现型思维为主,拘泥于现成理论;学习内容提倡统一性、规范化。创新教育则以培养求知欲、开发创造能力为目标,要求学生不满足于现成知识和结论,尽力扩大知识面,将专业知识学习与多学科知识学习相结合,开阔视野,丰富想象力,提倡学习的多维性、多元性和自主性。在具体教学手段上,一般教育拘泥于教科书和课堂教学,以听取单方面讲授为主;记忆、理解固定的知识内容,以考试成绩为目标;尊重既成知识,服从权威理论。创新教育则提倡课堂教学与社会实践、调查研究相结合,开发和超越原有知识范围,强调能力培训,开发学生创新能力;并鼓励学生探索自己向往的各种知识,不为考试所限,对有兴趣的学科不惜花费时间,主动钻研,敢于超越权威理论。显然,无论从教育理念还是从教育手段看,创新教育都是个性化的教育。

2.当今发展个性化教育的主要障碍

同个性化教育的要求相比,当今的教育是不能令人满意的。当今发展个性化教育的主要障碍可从教育观念、教育体制和教育评估体系三方面加以考察。

障碍之一:轻素质教育、重职业教育的教育理念。尽管素质教育的提法如雷贯耳,但真正用素质教育的理念指导教育过程的却不多。尤其在高等教育中,职业教育的观念始终没有被突破。在这种教育观念的支配下,我们的高等院校都把对学生进行职业培训作为自己的培养目标。在高等学校以及社会看来,学生进入高等学校,就在事实上进入了某个职业群体的预备队伍;而毕业生进入这个职业群体,那就将终生从事这一职业。因而,高等院校的任务,就是按某一职业群体的统一要求,打造某一合格的职业群体。例如,医学院的任务是造就合格的职业医生;工科院校是"工程师的摇篮";师范院校旨在培养各科的教师;如此而已。至于人的素质,尤其是人文素质,往往置于脑后,至多也是作为附加上去的东西,一带而过。这样培养出来的学生,当然缺乏个性。

障碍之二:简单划一的教育体制。多年来,我国的学校犹如一座座工厂,按照统一的流程,小学六年、初中三年、高中三年、大学四年、硕士和博士研究生各三年,一以贯之,一成不变地培养着学生,不管进去的生源如何,都千篇一律地对待,千篇一律地要求,千篇一律地毕业。有些原本可以更早成材的优秀学生,到了这一简单划一的教育体制下,也只能按照统一的年限"熬"满规定的年限;而一些原本不够格的学生,年限一到,也牵强附会地进入社会,作为"合格"产品同那些优秀毕业生享受同等待遇。在这种简单划一的教育体制下,学生的差异一概被抹杀,个性化教育荡然无存,教育成了名副其实的批量生产。

障碍之三:生硬的教育评估体系。传统"应试"教育的评估体系有两大抹杀个性化教育的弊端。其一,"分数"至上。一切评估指标都围着分数转,评价学生质量的好坏看分数,评价教师教学质量的好坏也看分数,分数压倒一切。其二,面面俱到,四平八稳。现行的教育评估体系对各学科的要求往往过于统一,一个学生要成为学校所要求的优秀生,必须在各门学科的学习中都崭露头角,或至少都必须过关。而一些在某些学科中有杰出成绩的学生,如在其他学科中成绩不佳,则只能因过不了教育评估关而望洋兴叹,其某方面的突出才能也往往无用武之地。在这样的教育评估体系下,教师衡量学生的标准势必过于"标准化",学生的个性势必被抹杀,即使进校时存在着的"棱角"也势必在几年的学习过程中被磨平。

3.发展个性化教育的主要途径

教育创新的关键是发展个性化教育,而轻素质教育重职业教育的教育理念、简单划一的教育体制和生硬的教育评估体系不同程度地扼杀了个性化教育,因而,实施教育创新,发展个性化教育,必须从更新教育观念、变革教育体制和改革教育评估体系入手。

首先,要树立个性化教育理念。如上所述,教育是开发人的潜能、发展人的个性、活跃人的思想的开创性事业,因而,教育的"育人"本性决定了教育的个性化特征。既然教育的宗旨是培养人,而人的潜能、个性各不相同,所以教育不是生产流水线,无法按照统一的设计、既定的流程,生产出标准的产品;而只能根据各人的具体情况,采取不同的教育手段。古希腊苏格拉底采取“精神助产术”，在与学生相互诘难的过程中，不断提出“为什么”来引导学生层层深入地思考问题，直至学生经过自己的独立思考，达到对问题的解答。这种通过对话辩论来研究问题的方式被称之为辩证法。这种教育方式就是个性化的教育方式，与当今长期实施的“教师一言堂”式的教育方式是背道而驰的。当今，教育改革的目的就是要重新唤起前人早已倡导并实施过的个性化教育方式，这样才能推进教育创新，真正变革当今不合时宜的教育模式。

个性化教育观念的确立离不开教师多重角色观和现代知识质量观的确立。首先，在现代化教育中，为充分发挥学生的个性，教师应善于承担多种角色，诸如：学生全面发展的培养者、民主师生关系的建立者、学生学习课程的指导者和鼓励者、学生终身学习的奠基者等。如若仅仅把教师当做传统意义上的“园丁”，按统一的要求和规格培育“浇灌”学生，只能是抹杀学生的个性。其次，如前所述，传统的“知识质量观”以既定知识的考试成绩作为评定学生质量的最终标准，这样的知识评价标准势必是简单划一的。新教学理念下的“知识质量观”提出了新的见解：强调知识的发现过程，而不是现成结论的记忆。智力教育是现代教育“知识质量观”的主题，它重视培养学生独立自主的思维能力、学习能力、发现问题和解决问题的能力、处理与社会和自然关系的能力，以及适应未来社会需求的能力等；相应地，评定学生质量的标准也在于学生应用和拓宽知识的能力，在于学生的创新能力。显然，这些能力是个性化的。

其次，要建立个性化的教育体制和评估体系。长期以来，我国的教育习惯于计划经济的一套模式，改革开放以来，教育改革虽然不断深化，但以计划模式为主导的教育体制未有根本改观。这套计划模式不变，要推进教育创新是很难的。只有从根本上突破计划模式，打破简单划一的教育体制，给个性化教育留有广阔空间，教育创新才有可能。为此，我们要通过不断探索，尝试建立并不断完善个性化的教育体制。诸如：改革现行的生硬的学期制，充分发展不受年限限制，有利于鼓励优等生脱颖而出，给学生充分发展空间和自由余地的真正的学分制；改革统编教材制，给学生教师充分选择教材的自由；改革生硬的教育评估体系，给有某方面突出才能的学生有充分的发展空间，不以单纯的分数压人、卡人，给学生多方面施展才能的机会等。

要探索鼓励创新的教育评估体系。在这方面，国外有些做法值得参考。例如，北欧有两种教育评估指标，一是称为“PISA”的“学生基础能力国际比较计划”(programme for international assessment)；二是称为“IB”的“国际文凭标准”(international baccalaureate)。这两种评估指标体系都以强调评价学生的能力为主，如“PISA”注重考核学生运用知识和技能以满足现实生活挑战的能力。“IB”有三方面的特别要求：①CAS，即创造性、活动和服务(creativity，action，service)；②TOK，即知识论(theory of knowledge)，知识论注重提高学生批判性思维能力；③EE，即扩展性论文(extended essay)。这些要求注重考核学生的探究能力和实践活动，注重考核学生的人文素质。这两种评估指标体系都不是以知识的简单积累和记忆为根据，都注重学生的个性潜能发挥，给学生以充分的发展余地，因而是建立个性化教育评估体系的很好参考。

再次，要探索个性化的教育手段。要改变那种传承了多年的“满堂灌”“填鸭式”的没有生气的教学模式，实现“以教师为本”向“以学生为本”的“互动式”的教学模式的转换，即：从复制有余、创新不足、围着教师转的应试教育向激发学生求知欲望、学生兴趣，为学生个性发展提供条件、创造环境的素质教育转换，这种转换的实质即是学生个性的解放。如陶行知所说的“六大解放”：解放头脑、解放双手、解放眼睛、解放嘴、解放空间、解放时间，使学生会想、会干、会看、会说、会接触自然和社会、会自主学习。国际上成功的人才开发都是重视个性，以学生为本的。如牛津大学一贯主张尊重学生的个性发展,自学、独立思考、触类旁通、全面发展是牛津大学办学的基本思路。牛津大学自创建以来,人才辈出。英国历史上的40位首相中有29位毕业于牛津大学。此外,这里还培养出培根、雪莱等著名的学者和诗人,产生过不少诺贝尔奖获得者,可谓誉满全球。

我们要放开手脚,鼓励试验多种教学方法,鼓励学生独立思考、合理想象;提倡"异想天开",允许"标新立异",克服学生思维单一化的倾向,启发学生对同一件事从不同角度、不同视角、不同方向进行思考,启发学生对课本、对课堂教学提出质疑,触发他们的灵感,逐步形成多维、多角度的立体式思维习惯,激发学生的创新思维能力。

许多教育家认为:所有真正的学习都是主动的,不是被动的,它需要运用头脑,不仅仅是靠记忆。它是一个发现的过程,在这个过程中,学生要承担主要的角色,而不是教师。以开发人的创造潜能为主旨的创新教育,关键在于重视学生的自主性,尊重和唤醒学生的自主意识,倡导和发挥学生的个性和创造性。凡此种种,都离不开发展个性化教育。教育创新应注重发展个性化教育。

实施个性化的教育手段的前提是培育民主化的教育作风。要给学生以主动探究、自主学习的空间,给学生自主学习的机会,为学生提供探究的自由空间,鼓励学生思维的自由驰骋,努力构建生动活泼、主动探索的学习气氛,引导学生积极思维、主动探索,在学习中发掘内在潜力。显然,所有这些,都是以尊重学生的个性发展为前提的。

第二节　破除创新思维的枷锁

一、破除权威型、从众型思维枷锁

思维转换是形成创新思维的一条重要途径。苏东坡游庐山,发现路回峰转,观察的角度不同,庐山的山山水水也呈现出不同景象。有感于此,他写下了著名的诗句:"横看成岭侧成峰,远近高低各不同。"这句富有哲理的诗句告诉人们,要从不同的角度观察事物,不要把事物看死了。许多科学上的发现、发明和创造,都是自觉不自觉地运用从不同角度观察事物的方法的结果。

要从不同角度观察事物,就要善于拓展视野,克服思维定势。所谓思维定势,亦称"心理定势",美学上指主体预前特定的审美心理准备状态及其对审美中后继类似心理活动施加影响的趋势。思维定势原是心理学概念,由德国心理学家缪勒于1889年提出,有知觉定势、认识定势、情绪定势等。它在20世纪80年代被运用于中国审美心理的研究。审美思维定势是定向的思维趋势,它以预前的审美经验、观念、态度、情绪、趣味直接影响乃至决定着后继审美活动的方向、内容、性质。它的客观基础是特定对象审美特性同主体审美经验相通或已局部地把握,使主体有了预前的思想准备。主观条件是对象特性在主体大脑皮层已形成巩固的神经联系,已积累相应的审美经验,形成特定的审美观念、趣味、思维方式,同时也受传统观念、民族或集体意识的影响。思维定势具有稳定性、指向性与非自觉性。它在审美活动中的积极作用是作为一种心理能力,直接制约审美的定向选择,增强审美思维活动的敏捷性,形成动力定型,使审美心理活动系统化、迅捷化、自动化、轻松化,增强审美的感受力、创造力。但如将原有心理准备加以定型化、凝固化,使思维模式化,忽略对象的多样性、变易性,就会导致思维僵化、主观主义、片面性。

在思维活动中,思维定势同样具有两面性,一方面,它能提高思维活动便捷性、敏捷性,提高思维效率;另一方面,如若把它绝对化、固定化,势必成为束缚思维创新的条条框框,成为创新的思维枷锁。它往往形成思维主体对某种对象的"自动应答",自觉不自觉地引导思维主体沿着以前熟悉的方向和路径进行思考;自觉不自觉地把外界的信息纳入既定的认知框架中,并按既定的程序和方法进行筛选,从而阻碍思维主体另辟新路。阻碍创新的思维枷锁具有强大的惯性,它能够"不假思索"地支配人们的思维过程、心理态度乃至实践行为,具有很强的稳固性乃至顽固性。所以,倡导创新思维必须破除思维枷锁。

阻碍创新的思维枷锁有许多种,从众型、权威型思维枷锁是最常见的两种。

(一)破除从众型思维枷锁

从众型思维枷锁源于从众心理。在社会互动中,人们无不以不同的方式影响那些与他们互动的人。同许多人在一起,个人极易受到诱惑,因而在场的旁人能促进或阻碍某人完成某项任务。实验资料表明:个人往往易受别人的诱惑而不相信自己的认知成果,遵从的压力能迫使个人接受大多数人的判断。不仅在模棱两可的情况下如此,而且即使在明确无误的情况下也会发生类似现象。因为在心理上人们更倾向于相信大多数,认为大多数人的知识和信息来源更多、更可靠,正确的机遇更多。在个人与大多数人的判断发生矛盾时,人们往往跟从大多数而怀疑、修正自己的判断。

从众心理发生在思维活动中,往往会扼杀创新。这是因为,创新以求异为基本特征,新思想必然与众不同。趋同、随大流,必然不会有创新。即使产生了新思想,经不起大众的反对,屈服于群体的压力,不能持之以恒,也会最终放弃。从众型思维枷锁的强化源于社会传统。一个社会越强调遵从传统,从众型思维枷锁越稳固。在"枪打出头鸟"的传统观念影响下,人们往往"多一事不如少一事",宁肯"太平",也不愿"鹤立鸡群",免得"生出事端"。

因而,破除从众型思维枷锁,需要提倡"反潮流"精神。创新思维能力强的人,大都具有较强的反潮流精神。麻雀是害鸟还是益鸟?历来有争论。世界历史上出现过两次大规模的灭雀运动。一次是在普鲁士王国。一位国王喜欢吃樱桃,但是,他的御花园中有很多麻雀,常常啄食樱桃。于是他认为麻雀是害鸟,下令全国灭雀。一段时间后,麻雀果然销声匿迹。但从此以后,国王很少吃到樱桃了,因为果园里的樱桃还未成熟,就被害虫吃了。另一次就是20世纪50年代的中国。当时中国认定麻雀是"四害"之一。全国人民出动灭雀,短时间内消灭几十万只麻雀。在全民参加、全国动员的运动正如火如荼地开展之际,有位名叫郑作新的生物学家却反其道而行之,在北京郊区的农业区和河北省的昌黎果园区捕捉了848只麻雀,一只只进行研究。结果表明:在冬天,麻雀以草籽为食;春天下蛋孵卵期间和育雏期间,主要以虫子为食,食虫率为95%;在秋收期间,它们会飞入田间,糟蹋粮食;秋收以后的季节,觅食地里掉下的谷粒、草粒。这表明,在多数季节里,麻雀对人类是有益的,它在消灭害虫、清除杂草方面是有功劳的。这项研究纠正了人们对麻雀的误解,很有意义。显然,这位生物学家的独立研究是需要反潮流精神的。从某种意义上说,这项研究成果正是破除从众型思维枷锁的产物。

(二)破除权威型思维枷锁

一个社会需要权威。有人群的地方总会有权威。没有权威,就没有社会秩序,没有法规,没有行为规范,社会就要乱套。社会的稳定有序往往基于人们对权威的崇敬之情以及对权威的必要服从。如恩格斯在批判反权威主义者时所说:“一方面是一定的权威,不管它是怎样形成的,另一方面是一定的服从,这两者都是我们所必需的,而不管社会组织以及生产和产品流通赖以进行的物质条件是怎样的。”恩格斯举例说:“能最清楚地说明需要权威,而且需要最专断的权威的,要算是在汪洋大海上航行的船了。那里,在危险关头,要拯救大家的生命,所有的人就得立即绝对服从一个人的意志。”然而,如果把权威绝对化、神圣化,对权威的崇敬之情就会变成对权威的迷信、盲目推崇。权威型思维枷锁由此产生,其主要表现为:不恰当地引用权威的观点,不加思考地以权威的观点论是非,一切以权威的观点为最高准则,不敢越权威的“雷池”一步。

意大利物理学家、天文学家伽利略在《关于托勒密和哥白尼的两大世界体系的对话》一书中讲了这样一个故事:一个经院哲学家硬是不相信人的神经在大脑中会合这一科学事实,一个解剖学家邀请他去参观人体解剖,他在解剖室里亲眼看到人的神经的确是在大脑中会合的。解剖学家问他:“现在你该相信了吧?”他回答说:“您这样清楚明白地让我看到了这一切,假如亚里士多德的著作里没有与此相反的结论,即神经是从心脏里出来的,那我一定会承认这是真理了。”在这位经院哲学家看来,权威的话就是永恒的真理。与权威的话相矛盾的结论,哪怕符合事实,也不是真理。这是典型的“诉诸权威”,其思维过程牢牢地套上了权威型思维枷锁。

要破除权威型思维枷锁,必须学会审视权威。

首先,要审视一下,是不是本专业的权威?社会上有一种“权威泛化”现象。所谓“权威泛化”,即把某个专业邻域中的权威不恰当地扩展到社会的其他领域。其实,权威一般都有专业局限,某专业领域中的权威,一旦超出本专业领域,不一定能成为权威。如若我们不加分析,不恰当地扩展权威的专业领域,无疑将加剧人们思维过程中的权威定势。

其次,要审视一下,是不是本地域的权威?权威除了有专业性,还有地域性。适用彼时彼地的权威性意见,不一定适用于此时此地。所以,当我们听到某种权威性论断时,请想一想,这种论断是不是适用于本地区,千万不能不加分析地盲目套用。

再次,要审视一下,是不是当今的权威?权威的另一特性是时间性。没有永久的权威。“江山代有人才出,各领风骚数百年。”随着时间的推移,旧权威必然不断让位于新权威。尤其在当今知识经济时代,知识更新速度不断加快,不能与时俱进的权威也将更快地被时代所淘汰。鉴于此,我们在面对权威的时候,也要审视一下这种权威人士的言论是在什么时候说的,考虑一下这种言论在当今是否适用,分清其中什么是应该坚持的,什么是应该丰富发展的,千万不能“生吞活剥”地对待权威言论。

最后,还要审视一下,是否是真正的权威或权威结论?有两种情况需要注意:一是借助某种力量包装出来的权威,如靠其政治地位,靠其经济力量,靠新闻媒体的“炒作”等“渲染”而登上权威“宝座”的,其实并非真正的权威。二是即使真的是权威,但其结论的得出是出于某种利益需要,这种结论未必具有真实性。在这两种情况下,我们都要保持清醒的头脑。

二、破除经验型、书本型思维枷锁

我们的一生积累了大量经验,诸如:我们生活的亲身感受、实践的直接知识,乃至传统的习惯与观念等。人类的经验不完全是感性的东西,而是包含着理性认识成分的,是作为感性认识与理性认识综合的经验。有的经验甚至就是在理性认识中形成的,是对理性认识活动的直接感受,如演算数学题的经验、写文章、搞创作的经验等。

经验具有如下特征:其一,个体差异性。因个人的经历、感受不同,会形成不同的思维习惯、方法和定势,从而显示出很大的个体差异性。其二,直接可行性。经验的内容都直接来自实践活动,这种成果又可以直接回到实践活动中去,指导人们下一步类似于造成经验的那种实践活动。经验本身通常就是一些指导行动的具体指令,人们利用这些指令便可以直接调动和控制自己的操作,从而完成现实的实践活动,如演员的表演经验、教师的教学经验、运动员的竞赛经验等。其三,认识的表面性。经验在认识的深度上,还只是对事物的表面联系和外部面貌的认识,还没有洞察到事物内部本质和运动变化发展的真实原因,往往是知其然而不知其所以然,懂得"是什么"而不懂得"为什么"。其四,自发的习惯性与连续性。人们的某种生活感受和实践体会的重复出现会促成人们形成某种经验,并使它们之间逐渐建立了较为牢固的联系。于是,人们在运用经验进行思维活动或受到外界的相关刺激时,就会使自己的那些具有连续性的经验一个接一个地自动产生出来,构成一种连续的思维活动。

经验在人们的实践活动中起着重要作用。首先,在一定的范围内和条件下,人们可以凭借经验指导在相同条件下的相同的实践活动,使某些经常性的实践活动提高效率。其次,经验是理论的基础。理论思维必须建立在经验的基础上才有生命力,离开了经验,理论思维就无法进行。但经验又具有极大的局限性,它只能在一定的实践水平上,在一定的条件下对一定的实践活动有指导意义;而且,即使在适当的范围内,它对实践活动的指导意义也是有限的。经验具有时空狭隘性,只适用于特定时空,一旦超出限定的时空范围,某种经验就会失去效用。经验又具有主体狭隘性。个人的经验总是极其有限的,它没有经历的事情总会比经历过的事情多得多。如以有限的经验对付无穷多的事情和问题,难免要犯错误。恩格斯说过,单凭观察所得的经验,是不能充分证明必然性的。黑格尔也指出,经验并不提供必然性的联系。因此,一旦拘泥于狭隘的经验,势必极大地限制个人的眼界,从而阻碍思维创新。在这种情况下,经验就成了创新思维的枷锁。

破除经验型思维枷锁的关键是冲破经验的狭隘眼界,把经验上升到理论。理论思维以揭示和把握事物的内在本质和一般规律为根本任务,它是依据一定的理论知识、遵循特有的逻辑顺序而进行的思维活动,因而又称为"逻辑思维"。理论思维是建立在经验基础之上的一种较为高级的思维类型。理论思维具有如下特征:其一,同实践相联系的间接性。理论思维是在经验感受的基础上,经过抽象思维加工的产物,它是通过经验这一中介环节而与实践活动与客观对象发生联系的。其二,抽象性。构成理论思维的,是一系列抽象的范畴体系,而不是那些具体、直观的形象。其三,自觉性。理论思维通常都是人们有意识地、自觉地进行的一种思维活动。在理论思维活动中,思维主体需要自觉地把握和运用一系列概念、判断和推理;需要自觉地遵守一定的逻辑规则;理论思维对实践活动的指导也是自觉的。其四,系统性。理论思维通常要建立起具有普遍性的知识和理论,并使它们系统化、条理化,构成理论知识的体系。各门理论科学的体系就是通过理论思维建立起来的,也正是通过一定的理论知识体系,理论思维也才能揭示事物之间的本质联系及内在规律性。

由于理论思维把握了事物的内在规律性,因而能较之经验思维更深刻、更全面地把握事物的内在本质和发展趋势,更有效地指导人们的实践活动。

书本知识同样具有两面性。一方面,人类社会离不开书本知识。书籍是知识的海洋,是人类的朋友。创新思维也要基于必要的书本知识。许多调查研究充分肯定书本知识对创造性思维的积极作用。一些专家通过跟踪调查得知,无论是科学家,还是艺术家,在创新思维成果形成之前，都经过一段“沉默期”，然后才是“处女作”的诞生、作品的涌现期、创作稳定期。在此，所谓“沉默期”，即知识准备期，或说知识积累期。这一发展规律说明，书本知识奠定了创新思维的基础，是创新的“起跑点”。

另一方面，如若迷信书本，唯书本是从，无视活生生的现实生活，甚至用书本知识去裁剪活生生的现实，那就要禁锢思想，就要犯错误。此时，书本就成了创新思维的枷锁。书本何以会成为创新思维的枷锁呢？

其一，知识虽然是创新思维的基础、“起跑点”，但创新思维源于知识的灵活运用，而非单纯源于知识的积累；如若没有运用知识的智慧，只是单纯的积累，那最多成为知识的“活辞典”，而不会成为创造者。从这个意义上说，知识的量与创新能力并不是成正比关系。例如，雅虎浏览器的创造者当时还是一个大学生，其知识的量并不算多，但其高明之处就在于运用知识的智慧。在《三国演义》中守街亭的战斗中，马谡为什么打了败仗？并不是因为他兵书读得少，而是他不会灵活地运用兵法，教条地对待军事知识。

其二，知识可以成为创新思维的起点，但如若拘泥于某个领域的知识，陷于其中而不能自拔，也可能限制眼界，束缚视野。在科学史上，某些专业领域的创新，并不是资深的本专业人员做出的，而是由其他专业领域的人员或初涉本专业的新手做出的。这一事实充分说明了，开阔的视野，丰富的想象力，远比单纯局限于某个知识领域重要得多。爱因斯坦的创新思维就归功于对几个相近学科的知识的连贯性思考。

因而，破除书本型思维枷锁的途径在于增长运用知识的智慧；在于尊重实践，注意在实践中学习；在于善于超越有限的专业领域，开阔视野，拓展思维空间。

三、破除自我中心型及其他类型思维枷锁

人的认识活动是主观和客观的统一，是主客体的交互作用过程。一方面，主体的认识活动有受动性一面，主体的认识活动受客体的制约；另一方面，客体之所以成为客体，就是因为它纳入了主客体的关系，因而人的认识活动必然渗透着主体的因素，具有主体制约性。人的认识活动的主体制约性具体表现为：

其一，主体特性制约性。认识主客体的关系是一种反映者与被反映者的关系，而所有反映者与被反映者的相互作用方式，都既依赖于被反映者，又依赖于反映者。反映者即主体的性质不同，其反映被反映者的方式也不同。这不仅表现为人类主体反映客体的方式不同于非人类主体反映客体的性质，也表现为不同的人类主体（不同的个人、不同的民族、不同的国家、不同的群体等）反映客体的不同方式。不同的主体必然以自身特有的方式反映客体。

其二，主体“定位”制约。主体获取客体信息，不仅主体要顺从客体，客体也要接受主体“定位”：定客体信息流向的中心和渠道。特定的主体总是以其自身为中心去观察、认识客观世界的。任何主体所理解的客观世界都基于该主体所处的时空。对于同样的客体，由于特殊的瞬间和特殊的方位，可导致特殊的认识角度，形成特殊的认识中心，从而获取特殊的信息。在此，主体所处的特殊时空是基础，它决定了客体信息的流向和渠道。主体对客体的认识的变化，除了主要取决于客体的变化外，还取决于主体指向客体的时空特性的变化，或两者的同时变化。从不同的“窗口”观察客观世界，观察的结果是不一样的。

其三，主体“选择”制约。主体对客体的认识，并非来者不拒，照单全收，而总是一种选择，即对客体信息的取舍。主体对客体信息的选择性体现了主体认识活动的价值取向性。不同的

主体总是从自身的需要、兴趣和利益出发，去认识客观世界的。一旦某一客体对象符合主体的价值取向，主体便与之发生现实联系，反之，主体对客体信息就往往"熟视无睹"，拒斥于主体认识范围之外。例如，对"古松"这一事物客体，不同的主体就往往从不同的侧面去反映：木材商人观察到的是一段值多少钱的木材；植物学家观察到的是一种棵叶为针状、果为球状、四季常青的显花植物；画家观察到的则是一棵苍翠挺拔的古树。三种不同的主体分别从各自的价值取向出发观察到了不同的客体侧面，这充分体现了人类认识活动中的主体选择制约。

上述人类认识活动中的主体制约性说明，人类的思维活动必然有以思维主体的"自我"为中心的一面。这是一种规律性现象。然而，一旦把这种以自我为中心的现象绝对化，凡事一概站在自身的立场，用自身的眼光去思考别人乃至整个世界，并一味排斥他人的立场、他人的观点、他人的利益，便形成了自我中心型的思维枷锁，就会产生固定的思维定势，阻碍创新思维。

破除自我中心型思维枷锁的根本途径在于"跳出自我"，多参与别人的思绪，试着站在别人的立场考虑问题，试着理解自我之外的事物和现象，在"自我"与"非我"的跨越中开阔视野。许多新思想、新观念的提出，归功于自我中心型思维枷锁的破除。例如，"可持续发展战略"和"地球伦理观念"的提出，归功于跳出"人类中心主义"的眼界；国际间"和平共处原则"的提出，归功于跳出狭隘的民族主义和以意识形态为中心处理国家关系的眼界；等等。

"自我贬抑"也是自我中心型思维枷锁的一种表现形式。"自我贬抑"即总是认为"我不行，我做不到"，而不想去尝试，不敢去实践。而事实也许并非如此。只要破除这种思维枷锁，确立起信心，定会挖掘出隐藏于自身的潜力，从而成就原先不敢成就的事业。

除此之外，阻碍创新思维的思维枷锁还有：

①迷信标准答案的唯一性。学生在考试中，往往追求标准答案。这种思维习惯一旦加以扩展，就会形成"迷信标准答案型思维枷锁"。其实，在日常生活及其科学认识活动中，许多问题并不存在唯一的标准答案。对许多事物可从不同的角度去考察，对许多问题可用不同的方法去解决。迷信标准答案的唯一性，势必抑制思路，造成思维的狭隘性。

②求稳，怕失败。创新是有风险的。如若怕冒风险，过分求稳，恐惧失败，不敢闯一闯、试一试，老是想"万一搞砸了怎么办"，势必因循守旧，不敢创新。这就形成了"过分求稳型思维枷锁"。

③求有序，怕乱。创新是在有序视角与无序视角的交替中实现的。如若单纯追求有序，怕杂乱无章，认为"一切都要井然有序"，从而排斥无序视角，势必阻碍创新，形成"过分求序型思维枷锁"。

第三节 创新思维的形成机制

一、创新思维的内外系统性

创新思维作为一种复杂的立体思维，具有复杂的系统性。以创新主体为中心，创新思维是内外系统性的统一。就内在系统而言，创新思维与创新主体的认知因素、知识背景、动机、人格等因素有关；就外在系统而言，创新思维与创新主体所在的群体、社会及历史背景有关。这就要求我们以系统的观点来考察创新思维，即不仅要考察思维主体的创新过程和结构，还要综合考察影响主体创新思维的诸多其他因素。

构成创新思维内在系统的主要因素有：

其一，智力品质和认知风格。比较得以公认的创新思维之智力品质和认知风格主要包括：①敏感性，即容易接受新事物，发现新问题；②流畅性，即思维敏捷，反应迅速，对特定的问题情境能顺利产生多种反应或提出多种答案；③灵活性，即变通性，指具有较强的应变能力和适应性，能发挥自由联想；④独创性，即产生新思想的能力；⑤再定义性或再构成性，即善于发现特定事物的多种使用方法，进行意义、关系的变换；⑥洞察性，即能够通过事物的表面现象，认清其内在本质的智慧。除此之外，发现问题的能力、明确问题的能力、阐述问题的能力、组织问题的能力以及确定解决问题方案的能力也是创新思维所必需的智力品质的认知风格。

其二，知识、技能和动机。有关领域的知识、技能和动机直接关系到创新思维的产生和发展。有关领域的知识和技能是特定领域中开展任何活动的基础，也是特定领域中创新思维形成的基础，它决定着思维者的成果能否超越以往成果的水平。同时，个体的工作动机则决定着一个人对待工作的态度及理解程度，决定着个体对周围事物的热情和兴趣。有好奇心、有高度的热情被视为创新思维的有价值的构成要素。

其三，人格因素。人格因素也影响着一个人的创新思维水平。据有关专家研究，富有创造性的个体具有如下人格特征：①有高度的自觉性和独立性，不轻易与别人雷同；②有旺盛的求知欲；③有强烈的好奇心，有深究事物运动机理的动机；④知识面广，善于观察；⑤工作中讲求条理性、准确性与严格性；⑥有丰富的想象力、敏锐的直觉，喜好抽象思维，对智力活动与游戏有广泛兴趣；⑦富有幽默感，表现出卓越的文艺天赋；⑧意志品格出众，能排除外界干扰，能长时间地专注于某个问题之中。当然，上述人格特征不可能完整地体现于某单个个体，不同类型、不同领域的创造者，会体现出不同的组合。

影响创造个体的外在因素主要包括两大部分：一是文化因素，二是社会因素。文化因素称作“领域”，是形成创新思维的知识背景，是产生创新的必要条件，很难想象可以脱离任何知识领域而产生创新的。一个人如果没有某领域的知识，即使有创新的天赋，也不会有创新的成果。社会因素称作“场”，即特定领域中的社会组织。这种社会组织往往对创新成果的评价具有特别重要的意义。现实的创新过程固然需要创造者个体自身特有的素质和必备的知识，但也需要获得必要的社会承认。一个人如果产生了某些新的思想或理论，但如果没有人认识到它的创新价值，那么这种创新思维也是不会对社会产生影响的。在人类历史上往往出现这样的现象：在一定地区的某个历史时期，创新人才尤为集中，如古希腊时期、中国春秋战国时期、欧洲近代文艺复兴时期、近代几次重大的科技革命时期等。这一现象说明，创新思维的形成不仅是单纯的心理因素，而且是一种社会现象，特定历史时期的环境因素决定着创新思维的产生。例如，轻松、民主的工作、学习环境中创新者与评价者之间的“热情宽容的关系”有助于弘扬创新性；较强的团体凝聚力及团体中的民主气氛有助于团体中的成员自由地展现其聪明才智；适当的竞争则有助于组织成员创造性潜能的激发；反之，则不利于团体成员的创造性的激发。

可见，创新是一个系统的运动过程。在创新思维的内外系统中，创造者、社会和文化三者相互作用，构成一个不可分割的整体；信息在创造者与文化的交互作用的“领域”中传递，社会在与文化、创造者交互作用的“场”中选择、评价新事物；新思想、新事物在三者交替作用的过程中产生并有所选择地发扬光大。

二、创新思维的形成动因

创新思维形成的内外系统性决定了创新思维的形成有内外两方面的动因。

1. 内在动因

就创新思维的内在动因而言，包括开发智力的整合原理、流动原理和调节原理。

所谓整合原理，即创新思维产生于多种思维方式长期综合交融的原理。在科学研究中，各种研究内容、方法密切配合，水乳交融，才形成一个系统。创新思维往往是以各种常规思维方式作为要素而构成的整合思维。“独创性”正是这种整合思维的新质。创新思维的品格恰恰产生于多种思维方式和方法的有机结合。也就是说，创新思维并非游离于其他各种思维方式和方法而独立存在的思维方式，而是渗透于其他各种思维方式中，由多种思维方式和方法“总体综合”的结果。在创新思维过程中，既有逻辑思维式的理智，又有形象思维式的勾画，还有灵感思维式的直觉；既有类比、分析、综合、归纳和演绎的逻辑方法，又有超越这些方法的发散、收敛、统摄等。

所谓流动原理，即创新思维产生于合理的、不停顿思维流动过程中的原理。运动是物质的根本属性。商品只有在流通中才能体现其价值；动物只有在竞争中才能生存；人的思维只有在不停地流动中才能处于相应的能级结构，充分发挥自己的智力。实践证明，创新思维形成的一个重要内在动因在于思维的合理流动。首先，按兴趣和爱好流动是形成创新思维的一个重要原则。强烈的兴趣和爱好可以集中人的精力和注意力，使人专心致志，废寝忘食，深入钻研，向纵深推进，从而形成创新。永不间断的好奇心和对周围事物不断更新的兴趣是创新者最显著的个体特性之一。相传瓦特在研制蒸汽机时，专心致志到了如痴如狂的地步。有一天邻居家不慎起火，人们大喊大叫，但瓦特仍专心于研究，对屋子外的吵闹声全然不知。待到火焰蔓延开来，自家的屋梁快要倒塌时，他才如梦初醒。可正要离开屋子时，他又对从消防水管中喷出的水在火焰中变成的水蒸气产生浓厚的兴趣，开始呆呆地观察、研究起来，完全把自己的安危置之度外。强烈的创新意向大大提高了创新者对外界事物的敏感度。其次，向智力结构更高的层次流动，是形成创新的又一重要原则。创新思维是高智能的思维。只有不断提高思维者的智能，丰富思维者的知识，开阔思维者的眼界，才能激发思维创造力。

所谓调节原理，即创新思维往往产生于适当的目标调节的原理。创新应有一个相对固定的目标，但也不能死盯在一个固定不变的目标上，应根据创造者的能力、社会环境及种种条件的变化，随时注意对原有的目标进行适当的调节。因为，一种创新思维的成功，不是任意的、无条件的，它不仅受到主观兴趣、个人智力和知识程度的影响，而且受到多种客观条件的限制。一旦发现自身的能力及各种客观条件与原定的目标不符便及时转向，寻找更合适的目标，是促成创新的明智做法。

2. 外在动因

就形成创新思维的外在动因而言，则有形成良好创新环境的信息轰击原理、群体激智原理和压力原理。

首先，创新思维的形成仰仗于大量信息量的轰击。人的大脑只有在大量的、高档的信息传递场中，才能开发、发展自己的智力。一个人对外界的接触面越广，从外界获得的信息量越多，诱发创新思维的可能性就越大。闭目塞听、孤陋寡闻的人是不会有所创新的。因此，为诱发创新思维，必须设法增加接触的信息量，提高接触的信息的质，加速信息的交流、传递速度，让创新者置身于广阔的信息交流场中，多看、多听、多写、多想、多记，接受大量高质量信息的轰击。

其次，创新思维的形成又依赖于“群体激智”。一般说来，创新思维是群体激智的产物。思维者如果脱离外界，离开学术交流，在封闭的场合冥思苦想，闭门造车，创新思维是不会光顾他的。尤其是现代科学的发展，更需要群体的思想交锋，需要团队的配合。在科学发展史上，依靠群体进行科学创造，一直是个光荣传统。畅谈会就是基于这种想法而创造出来的一种组织形式。爱因斯坦青年时代和几位朋友组织了“奥林匹亚科学院”，经常举行科学讨论会。这种讨论丰富了爱因斯坦头脑，对他以后发表科学创见起了重要作用。物理学家劳厄在慕尼黑大学任教时，常去一个咖啡馆参加一群物理学家的畅谈，受益匪浅。“x 射线对晶体的衍射现象”的重大发现，就是在这种气氛中形成的。控制论的创造者维纳，也常从“午餐会”的高谈阔论中捕捉思想的火花，激发自己的创见。事实证明，创新思维的形成需要群体的力量。只有依靠群体的力量，才能通过启迪思维而扩展思路，强化思维而向纵深开掘，灵活思维而在多维中纵横。国外心理学家曾以“brain storming”(原意是“头脑起风暴”)这个词表示群体激智的方法，可译为“头脑起风暴会议”“智力激励法”“振脑会议”“诸葛亮会”“BS 法”等。

再次，创新思维的形成还少不了环境的压力，包括自然压力、社会压力、经济压力和自我压力。压力能驱散怠惰，能激发强烈的事业心，能增长求知欲，能培养永不枯竭的探求精神。压力作为一种势能，能在一定条件下转变为动能。正确使用压力，正确把握压力的“度”，能使之成为开发智力的强大动力。

三、创新思维的形成途径

创新思维形成于思维视角的拓展。从某种意义上说，创新，也就是用不寻常的视角去观察寻常的事物，从而使事物显示出某些不寻常的性质。有时，这里所谓不寻常的性质并非事物新产生的性质，而是一直存在于事物之中，只不过以往人们并未发现的性质。首先转换视角发现这种性质，就构成了创新思维。例如，人们通常竖切苹果，从未发现从苹果中可以切出一个五角星。一次，有位小朋友从幼儿园回到家并告诉爸爸，从苹果中可以切出一颗星星；爸爸吃过许多苹果，但从未发现苹果中有星星。于是拿起一个苹果，按老习惯切开，问小朋友哪有星星。小朋友拿起另一个苹果横刀一切，从横断面看，苹果核果然显现出一个清晰的五角星状。孩子换一种切法，居然发现了自己从未发现的苹果里所隐藏着的五角星，这使爸爸感慨万分。这一例子说明，创新的智慧往往来源于转换思维、拓展思维视角。有人把这种善于转换思维视角的方法称为“液态思维法”，即没有固定的形态，能随形就势进行变通的创新思维法。这种思维法往往是创新的金钥匙。

(一)在肯定与否定的对立中拓展思维视角

唯物辩证法认为，任何事物都是肯定与否定的统一。因而我们要学会从肯定与否定的对立统一中观察事物，既要看到事物的肯定方面，又要看到事物的否定方面，不能“全盘肯定”，也不能“全盘否定”。创新思维往往来源于肯定视角与否定视角的辩证统一。

思维的肯定视角，指思考一种通常容易被否定的事物或观点时，首先设定它是正确的、好的、有益的、有价值的，然后沿着这种视角，寻找这种事物或观点的价值。思维的否定视角，则指思考一种通常容易被肯定的事物或观点时，反过来考虑问题，把它设定为错误的、坏的、有害的，并由此出发寻找其对立面价值。许多新的想法往往产生于这种“颠倒过来思考问题”的肯定与否定思维视角转换。

如对一件失败的事，只需转换一下视角，就是一件成功的事。每一项失败都包含着成功的因素。我们需要用肯定的视角去发现隐藏在失败中的成功因素。历史上有不少新发明，都是在犯了错误后而"将错就错"的产物。据说，德国某造纸厂因为配方出问题，造出的纸无法写字。有位技师却用肯定的视角看待这件事，开发出一种吸墨纸。一位发明家在研制高强度胶水时，生产出的胶水黏性很低，他不以为败，却沿着肯定"黏性低"的思路造出了不干胶。美国一家玩具公司的董事长从孩子喜欢在大人看来是"丑陋"的东西这一点出发，试制出大受孩子欢迎的"丑陋玩具"而为公司带来丰厚利润。凡此种种，都是肯定视角促成创新。

否定视角同样是引发创新的可贵思路。当众人都在肯定这一事物，你如能持否定视角，表现出"反潮流"的思维品格，往往能高人一筹，提出创新。日本的大企业都有专职"视察员"，他们的职责在于从否定视角"专挑毛病"，时刻注视着那些错的、坏的、需要改进的东西，工人们习惯地称其为"挑刺员"，恰恰就是这些"挑刺员"推进着产品的改进、创新。

当然，对肯定或否定视角不能机械地看待而生搬硬套。对有些问题一时难以下结论，不妨暂时"搁浅"，使我们的思维处于"待定"状态。"待定"状态可以让头脑放松，"伺机待发"，引发创新。这是"待定视角"。待定视角基于这样一个事实：创新思维的形成需要一个酝酿过程，不到火候，新思维不会产生。待定，正是一个思考、酝酿、等待时机的过程。

（二）在"今日—往日—来日"的流变中拓展思维视角

任何事物都处于发展的进程中，今日的事物从往日的事物发展而来，又向明日的事物发展而去，世界上没有一成不变的事物，因此，我们必须学会用发展的眼光观察事物。创新思维离不开发展的眼光。在"今日—往日—来日"的流变中拓展思维视角，正是这种发展眼光的具体体现。

要在"今日—往日—来日"的流变中拓展思维视角，就要求我们突破只看到事物现状的静止视角，强化"往日视角"和"来日视角"。所谓"往日视角"，即注意把握事物和观念的起源、历史和发展根据；在事物发展的历史中探寻事物发展的规律。所谓"来日视角"，即思索事物和观念的未来发展，预测其发展方向和趋势，以实现思维创新。

在创新思维过程中，来日视角尤其重要。不少发明和创造都是从未来着眼、立足于发展的观点而构想出来的。20 世纪 60、70 年代，日本丰田汽车厂预测中东将爆发战争，战争将引起石油涨价。于是，他们把"省油"作为开发研制小汽车的一个重要目标，并利用这个优势，最终打入国际汽车市场。"预则立，不预则废。"事实证明，缺少"来日视角"，就无法把握事物的未来发展，可能造成决策失误，从而失去发展、创新的机遇。1969 年，瑞士设计出世界上第一只石英电子表，但因缺乏"来日视角"而误认为电子表没有发展前途。他们继续走机械表老路，不对产品结构作调整。而日本却从"来日视角"出发，看到了电子表的巨大潜力，投入大量的人力和物力进行研制。不久，日本生产的电子表涌入国际市场，很快夺占了瑞士机械表市场，在钟表竞争中遥遥领先。

（三）在由"自我"向"非我"的跨越中拓展视角

我们观察和思考问题，往往习惯于以自我为中心，用"我"的目的、"我"的需要、"我"的态度、"我"的价值观念、感情偏好、审美情趣等作为标准或尺度去衡量外界事物。也就是说，每一个人都处于"自我"的围墙内，透过"自我"围墙的窗户了解外部世界。他往往把"自我"摆在世界的中心位置，以“自我”的独特经验、感情和价值观念去观察、理解、判定别人乃至整个世界。长此以往，“自我”的围墙就禁锢了头脑，框定了思路，一切似乎“驾轻就熟”、习以为常。要有所创新，就要突破“自我”的思维框架，由“自我”向“非我”拓展。

这里所说的“自我”，既指个人的小自我，也指“团体自我”乃至“民族自我”“人类自我”。因而，由“自我”向“非我”的跨越是多层次的跨越，不仅要突破个人的狭隘眼界，也要突破小团体的狭隘眼界、民族的狭隘眼界乃至“人类中心主义”的狭隘眼界。有一位外国留学生到中国某大学专攻《红楼梦》。他苦读数年，终于获得文学博士学位。学成回国前夕，他突然向导师提出一个问题：“贾宝玉和林黛玉既然相爱那么深，他俩为何不从大观园里拿些珍宝逃到外面去独立生活呢？”显然，只有跨越中华民族的“自我”才能提出这一问题。同样，只有跨越“人类中心主义”的眼界，才能关注人与自然的和谐，才能关注大自然的利益。

当然，“自我”的眼界不是不重要。正确对待“自我”，善于利用“自我视角”反观自身，注意挖掘自身的潜力，同样可以激发思维创新。20 世纪初，美国有一位名叫康维尔的牧师，以“宝石的土地”为题在全国巡回演讲 6000 多次，大受听众欢迎。演讲内容大致是：从前印度有位富裕的农民，为了寻找埋藏宝石的土地，变卖了自己所有家产，出外探险，然而一无所获，终于因贫困而死。后来，人们在他所变卖的土地里发现了世界上最珍贵的“祖母绿”宝石。这一故事说明，许多宝藏就在身边，就在自身，不要只注意外界而忽略自身。因而，在突破“自我”围墙而向“非我”跨越的同时，也要关注“自我”。就如一位哲人所说：了解世界的捷径，就是了解你自己。

（四）在同异的比较中拓展思维视角

任何事物之间既有相同性又有差异性，只是有时相同性明显而差异性不明显，有时差异性明显而相同性不明显。敏捷的思维往往表现为能发现别人不注意的事物间的相同点或不同点。这就是思维创新的起点。

国外有一家烟草公司试制了一种新品牌卷烟，命名为“环球牌”。正准备大张旗鼓地宣传时，却逢全国开展禁烟活动。如何把禁烟活动与新品牌香烟的宣传这两件看来截然对立的事件结合起来呢？该公司用求同的思路构思出了一句绝妙的广告词——“禁止吸烟，连环球牌也不例外”。在日本大阪的南部，有一处著名的温泉，四周是景色优美的青山翠谷。来这里观光的旅游者，既想泡一泡温泉，又想坐缆车观赏一下周围美景。但由于时间有限，有些游客只能二选其一，或者洗温泉澡，或观赏山景，不能统统如愿。能否想出一个两全其美的游览计划呢？旅游公司运用求同思路，推出了一项具有创意的“空中浴池”服务项目：将 10 个温泉澡池装在电缆车上，让它们在丛山峻岭中来回滑行。游客可以怡然自得地泡在温泉池中，边洗温泉浴，边观赏山涧美景。这一富有创意的游览项目吸引了许多游客，旅游公司也因此生意兴隆，赢得高额利润。创造学中的组合创造法就是这种求同思路的运用。组合创造法在一个相同点上把不同事物加以组合，从而获得新的性质和功能，形成创新。

注意发现事物间不同点的“求异视角”，也是激发创新思维的重要思路。香港有一家黏合剂商店，推出一种新型的“强力万能胶”。店主把一枚价值数千元的金币用这种胶粘在门口的墙上，并告示说，谁能够把这枚金币扣下来，谁就能得到这枚金币。这一富有新意的“广告”引来了许多人，许多人因不能把这枚金币扣下而对这种“强力万能胶”感起兴趣，从而大大提高了“强力万能胶”的销售量。这一“广告”的成功之处一是抓住了该产品的独特之处——有强有力的粘合力；二是突出了广告方法的独特之处——不是用广告词空口宣传，而是抓住人们的好奇心理以事实做宣传。

求同视角与求异视角的结合即是求合视角。所谓广泛征求意见，就包含着“求合视角”。美国总统罗斯福在执政期间，每当遇到重大问题时，总是广泛听取不同助手的意见，他总让每个助手独立思考，形成独立意见，然后把各人意见加以综合，提出最后决策。这种决策方法就是“求合视角”的运用。

（五）在有序与无序的对比中拓展思维视角

任何事物都是有序与无序的统一。创新思维的形成往往需要打破事物的固定程序，包括种种既定的法则、规律、定理、守则、常识等，需要思维者进行一番“混沌型”的“无序思考”。在许多情况下，无序更能激发人们的创新思维。有这样一个实验：实验者把被试者（一群艺术家）分成两组，第一组观看两幅并排陈列的图片，图片上的图像清晰可见；第二组同样观看这两幅图片，只是重叠在一起，图像混乱而模糊。观看完毕，实验者要求被试者就他们所见的内容创作一幅画。结果证明，第二组被试者所作的画更有创新性。

可见，创新思维需要鼓励“胡思乱想”，不能拘泥于统一的标准答案式的思维框框。有时，创新的阻力就来自于头脑中先前所存在着的无形的条条框框。“哥伦布的鸡蛋”这一故事就是范例。众人为什么不能把鸡蛋竖立在桌子上，原因就是受“鸡蛋不能打破”这一条条框框的束缚。而哥伦布不受这一束缚，因而非常简单地完成了把鸡蛋竖立在桌子上这一并不复杂的动作。其实，把鸡蛋竖立在桌子上的方法很多，只要我们不“作茧自缚”，可以构想出许多方法，诸如：在桌面上挖一小坑；使用“万能胶”；在天花板上拴一根绳；使鸡蛋高速旋转而站立起来；用手扶着；等等。在此，无序视角的核心是破除头脑中先前存在着的各种阻碍思维创新的条条框框，鼓励发散，扩展联想，从而形成创新。

当然，肯定无序视角对创新思维的重要意义，并不能否认有序视角对创新思维的意义。所谓有序视角，即严格按照逻辑顺序思考问题，遵循事物发展规律，实事求是地对方案进行论证，透过现象，揭示本质，排除偶然性，认识必然性，促发创新。有序的逻辑思考法，也是形成创新思维的一条重要途径。

20 世纪 60 年代，日本对我国大庆油田的开发非常关注。他们从画报上刊登的王铁人照片和人民日报的新闻分析大庆油田所处的方位：照片上大雪纷飞，王铁人身穿大皮袄，由此推知大庆可能在东三省；王进喜在马家窑说：“好大的油田呀，我们要把石油落后的帽子甩到太平洋去！”由此推知：马家窑是大庆的中心。日本人又从《人民中国》关于大庆设备不用马拉车推而用肩扛人抬的报道推知：马家窑离车站不远。1966 年，王进喜进京参加全国人民代表大会，他们又推知：大庆油田出油了，否则王进喜不会参加全国人民代表大会。凡此种种推论，都是有序视角的运用。

在科技史上，门捷列夫元素周期表的发现是有序视角运用的典范。1867 年，俄国化学家门捷列夫被聘为彼得堡大学化学系教授。他在准备讲稿时思考着这样一个问题：在当时发现的 63 种元素中，应该先讲什么，后讲什么。他认为，在这些元素之间，肯定存在某种内在秩序，问题是，应该以什么为标准进行排列。从比重、导电性到磁性，他一个个地尝试，又一个个地否定，最后确定按原子量为元素进行排序：从氢元素或碱金属元素开始，经过一些过渡性元素，逐渐变成非金属元素，然后又返回到一个新的碱金属元素，如此周而复始，显得非常有规律。一些性质相似的元素恰巧排列在同一个系列里，组成了同一个族。例如，氯、溴、碘等排在同一个竖列里，组成卤族元素；锂、钠、钾、铷、铯等组成碱金属元素族等。门捷列夫在排列元素的过程中，在一些原子量跳跃较大的地方还为尚未发现的元素留下空白。门捷列夫这样做的指导思想就是坚信元素的内在有序性。当然，门捷列夫并非机械地按原子量对元素进行排序。在对碘和锑进行排序时，按其化学性质，把原子量较大的锑元素放在前，把原子量较小的碘放在后，因为锑元素与氧族元素的性质较一致，碘与卤族元素的性质较一致。这样排列，正好把锑归入氧族，把碘归入卤族。这样的排列恰恰符合更深层次的规律——同位素变化规律。

总之，创新思维的形成，既需要无序视角，也需要有序视角，在有序与无序的对立中拓展视角，是创新思维的重要形成途径。

第四节 人人都是创新者

日本学者高桥浩在《怎样进行创造性思维》(1987 年版)中认为，创新思维应该具备五项基本能力。他曾为此事调查了那些提出各种创见的、被称为思想活跃的人，从中了解到他们大体上都具备如下的条件，即：发现问题意识、要有灵活性、平素勤于用脑、避免想象力枯竭、知识的准备和知识的调用等。

美国的迈克尔·米哈尔科在《创新精神》(2004 年版)一书中通过分析和研究历史上数百位伟大的创新者，如达·芬奇、达尔文、米开朗基罗、爱迪生等天才人物的思维方式而提出，欲成为创新者，应当做到：知道如何去发现，使你的思维形象化，流畅地思考，进行新颖的组合，把不相关的事物联系起来，建立相反性或矛盾性的思想，抓住两个完全独立事物之间的相似之处，发现不是你要寻找的东西等。

一、学科知识数量与创新成果关系

日本学者通过调查，将科技人员懂得的专业数量与专利数量和论文成果数量的结果结合起来，画出了如图 2-1 所示的曲线。其中，纵坐标表示科技人员的创新数量，以专利数量和论文成果数量为依据，横坐标是科技人员懂得专业的数量，一般为 0，1，2…

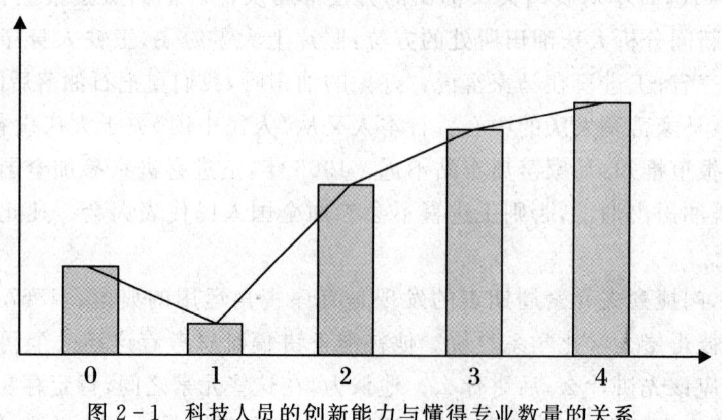

图 2-1 科技人员的创新能力与懂得专业数量的关系

调查结果所描绘出来的曲线是意想不到的：只学一个专业的人，创造能力是最低的，甚至还不如没学过任何专业的人。它告诉我们：就创新成果的数量而言，多学科的横向联系比单学科的纵向发展更能获得成功。事实上也是这样：现代科学技术的生长点常出现在多学科的交叉区域，大量的课题需要用不同学科或领域的知识和方法才能解决。因此，知识是创新能力的基础，多领域的知识是创新的条件。

二、通过训练可以提高创新能力

希格弗里德·普莱斯尔在《创造力的训练》一书中认为："创造力适用于每一个人，即使是心理有病或心智有障碍的人，在其智力和能力的范围内仍然可以创造性地思想和行动……对每一个人来说，使自己具有创造力或获得创造力的确是一种挑战。"日本的高桥浩认为：除了为数极少的天才者外，不同的人在创造性思维的能力上并没有多大差异，无论哪个年龄段，"质疑性"和"训练性"是其中两个相当关键的因素。对于质疑性，我们将在"质疑与假设观念"章节中进行讨论；对于创新思维训练的作用，高桥浩列举了下面这个实例。

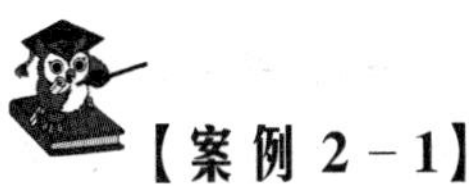

【案例 2－1】

通过训练提高创新思维能力

日本的K钢铁厂每年都从大学和高中毕业生中录用技术人员，有一次，该厂把其中的12名高中毕业生集中起来利用每周的星期六进行半年的创新思维方法的训练，按教材学习创新思维的实例。不到半年，他们便纷纷开始提出发明项目。在将近结束实习时，他们申请了70余项专利权。

【点评】

训练的形式一般可分为在岗训练、离岗训练和自我训练三种。天才们更多采用的是自我训练的形式。其实，如果你想通过阅读本书而提高自己的创新思维能力，也属于自我训练的形式。

三、人人都有创新的潜力

不要把创新和想出解决问题的办法的能力仅仅同天才人物联系在一起。其实，所有的人都具有创造及发明的能力，只是程度不同罢了。

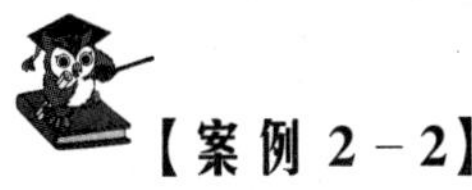

【案例 2－2】

一个没有学历的"星际航行先驱者"

齐奥尔科夫斯基小时候就是异想天开的孩子，8岁时，他母亲送给他一个氢气球，这个能在空中自由飘动的小玩意引起了他极大的兴趣。他常常聚精会神地仰望天空思索：能否乘坐氢气球去航行？

10岁时，他因患了猩红热引起并发症，完全失去了听觉。在这种情况下，他以顽强的毅力在科学的道路上攀登，白天到图书馆自学，刻苦攻读。晚上，他运用联想思维方法，尽情地展开想象的翅膀，设想出种种理想飞行体，来实现飞行的愿望。他想：是否可以制造一个永远悬在天空中的金属气球呢？能否发明一种航行飞行器呢？能否利用地球旋转的能量呢？有志者，事竟成。1903年，他完成了《利用火箭仪器研究宇宙空间》的论文，并发表了著名的齐奥尔科夫斯基公式——火箭运动公式。他还提出了建立星际太空站的大胆设想，现在这些设想都已经成为现实。齐奥尔科夫斯基虽然未进过大学，没有受过任何专家教授的指导，甚至被当时的很多人贬为“无用的空想家”和“狂妄的设计师”，但他创立了星际航行理论，成为“星际航行先驱者”。在他墓前高大的纪念碑上镌刻着这样的话：“地球是人类的摇篮，但是人不能永远生活在摇篮里，他们不断地争取着生存世界的空间，起初小心翼翼地穿出大气层，然后就征服整个太阳系。”

四、创新技法之母

下面我们通过“思维检核表技法”来讨论“创新技法之母”。

思维检核表技法

1. 原理点

检核表法是由美国 A. F. 奥斯本博士提出的。他起初只是设计了一种适用于新产品开发的检验表，后来因其既能开拓思路、启发想象力，又能避免泛泛的随意思考而被广泛用于创新思维的活动中。这种方法适合任何类型与场合的创造性活动，有着“创新技法之母”的美誉。

2. 理解点

(1)我们平时需要“逻辑性思维”，而在创新时却需要“非逻辑思维”，这两种思维模式是矛盾的。这种机械、多变的适应状况，对于一个自然的人来说恐怕是难以适应和接受的。

(2)有些人虽然经过多次的创新思维培训，但收效甚少；其原因可能并不是他不具备创新的能力，而是平时需要产生的习惯、环境定势模式等同化或阻碍了创新的思源，以致在创新思维中时不时地受到思维消极定势等的影响而不能进入应有的状态。如果我们事先设计好需要检查、对比或联系的程序、纬度和对象等，在创新思维中强制性地按照检核表所提供的路径、结构等进行活动，那么只有“华山一条道”，这些情况也许会得到改善。当然，最好的方法是设计成软件，就像游戏软件一样。

(3)对于奥斯本的检核表法，我们不能停留在其基本的形式和内容上，而更应该思考其结构和所能够产生的作用。在平时工作中，我们可以将某时间或某项目中我们需要做的事情用表列出，然后逐一检查是否做了，以防止遗漏。

(4)对“思维检核表技法”，可通过研读“奥斯本检核表法”获得更多的了解和体会，此处就不再赘述。

3. 目的作用

在进行创新思维活动前，先设计、策划创新活动的基本进程、内容或要求等，然后做成检核表式样，以防止在创新思维过程中被消极定势所同化。

4. 检核表基本结构

检核表可分为简单式和复杂式两种，其结构可视对象的情况和主体的需要而相异。就一项创新活动而言，一份比较完整的检核表一般由四个部分组成：

(1)目录，即将需要做的事情汇总成一份目录，以显示层次和系统结构。

(2)流程，即事先根据某一较系统的方法，按照其结构、阶段和要求等，将应该思考的路径、内容、自问题目、方法等写在纸上，既是一份流程表，也像一份试题卷。

(3)表图，为了描述或记录某些思维内容，以表格和思维图谱的式样来表达相关的数据或信息是可取的。

(4)操作，在实施过程中，一方面对完成项进行记录，另一方面按照要求完成试题，此外，也可边做边修改。

对于“思维检核表技法”中具体阶段、结构、内容和要求等，建议你通过本书相关内容的阅读来加以熟悉和体会。例如，“想象与类比观念”章节的“常用联想方法检核表技法”是其中比较简单的一种，也许会对你有启发。

需要特别说明的是，在本书中，对于“创新”“革新”“发明”“创造”“发现”等词汇，在概念上就像 TRIZ 理论的处理方式一样，没有作严格的区别，我们都可以将它们视作为“创新”。

第三章　非逻辑思维训练

第一节　非逻辑思维的普遍性

前面我们以充足理由律为标准对逻辑思维和非逻辑思维进行了划分。按照这种划分，非逻辑思维就是指所有在没有充足理由的基础上得出结论的思维活动，它包括直觉、灵感、顿悟、猜想、假设、幻想、横向思维等形式。在实际生活中非逻辑思维比逻辑思维运用的范围更广，次数更多。纯粹的、在逻辑学教科书中所教导的逻辑思维，人们在实际中用的是相对较少的。

非逻辑思维是在人类的思维活动中普遍存在的一种现象。只要我们稍微留心一下就不难发现，非逻辑思维现象在生活中随处可见。在艺术鉴赏中，当人们观赏一幅名画、吟诵一首好诗时，常常会感到一种心灵的震撼而与作者产生共鸣。若问好在哪儿却不容易答得出，犹如陶渊明所说：此中有真意，欲辩已忘言。这是艺术上的非逻辑思维。在社会活动中，人们首次相见，往往会觉得对方或襟怀坦白、宽广，抑或城府深不可测。要问论据何在，也很难说出个所以然来，这是社会生活中的非逻辑思维。在战场上，指挥员亲临前线指挥，能很快明了战场形势，或觉自己被围，或感冲锋在即，随即下达行动命令而不必陈述理由。这是军事上的非逻辑思维。在医疗中，前来就诊的病人还在门口，有经验的医生只要察看一下病人的面色，就能很快知道病人的大致病情，这是诊断过程中的非逻辑思维。年轻的研究者向治学几十年的老教授或高级工程师请教某个学术、技术问题，对方可以在几秒钟之内作出反应，提出最佳决策和处置方案。但是，要完整地证明这种看法的由来和正确，可能需要花费上百页纸，用掉几个月时间。老学者们的这种快速反应就是学术领域的非逻辑思维。

可以说，非逻辑思维作为一种认识过程，作为一种脑的机能，贯穿在人类生活的各个方面，延伸于创造活动的所有领域。从建立现代物理学的新图景到房间里的家具布置，从决定一场战役到抓住一名罪犯，从创作一幅山水画到男女青年间的一见钟情，从审改一篇文稿到解出一道难题，凡有直接的综合判断这种思维活动的地方，凡有创造性认识与行为的地方，都有人的非逻辑思维活动存在。

第二节　非逻辑思维存在的客观依据

一、从现代系统科学的角度来看，对事物的认识离不开非逻辑思维

系统科学认为，事物是以系统的方式存在的。每个事物都是一个系统，每个事物又都可以作为一个要素和其他事物一起构成一个更大的系统。整个世界就是一个由各种事物构成的一个复杂巨系统。每一事物又和周围的其他事物处于复杂的相互作用之中。换言之，世界上有无穷多事物，事物有无穷多的属性，具有无穷多属性的事物的相互作用导致无穷多的变化。因

此，从理论上来说，要把握一个事物的所有方面及其变化的信息是不可能的。

信息完备的系统称为白色系统，反之则称为黑色系统，介于白色系统与黑色系统之间，部分信息完备，部分信息不完备的系统，称为灰色系统。人类所要认识的实际的系统主要是灰色的。实际的系统之所以大多是灰色的，是因为我们没有掌握足够的信息使之变白。人类的思维摆脱不了以有限的信息去猜测事物、猜测系统整体的命运。这种以有限的信息来认识和把握系统的思维就是非逻辑思维，不是逻辑思维，逻辑思维是一种以充足的信息、知识材料为基础而得出一个必然性结论的思维方式。

二、在很多情况下已经来不及进行逻辑思维，必须运用非逻辑思维

在实际生活中，人们经常会碰到这样的情况：还没有掌握足够的信息，但又必须立即做出结论。如战场上指挥员的决策，商业谈判中的决策，证券投资中的决策等，就常常因为时间不允许因而在没有足够信息的情况下大胆设想、猜测，并付诸行动。如果我们一定要得出一个严密的、不冒风险的逻辑结论，那么常常就会失去时机，而机不可失，时不再来。例如：1900 年，普朗克提出能量子假说后，选择：修改旧理论来维护经典物理学；革命：创立量子力学（爱因斯坦选择光量子假说）。泡利的评价：爱因斯坦依赖了他的非凡的直觉能力。科学家依靠“战略直觉力”，决定研究发展的方向。例如：卢瑟福确定研究原子核方向。

三、很多问题的认识和处理只需进行非逻辑思维就行了

在实际生活中，很多问题的认识和处理并不需要严密的逻辑思维，只需进行非逻辑思维就行了，比如一些简单的日常活动和一些轻松的娱乐活动等。具体说来，今天吃什么饭菜、穿什么衣服等问题，我们通常只需简单地思维一下就能做出决策，并不需要做出一个合乎逻辑的唯一正确的结论。我们实在没有必要花半天的时间从各方面论证今天中午吃什么饭菜是最佳的选择方案，因为这些问题对我们并不是很重要，我们没有必要为此花费过多的脑力，把自己弄得焦头烂额；否则，我们就活得太累，得不偿失了。在一些轻松的娱乐活动过程中也不需要我们进行严密的逻辑思维，这样才能达到放松身心的目的。

四、非逻辑思维的存在有其脑生理基础

20 世纪 50 年代末，斯佩里等人对割裂脑病人的脑功能进行了系统的研究。研究结果发现，对于绝大多数习惯于用右手以及大部分习惯于用左手的人来说，左半球与言语、推理、理智和分析等逻辑思维相联系，而右半球则与感知、空间知觉、直觉等非逻辑因素相联系。每一侧大脑半球都有其独立的功能，但在正常情况下，由于胼胝体等的连接，其两侧的功能得到了整合。通过割裂脑的研究，人们发现，在负责非逻辑思维的大脑右半球被切除后，“左脑人”能通过大脑有效地运用语言、交谈、阅读、写作以及做一些基本的算术，而且在某些需要按照顺序一步一步完成的活动中会表现得更好。不过有趣的是，当与这些人进行交谈时，他们的表情和语调往往比以前更单调，更无变化，更“机器人化”。随后的研究表明，这些“左脑人”已经失去了某些个性、直觉、想象力和洞察力。由此可见，非逻辑思维与人的大脑右半球有密切的关系。

五、非逻辑思维还是人们精神生活的需要

人是一种喜欢刨根问底的动物，即使没有什么问题要解决，也不能使他那不安分的头脑不

活动。他不断地探索事物,反复思考,努力建立新的组合,寻求新的关系和新的见识。这些行为来自人的认知需要——认识和发现的需要。法国生理学家贝尔纳说:“作出新发现时感到的快乐,肯定是人类心灵所能感受的最鲜明而真实的情感。”人类喜爱非逻辑思维的本性在儿童身上表现得更为明显。有个著名的教育家这样说:“儿童的天性使得他们的心理是见异思迁的。只要有了新奇的事情就可以打动他们;无论见了什么新奇的事情,他们立刻就急于要尝试,尝试过后立刻就腻了。他们对于同一件事很快就感到厌倦,所以他们的快乐差不多全是建立在更换与变化上面的。要使儿童去固定他们变换不居的思想是与儿童时期的天性不能相容的。”

第三节　研究非逻辑思维的重要意义

一、非逻辑思维是人类两大类思维形式之一

人类思维可以一分为二:逻辑思维和非逻辑思维。非逻辑思维是人类两大类思维形式之一,人们绝不应该也绝不能将这一思维形式弃置一旁,不予重视。

二、计算机的出现和发展使人的非逻辑思维能力的重要性凸显出来

现在计算机能模拟和代替人进行许多活动,甚至能模拟和代替人进行逻辑思维活动;但至少在目前,计算机还不能模拟和代替人进行非逻辑思维活动。即使从长远的观点看,计算机能不能进行非逻辑思维活动还是一个问题。非逻辑思维能力也就成为了人类所特有的能力,其价值也就不言自明了。

三、非逻辑思维是智慧和创新思维的关键要素

科学发现、理论创新以及其他新思想的产生都是逻辑思维和非逻辑思维共同作用的产物,很多人都认为它们主要是非逻辑思维的产物。古希腊哲学家柏拉图认为直觉是智慧的核心。很多人也都认为人的智慧主要取决于他的悟性,而悟性主要是非逻辑的。关于非逻辑思维在产生新思想中的作用,是智慧和创新思维的关键要素,我们前面已做过大量的论述,这里不再赘述。

四、非逻辑思维能力的培养还有很大潜力可挖

现在人类对非逻辑思维的认识还非常模糊,非逻辑思维的训练和培养也是一件很困难的事。一旦人们认识了非逻辑思维的本质和培养非逻辑思维的根本原则和方法,那么人们就可以自觉地、有效地培养自己的非逻辑思维能力了。

当然,我们强调非逻辑思维的重要性,并不是要用非逻辑思维取代逻辑思维,事实上非逻辑思维也不可能取代逻辑思维。非逻辑思维所提出的新思想必须经过逻辑思维的加工才具有最终的价值。然而非逻辑思维毕竟是我们的弱项,为我们的传统教育所忽视。著名的木桶理论告诉我们,一只木桶的装水量,往往取决于最差、最短的那块木板。就组成智慧和创新思维的内在要素来看,知识和逻辑思维能力这两块木板应该说是比较高的,因此注重训练和培养非逻辑思维能力,肯定能“少投入、多产出”,得到事半功倍的神奇效果,受训者的智慧、创新思维

水平也会随着非逻辑思维能力的提高而得到相应的提高。

第四节 非逻辑思维的本质特征

当我们对某一对象还很不了解时，我们就无法认识它，我们对支配它的本质和规律茫然无知，只是知道这种事物受着某种不可抗拒的力量支配着，这种力量通常被我们看做是超自然的、天赋的，人们对非逻辑思维的认识也是如此。有人把非逻辑思维当做神赐之灵感，也有人把非逻辑思维看做是天赋之直觉，还有人把非逻辑思维当成神秘的第六感，也还有人把非逻辑思维看做是假设、猜想、顿悟、横向思维等。人们把一切不符合逻辑思维规律和规则的思维现象都当做是非逻辑思维。人们还常常把这几种思维形式混同起来，例如，由教育部委托十几所院校编写的《自然辩证法讲义》认为："这种一下子使问题澄清的顿悟，开始还没有得到严格的逻辑证明，人们称之为'直觉'，而这种'直觉'的产生就是所谓'灵感'。"由此看来，所有这些非逻辑思维现象应该是有共同的本质和一些共同的特征的，否则，人们是不大可能将它们都归结为非逻辑思维这一类现象的。那么，它们究竟有什么共同本质和哪些共同特征呢？

通过对各种非逻辑思维类型的分析研究，我们可以发现非逻辑思维具有如下一些共同的特征。

一、前提材料的不充分性

前提材料的不充分性是非逻辑思维所具有的一个最明显、最本质的特征。既然非逻辑思维是指在前提材料不充分或很不充分的情况下所进行的思维活动，那么，对于任何一个非逻辑思维的结论来说，支持这个结论的前提材料就总是不充分或很不充分的。我们在做出一个非逻辑思维的结论时，往往只是考察了一类事物的部分对象或一个事物的某些方面，就对一类事物的所有对象或一个事物的全部作断定。极端的情况是，我们只知道对象的一点点信息就做出大胆的假定性的结论，这是非逻辑思维活动的典型形式。

二、思维过程的突发性

逻辑思维是在前提比较充分、理由比较充足的情况下进行的思维活动。既然理由已经比较充足了，那么人们只要根据一定的逻辑规则就不难做出结论了。这种思维活动人们比较容易控制。人们一般也都不认为它的产生具有突发性。相反，非逻辑思维则不是人们想在什么时候产生就能产生的，而是在人们对某一对象的认识积累了一定材料的基础上产生的。但是前提材料积累到什么程度才能产生非逻辑思维，这是不能确定的，只能因人而异、因时而异。有的人只从经验世界的一两点暗示就能找到问题的症结及其答案(如爱因斯坦)，有的人在真理碰到鼻尖时仍丈二和尚摸不着头脑。第谷积累了那么多的天文观测材料，但是始终未能找到行星运动的规律，而开普勒对第谷的观测材料进行思考和研究后，最终洞察到了行星运动的三大定律。非逻辑思维产生的突发性还主要表现在：有时它是人们深思熟虑之后突然产生的一种思维现象，有时它又是人们在不经意中突然产生的一种思维现象。

非逻辑思维的产生似乎是完全偶然的、不可捉摸的，这其实是一种误解。尽管非逻辑思维的产生具有突发性、偶然性，但是这种突发性、偶然性又是由其本质的东西决定的，这种本质的东西就是较强的非逻辑思维能力。尽管我们不能具体地控制非逻辑思维在某时某地某种条件下产生出来,但是只要我们养成非逻辑思维的习惯,培养出较强的非逻辑思维能力,就有可能产生较多较好的新思想;否则,就较少能产生新思想。德波诺说:"如果说产生新想法纯属机遇,那么像爱因斯坦这样的人为什么会比其他人产生如此之多的新想法呢?发明家或著名的科学家们往往产生一连串的新想法,而不是单单产生一个新想法。这就是说,某些人善于产生新想法,而有些人在这方面的能力稍差一些。这种能力不只是与智力有关,更主要的是取决于大脑特定的习惯和思维方法。"在这里,德波诺正确地指出了新思想的产生主要"取决于大脑特定的习惯和思维方法"。

三、结论的概然性

由于非逻辑思维活动建立在较少的知识材料的基础上,前提到结论的过渡是没有充足理由的,不是必然的,这就决定了其结论是不可靠的,是可错的。当魏格纳产生大陆原来可能是连接在一起的想法时,这个新想法就是很不可靠的,是可错的,我们可以说它是魏格纳的猜测和妄断。只有当魏格纳搜寻到支持这一结论的许多证据时,大陆漂移说才逐渐地得到逻辑证明,转化为一种较为科学的假说。

非逻辑思维的结论具有概然性,也就是说,非逻辑思维产生的新思想是可错的。而且实际情况是,许多非逻辑思维的结论都是错误的,但是我们不能由此就否认非逻辑思维的作用。我们常常说错误是正确的先导,如果我们怕犯错误而不敢进行大胆的尝试性的思维活动,那么正确的新思想就永远不会获得,知识也就不会进步。

第五节　人们对非逻辑思维来源的认识

自从亚里士多德以来人们就已对逻辑思维进行了比较全面的研究,至今已形成了成熟的形式逻辑的体系。人们对非逻辑思维的认识也早就开始了,亚里士多德对直觉这种非逻辑思维也有过一些论述,他说:"除了直觉外没有任何东西比科学知识更为真实,了解原始前提的将是直觉……证明不可能是证明的创始性根源,因而也不可能是科学知识的科学知识……直觉就是科学知识的创始性根源。而科学的创始性根源掌握原始的基本前提……"但是,显然非逻辑思维要比逻辑思维难以认识得多,以至于一直到今天人们对非逻辑思维的认识还非常模糊和混乱。

"灵感"是非逻辑思维的一种典型形式,和直觉、猜想、顿悟等形式的非逻辑思维的内在机制一样。由于人们对它的研究开始得比较早,因而对它认识的历史发展过程的研究也比较系统,下面我们就以西方对"灵感"的认识的发展过程为例,来看看人类对非逻辑思维来源的认识发展过程。

"灵感"一词是从英文 inspiration 意译来的,其古代原意就是"吸气",即艺术家借助于神仙的灵气来创作艺术品的能力。英国《美学》杂志主编 H. 奥斯本将西方灵感概念的发展过程分为三个阶段:一是原始宗教意义上的神赐天启论,二是把灵感概念与天才相结合,三是把灵感同无意识心理学相结合。这个概括是符合历史实际的。

一、神赐天启论阶段

人类对灵感的研究,首先是从文艺领域,特别是从诗歌创作开始的。古希腊时代最早提出灵感概念的是德谟克里特，他认为，没有一种心灵的火焰，没有一种疯狂式的灵感，就不能成为大诗人。而对后世影响最大的却是柏拉图，神赐天启论就是他创立的。柏拉图认为，灵感是神赐予的，诗人之所以能写出优美的诗歌，不是凭他们自己的技艺，而是从神那里得到灵感。他说："诗人只是神的代言人，由神凭附着。""不得到灵感，不失去平常理智而陷入迷狂，就没有能力创造，就不能作诗或代神说话。"柏拉图的神赐天启论的灵感观，经新柏拉图主义者普洛丁的发挥，在西方占统治地位达两千多年。解析几何创始人、哲学家笛卡尔每当领悟出解析几何思想的时候，就认为是神的启示降临到他身上，当即跪拜祈祷。像这样伟大的科学家，竟把灵感的闪光视为神的感召并为之顶礼膜拜，足见灵感神赐说对后人影响之深了。

二、天才论阶段

18 世纪以后，灵感一词才开始失去其宗教意义，变成一个美学术语，甚至有人用这个概念的含义来区分古典主义和浪漫主义。到 18 世纪末 19 世纪初浪漫主义盛行的时代，灵感等同于天才，浪漫主义者开始把灵感的来源逐渐从神的身上移到了人的身上，这是近代灵感观的最大进步。德国古典哲学的创始者康德认为，灵感是具有独创性的天才从其内部禀性中自然而然、不受约束的流露，创立了灵感的天才论解释。康德说："天才 genie 这字可以推测是从 genius(拉丁文)引申而来的，这就是一特异的，在一个人诞生时赋予他的守护和指导的神灵，他的那些独创性的观念是从这里来的。"这是近代早期天赋观念的产物，虽比柏拉图前进了一步，但仍未摆脱柏拉图的影响。他不能科学地解释灵感的来源，宣称这种创造性的过程是不能科学地加以说明的，天才"直接受之于天"。

三、无意识论阶段

19 世纪末到 20 世纪初，灵感研究又出现了以弗洛伊德为代表的心理分析学派，提出了潜意识理论，开辟了从潜意识角度来探索灵感发生机制的新方向。当然，在弗洛伊德之前就已有人看到了潜意识对创作的作用。例如 19 世纪英国的文艺评论家卡莱尔(1795—1881)就说："无意识是创造的标志，而有意识充其量也不过是机械的粗制滥造的标志而已""匠艺的作品是有意识的、机械的，而天赋的作品是无意识的、有生气的。"弗洛伊德的贡献是把潜意识作为心理学的对象加以研究，不仅扩大了心理学的研究领域，也为灵感研究提供了理论基础。从那以后直至现在，世界上很多学者都用潜意识来解释灵感现象。在我国，20 世纪 30 年代初，著名的美学家朱光潜先生在其《文艺心理学》一书中，就已采用了以潜意识来解释灵感的观点。20 世纪 80 年代初以来，以钱学森教授为代表的我国思维科学界，也普遍地采纳了这种观点。可以说，用潜意识来解释灵感的内在机制已经成为当代灵感研究的主流。有的学者还从大脑的结构和进化过程来证明潜意识的存在，认为潜意识正是灵感迸发的原动力。

从西方灵感研究的简要回顾中可以看到，他们对灵感的认识，经历了由神到人和由天才到潜意识的两个转变过程。这种对非逻辑思维的认识发展到现在又前进了一大步，人们逐渐地认识到非逻辑思维并非"神赐""天赋"；而是事在人为，可以后天培养。韦恩·森齐在其所著的《开发大脑潜能的新方法》中说："和一般的创造力和侧向思维一样，我们所有的人的直觉也能被激活，而不再是一种偶然激动人心的东西。"

"非逻辑思维能力和创造性思维能力并不神秘，可以后天培养。"这样的观念已经在很大的程度上解放了人们的非逻辑思维和创造性思维。培养非逻辑思维能力和创造性思维能力的关键是要找到有效培养的方案与方法。现在人们已创制了很多培养非逻辑思维能力和创造性思维能力的方案与方法，事实证明，一些方法对培养人们的非逻辑思维能力和创造性思维能力具有实际的效果，人们的非逻辑思维能力和创造思维能力已能得到一定程度的培养和提高。

第六节 非逻辑思维能力的培养

一、人获得能力的两条主要途径

人获得能力主要通过两条途径：一是先天遗传的，二是后天培养的。先天遗传的能力叫做本能，如人生下来就会吮奶；后天培养的能力是指通过后天的学习和练习而得到的。一些简单的、低级的能力可以通过先天遗传获得，而复杂的、高级的能力就不能靠先天遗传获得，必须通过后天培养方能获得。人的思维能力是复杂的、高级的能力，主要是后天培养出来的。日本人上武正二的研究就证明了这一点。上武正二对同一家庭中养育的同卵双生子与异卵双生子进行比较研究后指出，在智力、知觉、手腕运动、注意、记忆、推理等智力机能方面，遗传制约性弱；在眨眼反应、皮肤电反射生理心理机能方面，遗传制约性强。

二、非逻辑思维能力主要是培养出来的

正常人生下来就具有思维的潜能，这种潜能能否实现以及实现的程度如何则主要取决于后天的培养。换言之，一个人具有什么样的思维能力固然与先天的遗传密切相关，但是主要取决于后天的培养。这一点正成为越来越多的人的共识。

后天培养的能力也叫习得的能力。培养的主要方式是习得。“习得”的“习”有两层含义：一是学习、理解，二是反复练习使之成为习惯。如果把这两层含义综合起来，那么所谓“习得”就是指学习理解之后反复练习使之成为习惯的活动。美国成功心理学家希尔博士曾经这样说过：“播下一个行为，就会收获一个习惯；播下一个习惯，就会收获一种性格；播下一种性格，就会收获一种命运。”当然能力习得的方式不同，对学习理解的要求程度也不相同。有的习得方式包含较少的学习理解成分，甚至不包含学习理解的成分。我们这里不妨借用美国心理学家桑代克所做的实验来加以说明。桑代克在实验中，将一只饿猫关在笼里，笼外放着它能看到的鱼，于是猫尝试用爪求食，求之不得，就乱跑、乱抓、乱咬，尝试出笼吃鱼，做出许多无效的动作，尝试与错误反复交替，后来偶然拉动了绳，或推动了门栓或其他装置，笼门被打开，猫逃出笼外取得食物。实验者记下这个过程所需的时间。在下次实验中，猫并没有领悟到出笼的办法，仍重复同样的尝试与错误的过程，只是无效的动作逐渐减少，尝试与错误的过程的时间逐渐缩短，直至最后，猫一入笼便会打开笼门，这就算学习成功了。在实验中，猫习得打开笼门的能力所包含的理解的成分就很少或者说是没有。一般说来，一些简单的能力的习得所包含的学习理解的成分就较少或者没有；相反，一些复杂的能力的习得就往往包含有较多的学习理解成分。人类的许多复杂能力的习得（特别是有效的习得）一般都包含有较多的学习理解成分，也就是说，很多复杂能力的习得都经过先从理论上学习、后在实践中反复练习的过程。例如，人类逻辑思维能力的习得或培养就是如此。教师先教给学生逻辑思维的规律和规则以及一些之所以如此的道理，让学生学习理解之后，再反复练习，做大量的练习题。这样做就可以有效地培养学生的逻辑思维能力。事实证明，对逻辑推理能力等进行训练和培养是完全可行的。

非逻辑思维能力是人类的一种非常复杂和高级的能力，这种能力的获得更是主要取决于人们后天的习得或培养。这种能力的获得固然离不开人类天赋的这种潜能，但正常人都具有这种天赋的潜能，因此这种非逻辑思维能力强弱程度（这种潜能的实现程度）就主要取决于人类后天的培养。所谓"神赐""天赋""天才"之说，只是人们在没有找到有效的培养非逻辑思维能力情况下的一种托词而已。一旦找到了有效培养非逻辑思维能力的正确途径，我们还能说非逻辑思维能力是神赐或天赋的吗？

人们遵循逻辑规律和规则，进行逻辑思维的训练，养成逻辑思维的习惯，也就培养出了较强的逻辑思维能力。关于逻辑思维，人们的认识还是比较清楚的，人们也找到了训练这种思维能力的有效方法。

同样，要培养较强的非逻辑思维能力也要遵循一定的原则和方法，培养出一种思维活动的习惯。培养非逻辑思维能力必须遵循的一条根本原则是：思维活动要建立在较少的、不充分的知识材料的基础上。在这一原则指导下，养成一种由较少的、不充分的知识材料过渡到结论的思维活动的习惯，就能培养出较强的非逻辑思维能力。也只有培养出这样一种良好的思维习惯，才能培养出较强的非逻辑思维能力。各种非逻辑思维训练方法的实质也正在于此。

要想提高游泳水平，就得下水锻炼。同理，如果要想提高非逻辑思维能力，增强在较少的知识材料的情况下得出结论的思维活动的能力，就必须长期地、经常地进行这样的思维活动——在较少的知识材料的情况下得出结论。长期地、经常地进行这样的思维活动的训练，人们就会形成一种思维活动的惯性，这种思维活动的惯性就是一种较强的非逻辑思维能力，它将使人们善于在知识材料较少的情况下做出结论；在知识材料一定的情况下，人们就能产生更多的新想法，而这对于人们找到一个正确的想法则是非常重要的。

非逻辑思维能力是创造思维能力的一个关键要素，奥斯本下面关于创造思维能力的论述同样也适用于我们这里关于非逻辑思维能力的论述："我们的创造性与其说是通过恐惧、愤怒、爱情、悲伤、憎恨或欲望的刺激而得到加强，不如说是通过习惯和好奇心而得到加强。一切想有所创造的人都要用有意识的方法力求成为有创造性的人。最好的方法就在于应用创造性，也就是说，要不断地寻求有待解决的新的创造性问题……"

从最直接的意义上来说，思维能力必须在思维活动中加以培养。要培养较强的非逻辑思维能力就必须在日常的思维活动中养成非逻辑思维的习惯。也就是说，我们在日常的思维活动中要敢于和善于进行在知识材料不充分的前提条件下得出结论。这样的一种思维习惯也可以在我们分析实际问题和解决实际问题的思维活动中加以培养。不过，我们最好还是先培养出较强的非逻辑思维能力，然后再去分析和解决实际问题，这样就不至于使我们在遇到实际问题时，不能有效地应付。因此，我们不能让我们的思维能力在实际生活和工作中自发地加以训练，因为这样做一是不能有效地训练我们的思维能力，二是可能会给我们的工作和生活带来损失。然而令人遗憾的是，我们的教育尚没有把非逻辑思维能力的培养看做是教育的一个很重要的任务，正如R.布莱克里斯所说："一个人在世界上的成功，多半还是依靠他的直觉方面曾经得到过多大程度的意外发展。"之所以说是"意外"，是因为当今的教育大多是不会自觉地去发展这个方面的。布鲁纳也曾经正确地指出，为了使学生作出聪明的推测，应当鼓励学生去猜想。然而让他感到遗憾的是，在学校的许多班级里，猜想会受到严重的处罚，而且不知道什么缘故，还将其与偷懒联系起来。不少教师不喜欢偶尔进行这种思维跳跃的学生，而喜欢循规蹈矩、一步一步向前的学生。一步一步地分析是"推"，偶尔做出跳跃是"猜"。

第四章　逻辑思维训练

第一节　逻辑思维

一、逻辑学和逻辑思维

(一)逻辑学

“逻辑”一词是由英文 logic 音译过来的。它来源于希腊文,原意指思想、理性、规律性等。由此可知,逻辑思维就是理性的思维,也就是有规则、规律的思维。研究这种逻辑思维的学科是逻辑学。自从亚里士多德创建逻辑学以来,逻辑学发展至今已成为一门成熟的科学。逻辑学主要研究思维的形式及其规律、规则,它力图通过规范人们思维的形式来使人们的思维正确、合乎理性,人们也把逻辑学叫做形式逻辑学。逻辑学又可以按其历史的发展分为传统的形式逻辑和现代形式逻辑。

(二)逻辑思维

什么是逻辑思维呢？如前所述,逻辑思维就是在充足理由基础上所进行的思维活动。逻辑思维的形式、规则和规律主要就是为了人们能必然地得出结论或者说是为了人们的思维有充足理由而制定出来的。下面举几个推理和认证(逻辑思维的两个主要内容)的例子来说明这一点。

逻辑思维的三段论推理有一个正确的形式：

所有的 M 都是 P,

所有的 S 都是 M,

所以,所有的 S 都是 P。

下面举两个符合这种推理形式的例子。

例一：

所有的犯罪都是危害社会的,

所有的过失杀人罪都是犯罪,

所以,所有的过失杀人罪都是危害社会的。

例二：

所有法律允许的行为都是受法律保护的,

所有正当防卫的行为都是法律允许的行为,

所以,所有正当防卫的行为都是受法律保护的。

这是两个推理,它们的具体内容各不相同,但仔细分析一下,它们的逻辑形式却是相同的。逻辑学把这种正确的思维形式总结出来就可以用来规范人们的思维,使人们得出结论有充足的理由。

逻辑推理中的充分条件假言推理有条规则：肯定前件就要肯定后件，否定后件就要否定前件。

根据这条规则，充分条件假言推理有这样一个有效式：肯定前件式，即前提中肯定假言命题的前件，结论肯定它的后件。例如：

如果谁是杀人凶手，那么谁就具有杀人时间，

某甲是杀人凶手，

所以，某甲具有杀人时间。

为什么要制定这样一个逻辑规则呢？主要是为了思维过程有充足的理由，能必然地得出结论。如果采取“肯定后件式”结果如何呢？试看下面一个例子：

如果谁是杀人凶手，那么谁就具有杀人时间，

某甲具有杀人时间，

所以，某甲是杀人凶手。

逻辑学认为这种推理形式是无效式。为什么呢？因为在这个思维过程中结论的得出是没有充足理由的，不是必然的。

在逻辑学中，论证也是要求符合充足理由律的。关于论证方式有一条规则：论证方式必须正确有效。这条规则的要求是论据与论题之间必须有必然联系，即论据能合乎逻辑地推出论题。就是说，这一规则直接体现着充足理由律。要使论证方式正确有效，就要求推论步骤正确无误，即论证方式必须合乎推理规则，这也是为人们由论据能必然地得出论题而制定的。

如果违反这一规则，就会犯“推不出”的逻辑错误。例如：

李某一定能取得好的成绩，因为只有好好学习才能取得好成绩，李某好好学习了。

这个论证运用的必要条件假言推理是无效的，因而不能由论据必然地推出论题。另外，逻辑思维要求条理性、层次性，也可以看做是对思维要有充足理由的要求。只有把思想表述得有条理性、层次性，才能使人知道你的思想是有充足理由的，是必然得出的，才能显示出你思想的逻辑性。这也是人们把条理性、层次性看做是思维具有逻辑性的原因。

二、逻辑思维和非逻辑思维的辩证关系

(一)逻辑思维与非逻辑思维的区别

(1)两者存在着本质的区别。如前所述，逻辑思维是指由充足的理由作为前提得出结论的思维活动；相反，非逻辑思维则是指由不充足的理由作为前提得出结论的思维活动。非逻辑思维的“非”具有“不”“无”“反”的意思。非逻辑思维和逻辑思维有着质的区别。逻辑思维所具有的本质属性正是非逻辑思维所不具有的。逻辑思维的本质属性有确定性(这种确定性是由于思维过程是建立理由充足的基础上的)和符合逻辑思维的规则、规律的属性，逻辑思维的规则、规律正是为了使人的思维具有确定性而制定的。非逻辑思维正好与之相反，它是不具有确定性的思维，是不符合逻辑思维的规则、规律的思维。一个思维过程对于逻辑思维来说是不允许的、错误的，但对于非逻辑思维来说则是允许的、有效的。下面可以举两个例子来加以说明：如果张三杀人，那么张三就有杀人动机，张三有杀人动机，所以张三杀了(或可能杀了)人。这种推理从逻辑学上来讲属于充分条件假言推理的肯定后件式，是错误的，但是在非逻辑思维中却是允许的、有效的。当然这个例子的结论都具有或然性，但实际上人们总是经常进行这样的没

有充足理由就得出结论的思维活动。

(2)从人类和个体的思维发展来说,非逻辑思维的发生在先,逻辑思维的产生在后。非逻辑思维是人本来就有的思维潜质,逻辑思维则是人们从亿万次的思维实践中总结出来用来规范人的思维的。逻辑思维是不是人的思维的固有形式,这是一个仍有争论的问题。洛克和柏格森都认为每一步逻辑和分析都要运用直觉等非逻辑思维。洛克认为,在证明的知识中"每一步都必须有直觉的明证"。柏格森说:"我们往往把科学的逻辑工具当做科学自身,却忘记了作为其余一切的发生的根源的形而上学的直觉。"彭加勒也认为不仅在数学的发明过程中,而且在数学证明过程中,也离不开直觉这种非逻辑思维,因为在证明中所用的逻辑材料很多,要运用这些逻辑材料构成一种数学建筑,也有一个选择问题,这样就离不开直觉。

(3)适用范围不同。充足理由律有两个基本的逻辑要求:①前提必须真实;②理由与推断之间有必然的联系。但这两个逻辑要求在对现实的事物进行把握时都很难得到完全满足。首先,在哲学发展史的不同阶段,人们曾多次提到:对逻辑推理前提的证明会导致无穷的回推,这样一来就总有一个前提无法从逻辑中推出。其次,充足理由律的另一个基本的逻辑要求"理由与推断之间有必然的联系"也是很难得到满足的。人类大量的思维活动都是建立在理由不充足的基础上的。人们实际运用的思维形式主要是非逻辑的。逻辑思维是人类思维的极端形式。一个小组五个人,每人考试都及格了,这时我们推出这个小组所有人考试都及格了。这样的逻辑推理在一个有限的范围内在典型的情况下才能成立。这样的逻辑推理当然是必然得出的,但是这样的推理并没有给我们带来丝毫新的东西,这样的推理究竟有多大价值呢?在逻辑上只有永真式或永假式才是恒真恒假、必然推出的。现实中的绝大多数情况都是很难确定前提是否真实、真实程度有多大,也很少有结论是绝对必然得到的。从某种意义上可以说,非逻辑思维比逻辑思维的应用范围更大。

(4)在人们认识事物的作用上的区别。一般说来,非逻辑思维的作用主要在于提出新思想,逻辑思维的作用在于对新思想作出论证。没有非逻辑思维,思维只能在原来的范围里打转,新的思想就不会产生,人类也就不会进步。加拿大的科学哲学家 M. 邦格曾说过,光凭逻辑是不能使一个人产生新思想的,正如光凭语法不能激起诗意,光凭和声理论不能生成交响乐一样。俄国的阿斯摩斯也说:"纯粹逻辑始终只能把我们引向同义反复,它不会创造任何新的东西,本身不能提供任何科学的原理。"但另一方面,没有逻辑思维,人类思维就会混乱,就会不准确,就会效率低下。非逻辑思维再重要,如果没有逻辑思维为其构筑坚实的知识基础,非逻辑思维也寸步难行。所以,这两种思维形式对于人类来说都是非常重要和必不可少的。不过,两者对于人们认识事物的作用不同。

(二)逻辑思维和非逻辑思维的联系

(1)非逻辑思维和逻辑思维是人类思维的两种基本形式,两者都在人类思维活动中起着非常重要而又必不可少的作用。非逻辑思维是产生新思想、科学发现和理论创新的必由之路,而逻辑思维则是理论系统化、逻辑化的必要方法。两者的相反相成推动了人类知识的不断丰富和发展。非逻辑思维做出的初步结论,需要逻辑思维加以论证,非逻辑思维离不开逻辑思维;同样,逻辑思维也离不开非逻辑思维。一方面,如前所述,有人认为逻辑推理每一步都离不开直觉的明证;另一方面,逻辑思维的前提也是人们通过非逻辑思维得来的。

(2)非逻辑思维和逻辑思维又是彼此渗透、相互交融的,很难把它们完全绝对地划分开,两者之间的界限也不是绝对分明的。非逻辑思维是建立在前提材料不充分或很不充分的基础上的，而逻辑思维则是建立在前提材料比较充分或完全的基础上的。但是在材料充分到什么程度才算是逻辑思维和非逻辑思维，却没有一个明确的界限。极端的情况是容易区分的：在只有一星半点儿的材料的基础上做出一个大胆的尝试性的结论，比如，和一个陌生人一见面，仅根据短时间内对对方言谈举止的观察，就做出对方是一个什么人的结论，这时的思维活动就显然属于非逻辑思维；相反，在与对方进行长时间的接触，对对方有了充分的了解后再做出对方是一个什么人的结论，这时的思维活动就主要是逻辑思维了。

(3)非逻辑思维和逻辑思维又是可以转化的。非逻辑思维是建立在知识材料较少的基础上的，人们用非逻辑思维做出一个尝试性的结论后，为了验证这个结论是否正确，就要以这个尝试性的结论为指导，搜寻支持这一结论的许多证据。如果我们搜寻的证据材料否认了非逻辑思维所做出的初步的结论，那么我们就要再重新进行非逻辑思维活动，寻找其他可能是正确的结论；如果我们不能搜寻到足够的证据材料来证明非逻辑思维的结论，那么这种非逻辑思维的结论是否正确就无法加以确定；如果我们搜寻到比较充分的或足够的证明材料证明非逻辑思维的结论，那么这时非逻辑思维的结论就会逐步转化为较为系统的知识了，非逻辑思维的猜测和妄断也就逐渐地转化为逻辑的证明了。

(三)从人类个体的思维发生过程来看逻辑思维和非逻辑思维的关系

人类思维的开端主要是非逻辑思维。人类的认识始于对对象世界的猜测和自由自在的思想。一开始人们这样做是自然的，也是必要的。但是后来人们逐步认识到自由自在的思想往往是错误的、不准确的，这就需要用特定的方法来规范和约束它。经过对大量实践经验的概括和总结，人们找到了使人类思维准确的一系列的规律和规则，逐步形成了逻辑学。人们把经过逻辑规范了的思维叫做逻辑思维。尼采在论述逻辑的来源时说："逻辑是怎样在头脑中产生的呢？肯定是从非逻辑中产生的，非逻辑的领域一定是非常广阔的。"

人类个体的思维发展过程和整个人类的思维发展过程是一致的。孩子在接受学校教育之前的这一阶段的思维形式主要是非逻辑思维，这种思维以及由这种思维指导的行为是自由的、无拘无束的，常常是没有充足理由的、非逻辑的，当然也常常是幼稚可笑的，但它却是我们人类思维的原始形式和本真状态，不过我们也不能否认孩子们的这类思维中有很多是充满智慧之光的。当然仅有这种思维形式对于正确地指导人们的行为是远远不够的，是不能有效地应付这个世界和社会的。所以，对孩子的思维必须给予适当的引导和教育，这就要把逻辑思维引导到孩子的思维世界中来。大人们慢慢地教给孩子们一些规范性的知识和思维规则，这样孩子的思维就渐渐地符合了思维的规则，就越来越理性化了。应该说，逻辑思维相对于幼时的非逻辑思维来说是困难的。由幼时的原始的非逻辑思维发展到后来的逻辑思维是一个进步。有了逻辑思维，人的思想就不再是天马行空式的我行我素了，人的思想就更加正确，也就更加符合客观实际，人在自然和社会中就更少碰壁了。当然，使孩子学会逻辑思维是必要的也是重要的，人的思维由以非逻辑思维为主的阶段发展到以逻辑思维为主的阶段是一个进步和提高，但这并不证明逻辑思维比非逻辑思维更重要，更不能从此就抛弃非逻辑思维。然而，由于人们对非逻辑思维和逻辑思维在思维过程中的作用没有足够的认识，矫枉常常就会过正。人们认清了非逻辑思维的缺陷和不足以及逻辑思维的优点和长处之后，就有可能只注重对逻辑思维能力的培养，轻易地放弃非逻辑思维和非逻辑思维能力。只注重逻辑思维和逻辑思维能力的培养，就会最终忘却和压抑非逻辑思维和非逻辑思维能力，并且会约束和压抑孩子思维的自由和纯真。当然，适当的约束和压抑是必要的，也是重要的。但是现在看来，这种约束和压抑是多年的、长期的,因而是过度的。问题不是我们要不要教给孩子逻辑思维,而是我们在这样做的时候是否注意保护孩子的非逻辑思维了。实际情况常常是:当我们教给孩子许多条条框框、教会孩子进行逻辑思维后,他们就不再具有以前那样丰富的想象力了;当一个人学会适应社会时,他的思维也就失去了活力和创造性。这在一个封闭和落后的社会里更是如此,因为封闭和落后的社会总是要求人们循规蹈矩,不越雷池一步,这样就不难解释为什么很多成人的思维总是那么僵化、机械了。

非逻辑思维与逻辑思维既然是相对立的,那么是否培养了其中的一种思维能力就削弱了其中的另一种思维能力呢? 不是的。它们两者是对立统一的关系。只要我们对两者的地位和作用有正确的认识,在这两者之间保持必要的张力,这两种思维能力都是可以同时得到培养的。因为人的思维具有很大的灵活性,既可以进行有效的逻辑思维,也可以进行有效的非逻辑思维。很多杰出人物都既有很强的非逻辑思维能力又有很强的逻辑思维能力这一事实已经证明了这一点。创造学家奥斯本说:"关于思考问题,我们应该像两个不同的人那样来思考问题——首先一个人进行思考;然后,另一个人进行判断。可以想象这样一种情景:如同交流电可以调变电压一样,我们可以调整我们的思维以改变我们的智能。"

三、逻辑思维训练应注意的问题和方法

逻辑思维和非逻辑思维是有密切联系的,两者的相反相成促成了人类思维的发展。现在有的人搞创新思维训练只强调直觉、灵感等非逻辑思维训练,对逻辑思维训练却只字不提,这是错误的。如前所述,逻辑思维能力是创新思维和智慧的三个重要的内在要素之一,逻辑思维训练是创新思维训练的一个重要的组成部分。

和非逻辑思维的训练一样,逻辑思维的训练也主要是训练一种思维的习惯,这种思维的习惯也就是按照逻辑形式、规律、规则、方法进行思维的习惯,主要就是由前提必然地得出结论的思维习惯,也就是由充足理由得出结论的思维习惯。学习一些主要的逻辑学知识,并通过做大量的练习,我们就能养成逻辑思维的习惯,也就能培养出较强的逻辑思维能力。

我们是通过学习传统形式逻辑的主要内容来进行创新思维训练中的逻辑思维训练的。传统形式逻辑的主要内容是逻辑学中最基础的部分,同时也是非常重要的部分。我们学习它是要掌握逻辑思维的一些主要的知识、方法、规则和规律,最终目的是为了提高逻辑思维能力和水平。

如前所述,思维是很抽象的,认识和把握思维是很困难的,思维的形式就更抽象了,要认识和把握就更难了。但是,只要肯下工夫,方法对头,就能够很好地掌握其内容,并有效地进行逻辑思维训练。要学好逻辑并进行有效的逻辑思维训练,还要注意以下几个主要问题:

一是要掌握逻辑的基本理论,理解并把握主要的定义、规律、规则和公式。

二是要认真做练习。认真做题,能够使初学者切实掌握有关内容,巩固所学定义、公式、规则等逻辑知识,提高逻辑思维能力。

三是要联系日常思维和表达中的实际问题加以运用。这不仅可以巩固所学的理论知识,提高应用能力,而且还能体会到学习的快乐,增强学习兴趣。

第二节 推理训练

一、概念

概念是逻辑思维的最小的单位，是逻辑思维的细胞。人们由概念形成命题，由命题进行推理和论证，从而进行逻辑思维。

（一）什么是概念

概念是反映对象本质属性的思维形式。

在客观世界中，存在着许许多多、形形色色的事物。在自然界，有日月星辰、山川草木、飞禽走兽等；在人类社会，有商品货币、阶级国家、生产消费等；在精神世界中，有感觉、表象、思想、意识等，这些都可以是人们的认识对象。

各个事物都有其自身的性质，如形状、颜色、动作，以及好坏、美丑、善恶等。各个事物除了自身的性质之外，还和其他的事物发生一定的关系，如大于、在……下面、交换、互助、战胜等。事物的性质以及与其他事物之间的关系，统称为事物的属性。

事物与属性是不可分离的，属性都是属于一定事物的属性，事物都是具有某些属性的事物。脱离具体事物的属性是不存在的，没有任何属性的事物也是不存在的。事物由于属性的相同或相异就形成各种不同的类，具有相同属性的事物组成为一类，具有不同属性的事物分别组成不同的类。

在一类事物的许多属性中，有些是本质属性，有些是非本质属性。所谓本质属性，就是决定一事物之所以成为该事物并区别于他事物的属性。所谓非本质属性，就是对该事物不具有决定意义的属性。例如，“法律”这个概念的本质属性有：规定人们的权利和义务，由国家强制力保证其实施等；它的非本质属性有：法律是哪个阶级制定的，在什么情况下制定的，是成文的还是不成文的，体系是否严密，条文有多少等。

一个事物之所以成为该事物是由其本质属性决定的，而概念正是反映事物本质属性的思维形式。

（二）概念的内涵和外延

概念反映对象的本质属性，同时也就反映了具有这种本质属性的对象，因而概念有客观的内容和确定的范围，这两方面分别构成了概念的内涵和外延。

概念的内涵就是指反映在概念中的对象的本质属性，概念的外延就是指具有概念所反映的本质属性的对象。例如，“商品”这个概念，它的内涵就是为交换而生产的劳动产品，它的外延就是指古今中外的所有的商品。又如“人”这个概念的内涵，就是指人的本质属性：有语言、能思维、能制造和使用生产工具的动物；“人”这个概念的外延就是指古今中外的所有的人。

内涵是从质的方面揭示概念的，它揭示概念所反映的对象“是什么”；外延则是从量的方面揭示概念的，它说明概念所反映的对象“有哪些”。每一个科学的概念都既有其确定的内涵，又有其确定的外延，要使概念明确，就必须准确地揭示出概念的内涵和外延两个方面。

概念明确是人们正确思维的必要条件。只有概念明确，才能作出恰当的判断，才能进行合乎逻辑的推理，才能获得正确的认识。例如，在数学课堂上，老师问小王这样一个问题：x 是一个整数，请问 x 和 $-x$ 哪个大，x 和 $2x$ 哪个大？小王回答说："x 比 $-x$ 大，$2x$ 比 x 大。"小王的回答是错误的。这说明小王没有掌握好"整数"这个概念的外延，"整数"这个概念的外延包含正整数、负整数和零。

概念明确对于讨论问题、写文章、交流思想也是必要的。我们常常看到许多相持不下的争论都是因为概念不明确引起的。例如，达尔文进化论认为"人类是由猿猴进化而来的"，然而顽固偏执的主教们却提出这样的质问："有哪一人不是父母所生，是猴子变成的呢？又有哪一个猴子变成人了呢？"他们是把"人类"这个概念偷换成"个人"这个概念来进行争论的，这在逻辑上是错误的。

二、命题和推理的概述

(一)命题的概述

命题又叫判断，就是对思维对象有所断定的思维形式。例如：①所有的犯罪都是有社会危害性的行为；②某人是罪犯。

任何一个命题都对思维对象有所断定，即肯定或否定。如我们说"某人是罪犯"就是断定某人具有罪犯的属性，如果无所断定就不是命题。有所断定是命题的第一个逻辑特征。

命题的第二个逻辑特征就是有真假之分，命题是对思维对象有所断定的思维形式，也就有断定是否符合客观实际的问题。如果一个命题的断定符合客观实际，如"犯罪是有社会危害性的行为"，它就是真命题。如果一个命题的断定不符合客观实际，如"正当防卫的行为是要负法律责任的"，它就是假命题。如何鉴别一个命题的真假呢？唯一的标准就是实践，也就是看命题所反映的思想是否和客观实际相一致。

命题是推理的要素。推理是由命题组成的，没有命题，也就没有推理，只有命题真实，才能保证推理的正确。

(二)推理的概述

推理是从一个或几个已知命题中推出一个新命题的思维形式。例如：

(1)所有的商品都是有使用价值的，
所以，有些有使用价值的是商品。

(2)所有的犯罪都是具有社会危害性的，
过失杀人也是犯罪，
所以，过失杀人是具有社会危害性的。

(3)只有年满十八周岁，才有选举权。
某甲未满十八周岁，
所以，某甲没有选举权。

这些都是推理。从这些例子里我们可以看出：任何推理都有这样两个组成部分，即推理所依据的命题，以及推出的新命题。前者叫做前提，后者叫做结论。一个推理可以有几个前提，也可以只有一个前提，而结论只有一个，即一个命题。正确推理(即要使推理正确)必须具备两个基本的前提条件：一是要遵守推理的规则，即是说，推理要符合正确的推理形式，做到形式正确。一是要前提真实。逻辑学不能具体解决每个推理前提真实与否的问题。

推理和概念、命题一样，是同语言联系在一起的。推理在语言上表现为复句或多重复句或句群。在这类语句和句群中，一般用“因为……所以……”“由于……因此……”“……由此可见”等关联词语表达推理。

三、简单命题的推理训练

简单命题是不包含其他命题作为其组成部分的命题，也就是指在结构上不能再分解出其他命题的命题。简单命题通常分两种，一种是性质命题，一种是关系命题。本书主要介绍性质命题(直言命题)及其推理。

(一)直言命题

1.什么是直言命题

直言命题是肯定对象具有或不具有某种性质的命题。例如：

所有的犯罪都是有社会危害性的；

有些违法行为不是犯罪行为；

这个犯罪分子是很凶残的。

由于这些命题对对象性质的断定是直接的，因而传统逻辑把这些命题称为直言命题。

直言命题由主项、谓项、联项和量项四部分组成。

主项表示被断定的对象的概念，通常用S表示；

谓项表示被断定的对象性质的概念，通常用P表示；

联项是指联系主项和谓项的联系词，也就是命题的质，一般用“是”或“不是”来表示，又称肯定联项和否定联项；

命题的量项是指表示命题中主项数量的概念，一般称为命题的量。量项可分为三种：一是全称量项，它表示在一个命题中对主项的全部外延做了断定。通常用“所有”“一切”来表示。在命题的语言表述中，它们可以省略。二是特称量项，它表示在一个命题中对主项做了断定，但未对主项的全部外延做出断定。通常用“有的”“有些”来表示。在命题的语言表达中，它们不能省略。三是单称量项，它表示在一个命题中对主项外延的某一个别对象做了断定，可以用“这个”“那个”来表示。单称量项在命题的语言表达中不能省略。

2.直言命题的种类

(1)按照直言命题的质的不同，可以把直言命题分为肯定命题和否定命题。

①肯定命题。肯定命题是断定对象具有某种性质的命题，如“宪法是国家的根本大法”，其形式是：S是P。

②否定命题。否定命题是断定对象不具有某种性质的命题，如“人的正确思想不是从天上掉下来的”，其形式是：S不是P。

(2)按照直言命题的量的不同，可以把直言命题分为全称命题、特称命题和单称命题。

①全称命题。全称命题是断定某类事物中所有对象都具有或不具有某种性质的命题。例如，“所有的法律都是有强制性的”“所有的法人都不是自然人”等，其形式是：所有的S都是(或不是)P。

②特称命题。特称命题是断定某类事物中部分对象是否具有某种性质的命题。例如，“有些案件是经济案件”“有些案件不是经济案件”等，其形式是：有的S是(或不是)P。

③单称命题。单称命题是断定某一个别对象是否具有某种性质的命题。例如，“这个犯罪分子是狡猾的”“张三不是贪污犯”等，其形式是：某个S是(或不是)P。

(3)按照命题质和量的结合,可以把直言命题划分为以下 6 种命题。

①全称肯定命题。全称肯定命题,是断定某类的所有对象都具有某种性质的命题。例如,“所有的法律都是有强制性的”。其形式是:所有 S 都是 P。

②全称否定命题。全称否定命题,是断定某类中部分所有对象都不具有某种性质的命题。例如,“所有的法人都不是自然人”。其形式是:所有的 S 都不是 P。

③特称肯定命题。特称肯定命题,是断定某类中部分对象具有某种性质的命题。例如,“有些案件是经济案件”。其形式是:有的 S 是 P。

④特称否定命题。特称否定命题,是断定某类中部分对象不具有某种性质的命题。例如,“有些案件不是经济案件”。其形式是:有的 S 不是 P。

⑤单称肯定命题。单称肯定命题,是断定某一个别对象具有某种性质的命题。例如,“某个犯罪分子是狡猾的”。其形式是:某个 S 是 P。

⑥单称否定命题。单称否定命题,是断定某一个别对象不具有某种性质的命题。例如,“这个犯罪分子,不是贪污犯”。其形式是:某个 S 不是 P。

以上是直言命题的各种形式。其中,由于单称命题是对某一单独对象的断定,也就是对反映某单独对象的概念的全部外延做了断定,因此从逻辑性质上说,单称命题可以被看做是全称命题。据此,直言命题又主要归结为如下四种基本形式:

全称肯定命题,通常用“A”来表示,也可以写为 SAP。

全称否定命题,通常用“E”来表示,也可以写为 SEP。

特称肯定命题,通常用“I”来表示,也可以写为 SIP。

特称否定命题,通常用“O”来表示,也可以写为 SOP。

3.四种直言命题的主谓项的周延性

为了准确地把握直言命题的逻辑特性,我们还必须进一步分析直言命题中主项和谓项的周延性。

项的周延性,就是指在直言命题中对主项、谓项外延数量的断定情况。如果在一个命题中,对它的主项或谓项的全部外延做了断定,那么这个命题的主项或谓项就是周延的。如果未对主项或谓项的全部外延做出断定,那么这个命题的主项或谓项就是不周延的。例如:

一切师范大学都是培养教师的学校。

有的欧洲人不是法国人。

在这两个命题中,就主项来说,由于前一个命题对“师范大学”这个概念的全部外延都做了断定,所以这个命题的主项“师范大学”就是周延的。相反,后一个命题由于并未对“欧洲人”的全部外延做出断定,因而这个命题的主项“欧洲人”就是不周延的。

再就谓项来说,由于前一个命题只是断定了“师范大学”的全部外延都包含在“培养教师的学校”的外延中,并没有断定“培养教师的学校”的全部外延都包含在“师范大学”的外延中,因而这个命题的谓项“培养教师的学校”就是不周延的。相反,由于后一个命题断定了“欧洲人”这个概念的部分外延与“法国人”的全部外延是相互排斥的,因而这个命题中的谓项“法国人”就是周延的。

据此,我们可以把 A、E、I、O 四种命题的周延情况进行列表表示,如表 4-1 所示。

表 4-1 A、E、I、O 四种命题的周延情况

命题的类别	主项	谓项
A(所有的 S 都是 P)	周延	不周延
E(所有的 S 都不是 P)	周延	周延
I(有的 S 是 P)	不周延	不周延
O(有的 S 不是 P)	不周延	周延

直言命题主谓项的周延性是直言命题在量的方面的基本逻辑特性，我们必须很好地掌握它，从而才能正确地对直言命题做某些逻辑推演。

(二)三段论

1. 三段论的概述

三段论是由两个包含着一个共同项的直言命题推出一个新的直言命题的推理。例如：

凡科学都是有用的，

逻辑学是科学，

所以，逻辑学是有用的。

这就是一个三段论。前两个直言命题包含着一个共同项“科学”，由这两个命题推出一个新的直言命题“逻辑学是有用的”。

任何一个三段论都由三个直言命题组成，两个是前提，一个是结论，如前例中“所以”上面的两个命题就是前提，因为它们是推出新命题的依据；在“所以”后面的那个命题就是结论，因为它是从前提推出的新命题。

任何一个三段论都包含着三个项：小项、大项与中项。结论中的主项叫做小项，以“S”表示，如前例中的“逻辑学”；结论中的谓项叫做大项，以“P”表示，如前例中的“有用的”；两个前提中所共有的项叫做中项，以“M”表示，如前例中的“科学”。

在两个前提中，具有大项的前提叫做大前提，如前例中的“凡科学都是有用的”；具有小项的前提叫做小前提，如前例中的“逻辑学是科学”。

2. 三段论的规则

三段论推理必须遵守以下几条规则，这些规则是判定一个三段论推理是否正确的标准。

(1)中项在前提中至少要周延一次。

中项在大小前提中起着重要的媒介作用。三段论只有通过中项的媒介作用，才能从两个前提中推出结论来。如果中项在两个前提中都不周延，那么大项的外延就可能和中项的外延的这一部分发生关系，而小项的外延就可能和中项的外延的另一部分发生关系。既然大项和小项没有同中项外延的同一部分发生关系，因而就不能通过中项的媒介作用来确定大项和小项的关系，所以不能推出必然的结论。

两个中项都不周延，就叫做“中项两次不周延”错误。例如：

犯罪行为是违法行为，

某人的行为是违法行为，

所以，某人的行为是犯罪行为。

在这个三段论中，中项“违法行为”是两个肯定命题的谓项，在两个前提中都不周延。违法行为可以分为两个部分,即已构成犯罪的严重的违法行为和没有构成犯罪的轻微的违法行为。某人的行为可能属于前一种情况,也可能属于后一种情况,但是在结论中却得出了“某人的行为是犯罪行为”。由于推理形式不正确,结论就不必然真。

(2)在前提中不周延的项,在结论中也不得周延。

这是关于小项和大项的规则。结论是由前提推出来的,在前提中所涉及的如果仅是大、小项的一部分外延,在结论中就只能涉及大、小项的一部分外延;否则,结论就不是必然的。所以在前提中不周延的大、小项,在结论中也不得周延。例如:

语言是没有阶级性的,

语言是社会现象,

所以,有些社会现象是没有阶级性的。

在这个三段论中,大、小项在前提中不周延,因而在结论中也不周延,这是正确的。

违反这条规则,大项在前提中不周延而在结论中周延,就叫做“大项扩大”的错误,小项在前提中不周延而在结论中周延,就叫做“小项扩大”的错误。例如:

审判员都要守法,

吴某不是审判员,

所以,吴某不要守法。

逻辑是没有阶级性的,

逻辑是科学,

所以,凡科学都是没有阶级性的。

这是两个错误的三段论。在前一个例子中,大项“要守法”在前提中不周延,在结论中周延,犯了“大项扩大”的错误;在后一个例子中,小项“科学”在前提中不周延,在结论中周延,犯了“小项扩大”的错误。

(3)从两个否定的前提中不能得出结论。

否定命题所确定的是主、谓项相互排斥,如果两前提都是否定的,则所确定的是大、小项都和中项排斥。这样,中项就起不到联结大、小项的作用,从而也就不能确定大、小项之间的关系。所以,从两个否定前提中不能必然地得出结论。例如:

张三不是罪犯,

李四不是张三,

所以……

由上述两个否定前提不能确定李四到底是不是罪犯。

(4)两个前提中如果有一个是否定的,则结论是否定的;如果结论是否定的,则必有一个前提是否定的。

两个前提如果有一个是否定的,则另一个必须是肯定的,因为两个否定的前提不能得出结论。否定前提所断定的是中项和一个项排斥,肯定前提所断定的是中项和另一个项相结合,这样大、小项之间也就是相互排斥的。因此,结论必是否定的。而如果结论是否定的,则一定是由于大、小项有一个和中项结合,有一个和中项排斥,大项和小项同中项排斥的那个前提就是否定的,故结论否定必有一前提否定。例如:

凡过失犯罪都不是故意犯罪,

凡共同犯罪都是故意犯罪,

所以，凡共同犯罪都不是过失犯罪。

从前提看，大前提“凡过失犯罪都不是故意犯罪”把大项和中项排斥开，而小前提“凡共同犯罪都是故意犯罪”又把小项包含在中项之中，所以，得出否定结论“凡共同犯罪都不是过失犯罪”。从结论看，这个结论是否定的，它说明大项和小项相排斥。之所以如此，是由于大项“过失犯罪”和中项“故意犯罪”二者排斥的缘故。大前提一定是否定的，不然，结论就不是必然得出的。

(5)从两个特称的前提不能得出结论。

两个前提如果都是特称的，则两个前提的组合不外乎三种情况，即II、OO、IO或OI，而不论是其中哪一种情况，都不能得出结论。

假如两个前提都是特称肯定命题，即II，则在这两个前提中没有一个项是周延的。这样，则不论哪一个项做中项，都不是周延的，所以不能得出必然的结论(根据第一条规则)。例如，有如下两个前提：

有些先进工作者是登山运动员，

有些先进工作者是诗人，

这两个前提都是特称肯定命题，它们的中项“先进工作者”都不周延，根据第一条规则，从这两个前提不能推出结论。

假如两个前提都是特称否定命题，即OO，则根据第三条规则，不能必然地得出结论。例如，有如下两个前提：

有些水生动物不是鱼，

那些动物不是鱼，

这两个前提都是特称的，又都是否定的，从这两个前提不能断定那些动物是不是水生动物。

假如两个前提中一个是特称肯定，一个是特称否定，即IO(或OI)，则两前提中只有一项周延(特称否定命题的谓项)。这个周延的项如果是中项，则大项在前提中就是不周延的，但是，有一个前提是否定的，结论便必然是否定的(根据第四条规则)；而结论否定，则结论中的大项周延，如此便犯了“大项扩大”的错误。假如前提中唯一周延的项是大项，则又犯了“中项两次不周延”的错误。这样，或犯“中项两次不周延”的错误，或犯“大项扩大”的错误，二者必居其一，因此不能得出结论。例如，有如下两个前提：

有些青年不是中国人，

有些山东人是青年，

在这个例子中，作为中项的“青年”就两次不周延，根据第一条规则，从这两个前提不能推出结论。

(6)如果有一个前提是特称的，只能得出特称的结论。

根据第五条规则，两特称前提不能得出结论，所以两前提如有一个是特称的，则另一个必是全称的。这样，两个前提的组合共有三种情况，即AI、AO或EI、EO。在这三种情况中，假如能得出结论，则只能得出一个特称的结论。

两前提(一全称、一特称)都是肯定的，即AI，如此则只有全称命题的主项周延，而其他三个项都不周延。这个周延的项必须是中项，不然就不能得出结论。其余三个不周延的项中有一个是小项，这样，小项在前提中不周延，在结论中也不能周延，所以结论是特称的。例如：

所有的专利都是对某项发明创造成果享有的一种独占利益，

有的产品是专利，

所以，有的产品是对某项发明创造成果享有的一种独占利益。

两前提（一全称、一特称）中一个是肯定的，一个是否定的，即 AO 或 EI，如此则全称命题的主项周延，否定命题的谓项周延。这两个周延的项，一个必须是中项（根据第一条规则），一个必须是大项（因为前提中有一个是否定的，结论必是否定的，而否定命题的谓项应周延）。其余两个项不周延，在这两个不周延的项中必有一个是小项，小项在前提中不周延在结论中也就不能周延（根据第二条规则），所以结论是特称的。例如：

所有的演绎推理都是前提和结论有蕴涵关系的推理，

有些推理不是前提和结论有蕴涵关系的推理，

所以，有些推理不是演绎推理。

两前提（一全称、一特称）都是否定的，即 EO，根据第三条规则，两个否定前提不能得出结论。

总之，两个前提中如果有一个是特称的，则只能得出特称的结论。

（三）完全归纳推理

1. 什么是完全归纳推理

完全归纳推理是一种必然性的推理，是根据某类事物的每一个对象具有（或不具有）某种属性，推出该类事物所有对象都具有（或不具有）某种属性的推理。例如：

水星是沿着椭圆形轨道绕太阳运行的，

金星是沿着椭圆形轨道绕太阳运行的，

地球是沿着椭圆形轨道绕太阳运行的，

火星是沿着椭圆形轨道绕太阳运行的，

木星是沿着椭圆形轨道绕太阳运行的，

土星是沿着椭圆形轨道绕太阳运行的，

天王星是沿着椭圆形轨道绕太阳运行的，

海王星是沿着椭圆形轨道绕太阳运行的，

水星、金星、地球、火星、木星、土星、天王星、海王星是太阳系的全部大行星，

所以，所有太阳系的大行星都是沿椭圆形轨道绕太阳运行的。

完全归纳推理可以用公式表示为：

S_1是（或不是）P，

S_2是（或不是）P，

S_3是（或不是）P，

S_4是（或不是）P，

S_1，S_2，S_3，…，S_n是 S 类事物的所有对象，

所以，所有的 S 都是（或不是）P。

2. 应用完全归纳推理应注意的问题

完全归纳推理在前提中考察的是某类的全部对象，而不是某类的一部分对象。也就是说，结论所断定的范围并未超出前提所断定的范围。所以，结论是根据前提必然得出的。应用完全归纳推理只要遵循以下两点，那么结论就必然是真实的：①对于个别对象的断定都是真实

的；②被断定的个别对象是一类事物的全部对象。

完全归纳推理的前提是关于个别的论断，而结论是关于一般的论断，它是对某类事物一切个别认识的概括，使认识从个别上升到一般。这就是完全归纳推理在认识中的作用。但是由于完全归纳推理要求对某类事物的全部对象一一列举考察，所以，它的运用是有局限性的。如果某类事物的个别对象是无限的（如天体、原子）或者事实上是无法一一考察穷尽的（如工人、学生），它就不能适用了，这时就只能运用不完全归纳法了。

四、复合命题的推理训练

（一）复合命题概述

命题除了简单命题外，还有复合命题。

复合命题是在自身中包含了其他命题的一种命题，在一般情况下，它是由若干个简单命题通过一定的逻辑连接词结合而成的。例如：

高等学校既是教育中心，又是科学研究中心。

这是一个复合命题，它是由下述两个简单命题借助“既……又……”结合而成的：

高等学校是教育中心。

高等学校是科学研究中心。

构成复合命题的简单命题称作复合命题的肢命题。“既……又……”是把两个肢命题结合起来的连接词或称联结项，任何一个复合命题都是由一定的连接词结合若干肢命题构成的。

由此可见，复合命题包含两种成分：肢命题和连接词。复合命题的逻辑性质是由连接词来决定的。连接词的不同是区别几种不同类型复合命题的依据。我们本章分别介绍几种主要的复合命题（即联言命题、选言命题、假言命题）及其推理。

（二）联言命题与联言推理

1.联言命题

联言命题是断定若干事物情况同时存在的命题。例如：

检察人员既要执法，又要守法。

这个复合命题断定了两种事物情况的同时存在，即一方面肯定检察人员要执法，另一方面肯定检察人员要守法。构成联言命题的肢命题，称为联言肢。在联言命题中，联言肢可以是两个（如上例），也可以是两个以上。例如：

张三不是贪污犯，不是抢劫犯，也不是强奸犯。

在这个联言命题中就有三个联言肢。

在实践中，人们用得比较多的是具有两个联言肢的联言命题。一个二肢的联言命题可用公式表示为：

p并且q。

其中，p和q表示肢命题，“并且”表示连接词。

在日常用语中，表示联言命题的连接词的词语是多种多样的。例如，“既是……又是……”“不但……而且……”“虽然……但是……”等。

2.联言推理

联言推理是前提或结论为联言命题的推理。联言推理有两种有效形式。

一是联言推理的分解式。联言推理的分解式是由联言命题的真，推出一个肢命题真的联言推理形式。在这种推理形式中只有两个命题，一个是作为前提的联言命题，一个是作为结论的肢命题。例如：

司法工作人员办案要以事实为根据，法律为准绳，

所以，司法工作人员办案要以事实为根据。

以公式表示这种推理形式如下：

p 并且 q，

所以，p。

联言命题只有在所有的联言肢都真的情况下，它才是真的，这就是上述联言推理的依据。有了联言命题的这种逻辑性质，才能由联言命题之真，推出其中一肢为真。

这种推理形式，由前提的肯定总体到结论的重点突出，这在认识过程中自然有其不可忽视的意义。

二是联言推理的组合式。联言推理的组合式是由全部肢命题的真推出联言命题真的联言推理形式。在这种推理形式中，结论是联言命题，前提是联言命题的全部肢命题。例如：

李某犯了盗窃罪，

李某犯了故意杀人罪，

所以李某既犯了盗窃罪，又犯了故意杀人罪。

数的概念是从现实世界中得来的，

形的概念是从现实世界中得来的，

所以，数与形的概念是从现实世界中得来的。

以公式表示这种推理形式如下：

p，q，

所以，p 并且 q。

我们在司法实践中和日常工作中要常用到这种形式。起诉书和判决书的结语就可以是运用这种推理得出的结论。例如，"本案事实清楚，证据确凿。""综上所述，被告人王某犯有强奸罪、故意杀人罪。"

(三)选言命题与选言推理

1. 选言命题及其种类

选言命题是断定若干可能的事物情况至少有一个存在的命题。例如：

李某失踪的去向，或走失，或自杀，或他杀。

在这个命题中，我们断定了"李某失踪的去向"的三种可能情况：走失、自杀、他杀，其中至少有一种情况是存在的。构成选言命题的肢命题，可简称为选言肢。连接词常用"或……或……""要么……要么……"。

对于任何一个选言命题来说，如果选言肢能够同时存在，那就是说，该选言命题所断定的若干事物情况是不相排斥的，即各个选言肢之间是彼此相容的，可以同时存在，是可以同真的。例如：

他是个演员或是个导演。

这里的选言肢是可以同真的(有人既是演员，又是导演)，因而是相容的。反之，如果选言肢不能并存，那就是说，该选言命题所断定的若干事物情况是相互排斥的，即各个选言肢之间

是不相容的,不能同时存在,是不能同真的。例如:

那张画或是唐代的或是宋代的。

这里的选言肢是不能同真的,因而是不相容的。

根据选言肢是否相容,可以把选言命题分为相容的选言命题或不相容的选言命题。

(1)相容的选言命题。

相容的选言命题是断定选言肢中至少有一个选言肢为真的选言命题。例如:

胜者或因其强,或因其指挥无误。

这份统计表格的错误,或者由于材料不可靠,或者由于计算有错误。

这些都是相容的选言命题,因为这两个选言命题中各个选言肢断定的事物情况是可以并存的。相容的选言命题可用公式表示如下:

p 或者 q。

其中,p 和 q 表示肢命题,"或者"是连接词。

在日常用语中,相容的选言命题的连接词还可表示为:"可能……也可能……""也许……也许……"等。

(2)不相容的选言命题。

不相容的选言命题是断定有而且只有一个选言肢为真的选言命题。例如:

某甲要么是自杀,要么是他杀。

对待前进道路上的困难或者战而胜之,或者被困难吓倒。

这些都是不相容的选言命题,它们都断定选言肢所反映的事物情况是不能并存的。

不相容的选言命题的公式是:

要么 p,要么 q。

其中 p、q 表示肢命题,"要么……要么……"是连接词。

在日常用语中,不相容选言命题的逻辑连接词还有:"不是……就是……""或者……或者……"等。

2. 相容的选言推理

选言推理是前提中有一个选言命题,并且根据选言命题选言肢间的关系而推出结论的推理。选言推理可以分为相容的选言推理和不相容的选言推理两种形式。

相容的选言推理是前提中有一个相容的选言命题的选言推理。根据相容的选言命题的逻辑性质(选言肢可以同真),相容的选言推理有两条规则:

否定一部分选言肢,就要肯定另一部分选言肢;

肯定一部分选言肢,不能否定另一部分选言肢。

这种选言推理由于选言肢相容,肯定其中一肢或数肢后,不能随之否定其他肢,因此,它只有一种正确的推理形式,即否定肯定式。例如:

一份统计报表的错误,或者由于材料不可靠,或者由于计算上有错误,

这份统计报表的错误不是由于材料不可靠,

所以,这份统计报表的错误是由于计算上有错误。

可以用公式表示如下:

或 p,或 q,

非 p,

所以,q。

根据前面的规则,肯定否定式对于相容的选言推理来说是不正确的推理形式。例如:

他或者是演员,或者是导演,

他是演员,

所以,他不是导演。

3.不相容的选言推理

不相容的选言推理是前提中有一个不相容的选言命题的选言推理。根据不相容的选言命题的逻辑性质(选言肢不能同真,不能同假),不相容的选言推理有两条规则:

肯定一部分选言肢,就要否定另一部分选言肢;

否定一部分选言肢,就要肯定另一部分选言肢。

根据不相容的选言推理的这两条规则,不相容的选言推理有两种正确的推理形式:肯定否定式和否定肯定式。

(1)肯定否定式。

肯定否定式即前提中肯定选言命题的一个选言肢,结论中否定其他选言肢的形式。例如:

张某之死要么是自杀,要么是他杀,

张某之死是自杀,

所以,张某之死不是他杀。

可以用公式表示如下:

要么 p,要么 q,

p,

所以,非 q。

(2)否定肯定式。

否定肯定式即前提中否定选言命题除了一个选言肢以外的其余的选言肢,结论中肯定那个没有被否定的选言肢的形式。例如:

甲犯应判处五年以下的有期徒刑、拘役或管制,

甲犯不应判处拘役或管制,

所以,甲犯应判处五年以下的有期徒刑。

用公式表示就是:

要么 p,要么 q,

非 p,

所以,q。

(四)假言命题与假言推理

1.假言命题及其种类

假言命题也是一种复合命题,这种命题的主要逻辑特点在于:它不是对事物情况做出无条件的断定,而是反映某一事物情况是另一事物情况存在的条件。所以我们可以说,假言命题是断定某一事物情况是另一事物情况条件的命题,或者说,假言命题是有条件地断定某事物情况存在的命题。例如:

如果甲是凶手,那么甲有作案时间。

假如语言能生产物质财富的话,那么夸夸其谈的人就会成为世界上最富有的人。

这些都是假言命题。

假言命题由两个肢命题构成。其中表示条件的肢命题称作假言命题的前件，表示依据条件而成立的命题称作假言命题的后件。把前件和后件联系起来的连接词称为假言命题的连接词。

由于假言命题是断定事物情况之间的条件关系的命题，因此一个假言命题的真假就只取决于其前件与后件的关系是否确实反映了事物情况之间的条件关系。如前述的后一个例子，尽管其前件“语言能生产物质财富”和后件“夸夸其谈的人就会成为世界上最富有的人”都是假的，但前件和后件之间确实存在着条件关系，因而整个假言命题就是真的。

按照假言命题所表示的条件性质的不同可以相应地把它们区分为不同的种类，即充分条件假言命题、必要条件假言命题和充分必要条件假言命题。

(1)充分条件假言命题。

充分条件假言命题是断定某事物情况是另一事物情况充分条件的假言命题。

什么是充分条件呢？就是说，如果有 p，就必然有 q；而没有 p，是否有 q 不能确定(即可能有 q，也可能没有 q)。即：有之必然，无之不必然。这样 p 就是 q 的充分条件。例如“摩擦”对于“生热”来说，就是一个充分条件，因为只要摩擦就必然生热，而不摩擦，未必不生热。

充分条件假言命题所断定的就是事物情况之间的这种充分条件的联系。例如：

如果物体摩擦，那么物体就会生热。

如果张三杀了人，那么他就有杀人动机。

这些都是充分条件假言命题。这种命题如果用一个公式来表示，则为：

如果 p，那么 q。

在这个公式中，p 和 q 分别表示前件和后件，“如果……那么……”是连接词。

在日常用语中，充分条件假言命题的逻辑联结项还常常表达为“假如……那么……”“倘若……则……”“只要……就……”等。

(2)必要条件假言命题。

必要条件假言命题是断定某事物情况是另一事物情况必要条件的假言命题。

什么是必要条件呢？就是说，如果没有 p，就必然没有 q；而有了 p，却未必有 q(可以有 q，也可以没有 q)。这样，p 就是 q 的必要条件。换句话说，对于 q 的存在而言，p 的存在是必不可少的。即：无之必不然，有之不必然。

例如，“事实清楚”对于“正确判决”来说，就是一个必要条件。因为，一个案件，如事实不清楚，就无法作出正确判决，而事实清楚，并不一定就能正确判决。

必要条件的假言命题所断定的就是事物情况之间的这种必要条件的联系。例如：

只有认识到落后，才能去改变落后。

只有长期努力地学习，才能学到系统的知识。

它们都是必要条件的假言命题。这种命题如果用一个公式来表示，则为：

只有 p，才 q。

其中，“p”和“q”分别表示前件和后件，“只有……才……”是联结项。在日常用语中，必要条件假言命题的联结项还可用“必须……才……”“除非……不……”等来表示。

(3)充分必要条件假言命题。

充分必要条件假言命题是断定某事物情况是另一事物情况的充分而又必要条件的假言

命题。

什么是充分而又必要的条件呢？就是说，如果有 p，必然有 q；如果没有 p，必然没有 q。这样，p 就是 q 的充分必要条件。即：p 这一事物情况的存在，对于 q 这一事物情况的存在来说，不仅是足够的而且也是必不可少的。可以概括为：有之必然，无之必不然。

例如："三角形等角"对于"三角形等边"来说，就是一个既充分又必要的条件。因为有了三角形等角，则三角形必等边；而没有三角形等角，则三角形必不等边。充分必要条件假言命题所断定的就是事物情况之间的这种充分必要条件的联系。例如：

人不犯我，我不犯人；人若犯我，我必犯人。

三角形是等边的，当且仅当三角形是等角的。

这些都是充分必要条件的假言命题。这种命题可用公式表示如下：

如果 p，则 q，并且，只有 p，才 q。

也可以表示为：

当且仅当 p，则 q。

2. 充分条件假言推理

假言推理是前提中有一个为假言命题，并且根据假言命题前后件之间的关系而推出结论的推理。例如：

如果一个三角形的三边相等，则该三角形的三个内角相等，

这个三角形的三边相等，

所以这个三角形的三个内角相等。

根据假言命题条件的不同，假言推理又可以分为：充分条件假言推理、必要条件假言推理和充分必要条件假言推理。

充分条件假言推理是一个前提为充分条件假言命题，另一个前提和结论为直言命题的假言推理。例如：

如果某人是犯罪分子，那么某人就应该受到法律的制裁，

某甲是犯罪分子，

所以，某甲应该受到法律的制裁。

根据充分条件假言命题的逻辑性质，充分条件假言推理的规则有两条，即肯定前件就要肯定后件，否定后件就要否定前件；否定前件不能否定后件，肯定后件不能肯定前件。

(1)肯定前件就要肯定后件，否定后件就要否定前件。

根据充分条件假言命题的性质，有前件就有后件，因此，肯定了前件就要肯定后件。又由于有了前件就一定有后件，因此，没有后件一定是由于没有前件，所以，否定后件就要否定前件。

根据规则，充分条件假言推理有两个正确的形式，即肯定前件式和否定后件式。

①肯定前件式：在前提中肯定假言命题的前件，结论肯定它的后件。例如：

如果某人是杀人犯，那么就应受刑法处罚，

某甲是杀人犯，

所以，某甲应受刑法处罚。

用公式表示就是：

如果 p，则 q，

p,

所以,q。

②否定后件式:前提中否定假言命题的后件,结论否定它的前件。例如:

如果某人是贪污犯,那么某人就是国家工作人员,

某甲不是国家工作人员,

所以,某甲不是贪污犯。

这种推理形式比较有用,也经常被运用,下面再举一个例子:

老师让两个学生做一个游戏,说:“我这里有三块糖,两块是软糖,一块是硬糖。现在,我分给你们一人一块,我自己留下一块。请你们根据自己手里的糖来猜测对方手里的糖。”两学生接到糖后,先是愣了一会,后来其中一个道:“对方手里的糖是软糖”。其推理过程如下:

如果对方手里的糖是硬糖,那么对方应立即判定我手里的糖是软糖,

对方没有立即判定我手里的糖是软糖,

可见,对方手里的糖不是硬糖。

再根据不相容的选言推理的否定肯定式,可以得知“对方手里的糖是软糖”。

这种推理形式如下:

如果 p,则 q,

非 q,

所以,非 p。

(2)否定前件不能否定后件,肯定后件不能肯定前件。

这条规则也是由充分条件假言命题的性质决定的。充分条件假言命题的另一性质是没有前件,不一定没有后件,因此,否定前件不能因之而否定后件;同理,没有前件不一定没有后件,是由于后件可根据其他条件得出,就是说,同一后件可由不同条件得出,所以,肯定后件就不能因之而肯定前件。

充分条件的假言推理如果违反上述规则,就不是正确的假言推理。例如:

如果得了肺炎,就一定要发烧,

李同志没有得肺炎,

所以,李同志没发烧。

这是一个错误的假言推理。因为有许多原因可以引起发烧,没有得肺炎不一定不发烧。规则(2)指出否定前件不能否定后件,而在这个推理中,从否定前件到否定后件,所以错了。又如:

如果骄傲,就要落后,

张同志落后了,

所以,张同志一定是骄傲了。

这个假言推理也是错误的。因为造成落后的原因可以有很多,张同志落后,不一定就是由于骄傲引起的。规则(2)指出肯定后件不能肯定前件,而在这个推理中,从肯定后件到肯定前件,所以错了。

3.必要条件假言推理

必要条件假言推理是一个前提为必要条件假言命题,另一个前提和结论为直言命题的假言推理。例如:

只有看到了别人的长处，才能学习别人的长处，

你没有看到别人的长处，

所以，你不能学习别人的长处。

根据必要条件假言命题的逻辑性质，必要条件假言推理也有两条规则，即否定前件就要否定后件，肯定后件就要肯定前件；肯定前件不能肯定后件，否定后件不能否定前件。

(1)否定前件就要否定后件，肯定后件就要肯定前件。

这条规则是由必要条件假言命题的性质决定的。根据必要条件假言命题的性质，没有前件就没有后件，因此，否定前件就要否定后件。又由于没有前件就没有后件，因此，有了后件就一定是由于有了前件，所以肯定后件就要肯定前件。

根据规则，必要条件假言推理有两个正确的形式，即否定前件式和肯定后件式。

①否定前件式：前提中否定了假言命题的前件，结论可否定它的后件。例如：

只有你想清楚了，才能说清楚，

你没有想清楚，

所以，你不能说清楚。

这种推理形式如下：

只有 p，才 q，

非 p，

所以，非 q。

②肯定后件式：前提中肯定了假言命题的后件，结论可肯定它的前件。例如：

只有建立必要的规章制度，生产才能顺利进行，

某工厂的生产顺利进行了，

所以，某工厂建立了必要的规章制度。

这种推理形式如下：

只有 p，才 q，

q，

所以，p。

(2)肯定前件不能肯定后件，否定后件不能否定前件。

这条规则也是由必要条件的性质决定的。必要条件的另一性质是有了前件不一定有后件，因此，肯定前件不能肯定后件。从另一个方面看，有前件不一定有后件，是由于单独一个前件不能得出后件，必须前件加其他条件才能得出后件，因此，没有后件不一定是由于缺少前件，也可能是由于缺少其他条件，所以，否定后件不能否定前件。

根据规则，“肯定前件式”和“否定后件式”对于必要条件假言推理来说都是错误的。例如：

只有年满十八周岁，才有选举权，

这个人已年满十八周岁，

所以，这个人有选举权。

这就是一个错误的“肯定前件式”。

只有年满十八周岁，才有选举权，

他没有选举权，

所以，他没有年满十八周岁。

这就是一个错误的“否定后件式”。

(五)充分必要条件假言推理

充分必要条件的假言推理是一个前提为充分必要条件的假言命题,另一个前提和结论为直言命题的假言推理。例如:

当且仅当一个三角形是等边三角形,则它是等角三角形,

这个三角形是等边三角形,

所以,这个三角形是等角三角形。

充分必要条件假言命题的性质是:有前件就有后件;没有前件就没有后件;有后件就有前件;没有后件就没有前件。因此,在前、后件之间肯定其中的一个便要肯定另一个;否定其中的一个便要否定另一个。由此得出四种正确的推理形式,即肯定前件式、肯定后件式、否定前件式和否定后件式。

①肯定前件式,其表现形式如下:

当且仅当 p,则 q,

p,

所以,q。

②肯定后件式,其表现形式如下:

当且仅当 p,则 q,

q,

所以,p。

③否定前件式,其表现形式如下:

当且仅当 p,则 q,

非 p,

所以,非 q。

④否定后件式,其表现形式如下:

当且仅当 p,则 q,

非 q,

所以,非 p。

第三节 论证训练

一、论证的概述

(一)论证及其结构

论证也叫证明,是根据已知为真的命题,来确定某一命题真实性的思维形式。例如:“喜马拉雅山脉是地质史上的海洋地区(论题)。因为凡是有水生生物化石的地层都是地质史上的海洋地区,而喜马拉雅山脉的地层中遍布了珊瑚、苔藓、海藻、海百合等化石(论据)。”这就是一个论证。论证有狭义和广义之分,狭义的论证仅指证明,广义的论证除了包括证明之外,还包括反驳。

论证是由论题、论据和论证方式三个要素构成的。

1. 论题

论题是要论证其真实性的命题。论题是论证的“纲”，是论证的“灵魂”，论证所围绕的轴心。全部论证，应该紧扣论题来进行。论证的着力点，是运用各种论证方式，以确立论题的真实性。在分析论证的结构时，把握住论题，整个论证就迎刃而解。

论题通常在论证的开头提出，在论证的末尾归结。标志论题的连接词，有“所以”“因此”“因而”“那么”“于是”“由此可见”“如此说来”“这说明”“这表明”“这证明”等。在分析论证的结构时，可以用排除论据的方法来确认、把握论题。在论证中，除表示论据的语句外，就是论题。上例连接词“因为”后面的语句是论据，除此之外，首句“喜马拉雅山脉是地质史上的海洋地区”是论题。

论题是已被或尚未被实践或理论证明为真的命题。对已被实践或理论证明为真的命题，在传授知识、宣传真理时，仍需进行论证，以便让人们确认、相信其为真。对尚未被实践或理论证明为真的命题，更需用充分的论据来进行证明以使其作为科学知识被认定，构成科学体系的一环。

2. 论据

论据是用以论证论题真实性的命题。论据是论题赖以成立的理由、根据。论据是证明的“血肉”。论证的丰满、充实依靠充足和真实的论据。荀子说：“持之有故。”即坚持一个论题，应该有论据。

事实论据，是反映事物实际情况的命题。“事实胜于雄辩。”真实而充足的事实论据，对于论证的作用，胜过雄健有力的辩论技巧。用事实论据进行证明，叫“摆事实”。证明论题的事实论据，不是任意选取、随手拈来的，是有说服力的，是典型的、有代表性的论据。事实论据不在于多，而在于精，在于说明论题。解剖一只麻雀，比单纯列举千万只麻雀，更能说明麻雀的生理构造和生活习性。高明的论证，不在于列举尽量多的事实论据，而在于选取能说明论题的、典型的事实论据。罗列一般例子是毫不费劲的，但这是没有任何意义的或者完全起相反的作用，因为在具体的历史情况下，一切事情都有它个别的情况。如果从事实的全部总和、从事实的全部联系去掌握事实，那么，事实不仅是“胜于雄辩的东西”，而且是证据确凿的东西。如果不是从全部总和、不是从联系中去掌握事实，而是片断的和随便挑出来的，那么事实就只能是一种儿戏，或者连儿戏也不如。

理论论据，是已被证明为真的科学命题，如科学中的公理、定义、定理、原理等。用理论论据进行论证，叫“讲道理”。说明道理，进行理论推导，是论证性和说服力的重要方面。

标志论据的连接词，有“因为”“由于”“由此可知”等。上例“凡是有水生生物化石的地层都是地质史上的海洋地区，而喜马拉雅山脉的地层中遍布了珊瑚、苔藓、海藻、海百合等化石”，是证明论题的论据。

论据必须是真实性明显的命题，所谓真实性明显的命题，就是那些显然真实的命题。如已被确认的有关事实的（包括历史的和现实的）命题，公理、定义以及已为科学所证明的一切命题（定理、原理、定律等）都是真实性明显的命题。如果论据（第一层论据）不是真实性明显的命题，在论证时，就应为这些论据本身提供论据，并且，如果这些论据的论据（第二层论据）仍然不是真实性明显的命题，则对这些论据的论据仍应提供论据（第三层论据）……直到最后一层论据为真实性明显的命题为止。

3. 论证方式

论证方式，是论据和论题的联系方式，由论据导出论题的推理形式。最简单的论证，只由一个推理构成。如上例就是用三段论推理形式进行论证的，其论证方式是："所有的 M 都是 P，所有的 S 都是 M，所以，所有的 S 都是 P。"较复杂的论证，由多个或多种推理构成。

论证方式，是论证的骨骼、脉络和结构。如果论证的骨骼环环相扣，脉络分明，结构严谨，那么，它就有较强的论证性和说服力。

论证方式，是论题赖以成立的思路、条理，是论证过程所运用的推理的总和。论证过程不合理，就无法有效地论证论题。论证方式有效，才能思路畅通、条贯理达。

简而言之，论题所要回答的是"论证什么"的问题，论据所要回答的是"用什么论证"的问题，论证方式所要回答的是"怎样论证"的问题。

(二)论证的作用

1. 能使一个新的思想具有论证性和说服力

论证性，是指论证中论题、论据的真实性和论据对论题的支持程度。说服力，是指一个论证使人信服的力量。使人信服，需要采用理由充分的论证。理论只要能说服人，就能掌握群众；而理论只要彻底，就能说服人。论证性和说服力呈正相关：论证性越强，说服力越强。有强论证性的科学理论，会在长期实践过程中为自己开辟道路，说服众人相信。论证性的歪理邪说，能蒙蔽某些人于一时，但不能欺骗所有人于永久。

2. 是建构科学体系的工具

科学是揭示事物规律的知识体系，需要通过论证来建立。如在数学中，根据公理和已知定理，可以论证和发现新定理。只有经过严格逻辑论证的命题，才能取得定理、原理的资格，加入到科学知识的体系中。通过逻辑论证，判明为正确的定理、原理，才能构成科学体系的一环。

3. 是传播科学知识的手段

运用逻辑论证，便于使人理解和把握科学知识，拓宽人们运用科学知识的范围。

逻辑学研究论证，着重于分析论证的各种形式，指出论证必须遵守的一些逻辑规则，为人们有效地论证思想、宣传真理提供一些初步的然而又是必要的条件。

(三)逻辑论证和实践检验

逻辑论证和实践检验有联系。逻辑论证是在实践检验的基础上进行的，归根结底依赖于实践检验。证明中论据和论题的真实性，论证方式(推理形式)的合理性和必然性，都要经受实践检验。逻辑论证反映实践检验的结果，并反作用于实践检验。

逻辑论证和实践检验又有区别。逻辑论证以推理形式实现，具有不受时空条件限制的普遍性和超越性。实践检验以生产、实验等行为方式实现，有直观性、直接性和现实性的优点，也有受一定具体条件制约的相对性和局限性。

二、论证的种类

根据论证方式的不同，论证的形式可分为以下两类：一是直接论证和间接论证；二是演绎论证和归纳论证。

(一)直接论证和间接论证

1. 直接论证

直接论证是从论据的真实性中直接推出论题真实性的论证。

例如,当辩护人证明被告应从轻处理时,就列举论据进行直接论证。如某被告曾五次撬门,盗窃公民财产,但被告因在公共场所打架斗殴被公安机关拘留审查时,在公安机关的教育下,主动交代上述犯罪行为,并经公安机关查证属实,同时又主动交代在火车站等地盗窃公民的电视机等物品之事,经查证也属实。所以,按照《刑法》第六十七条中关于犯罪以后自动投案如实供述自己罪行的,对已自首的犯罪分子可以从轻处罚;对于犯罪嫌疑人能够如实供述自己罪行的也可以从轻处罚。此案的被告人应从轻处罚。

直接论证的特点是:它从论题出发,为论题的真实性提供正面的理由。

2. 间接论证

间接论证是通过确定其他命题的虚假来确定论题真实性的论证。间接论证通常用两种方法,即反证法和排除法。

(1)反证法。反证法是通过确定与论题相矛盾的命题(即反论题)的虚假来确定论题真实性的间接论证。例如,对于“必须健全社会主义法制”这一论题的论证如下:如果不健全社会主义法制,那么社会主义民主制度和法律就会因为领导人的改变而改变,因领导人的看法和注意力的改变而改变,“有法可依、有法必依、执法必严、违法必究”也就会成为一句空话,这势必会造成一种不正常的局面,由此可见,不健全社会主义法制是不行的。

在上面这个论证中,要论证的论题是“必须健全社会主义法制”。在证明这个论题的真实性过程中,不是用论据直接去证明,而是先假定一个反论题“不健全社会主义法制”,然后证明这个反论题假,确定原论题真。这一论证过程运用的就是反证法。

反证法的论证过程是:

论题 p,

反论题非 p,

论证“非 p”虚假,

“非 p”虚假,故 p 真。

(2)排除法。排除法是通过确定除论题所指的那种可能外,选言命题所包含的其余可能都是虚假的,从而推出论题的真实性。

例如,定理“在三角形 ABC 中,若角 A 等于角 B,则 BC 等于 AC”的证明如下:两边 BC 和 AC 的关系,不外乎有三种可能的情形,即 BC 大于 AC,或 BC 小于 AC,或 BC 等于 AC,除这三种关系外,再也不会有其他的情形了。因此我们只要能够排除 BC 大于 AC 和 BC 小于 AC,那么 BC 等于 AC 就可以证明了。根据已知的定理可知,在三角形 ABC 中,如果 BC 大于 AC,则角 A 大于角 B;如果 BC 小于 AC,则角 A 小于角 B,但这都同已知条件(角 A 等于角 B)相矛盾。根据选言推理,既然 BC 大于 AC 和 BC 小于 AC 都应排除,那么唯一可能的就是 BC 等于 AC。

排除法的论证过程是:

论题 p,

或 p 或 q 或 r,

非 q,非 r,

所以,p。

很显然,在排除法间接论证中,运用了选言推理的否定肯定式。因此,这种论证方法也叫选言证法。

(二)演绎论证和归纳论证

1. 演绎论证

演绎论证就是运用演绎推理形式所进行的论证。人们以科学原理、定律或其他真实命题为依据,运用演绎推理的形式,推出某个命题的真实性,就是演绎论证。

例如,王某不应负刑事责任,因为根据刑法规定,正当防卫不负法律责任,王某的行为是正当防卫。

2. 归纳论证

归纳论证就是运用归纳推理形式所进行的论证。归纳推理的结论是一般性知识,而前提则是关于个别、特殊事物的命题,所以人们引用有关个别、特殊事物的命题作为论据来证明一般性的论题,就是归纳论证。完全归纳推理的前提如果是真实的,结论必然是真实的,因此人们常常运用完全归纳推理形式进行归纳论证。

例如,美国某博士为了证明吸烟与患肺癌之间具有密切关系,曾经对不吸烟的人和各种不同的吸烟的人做了认真的调查,他将调查的结果列成下表(见表 4-2):

表 4-2 吸烟与患肺癌之间关系的调查

每天吸烟量	人数	死于肺癌的人数	每年每 100000 人肺癌的死亡率
不吸烟者	32392	4	3.4
不到半包烟	7647	13	51.4
半包烟	26370	50	59.4
一到两包烟	14292	60	143.9
两包以上	3400	22	217.3

在上例中,这位博士将人分为五类,然后归纳得出结论,是完全归纳。而对每一类人进行抽查以证明其肺癌的死亡率,则是不完全归纳。

三、论证的规则

要使论证具有说服力,必须遵守论证的规则。

(一)论题必须清楚、明确

论题是论证全过程的中心。如果论题本身不清楚、不明确,那么论证就会失去中心。漫无边际的论证,其实等于什么也没有论证。

日常论证中,常有人违反这一逻辑要求。如有的人演讲十分生动、有趣。讲者津津乐道,听者入神着迷。待演讲结束后,询问听者关于演讲的主题,却谁也说不清楚,或者各说不一。又如,有的人写文章,洋洋一大篇,中心不突出。还有小组讨论会上,有时大家争论很激烈,但仔细清理一下,并没有根本分歧,往往是由于论题不清,造成误解,引起了争论。

违反这一规则所犯的逻辑错误,叫做“论题不清”。

(二)论题应当保持同一

在同一论证过程中,论题应当始终保持同一。不论论证过程多么长、多么复杂,论证的全过程都要紧紧地围绕着论题。违反这条规则,就会犯“转移论点”和“偷换论题”的错误。

例如,某起诉书断定某人犯罪的动机是蓄意报复,于是列举了一系列事实:某日甲趁乙下夜班时,埋伏在乙要通过的小路上,乘其不备,把乙的头、脸部砍伤多处,由此证明,甲犯罪的动机是将乙砍伤以毁坏容貌。此结论和前面提出的论题“甲犯罪的动机是蓄意报复”已不是同一命题了。“将乙砍伤以毁坏容貌”,这实际上是甲犯罪的目的。虽然目的和动机是密切联系的,但在法律上是含义根本不同的两个概念。因此,上面论证中分别使用了这两个概念,其断定的含义也就不同了。

又如原论题是“四边形的内角和等于 360 度”,而实际证明的论题却是“正方形的内角和等于 360 度”。后者的断定比前者少,这样原论题的真实性就没有得到证明。

(三)论据应当是真实命题

论据应当是已被实践证明了的确知为真的命题,这样才具有论据的价值。论据本身不真实,或者其真实性尚未确知而有待于证明的,就不能用来证明论题的真实性。违反这条规则,就犯了“虚假理由”或“预期理由”的错误。

法庭辩论中,自诉人、被告人、证人等都有可能捏造假的论据为自己的论点作证,以骗取别人的信任。如吕某抢劫一案,被告人强调自己抢劫是因为家庭生活困难,连买盐的钱都没有,爱人生病没有钱治疗。后经查明被告人的交代纯属无中生有、捏造论据。

不仅以完全虚假的命题作为论据是错误的,以真实性未被证实的命题作为论据也是错误的。如果以真实性尚待验证的命题作为论据来进行论证,就会犯“预期理由”的逻辑错误。例如,在汤某被打伤一案中,某市法院从汤某所提供的一份医院的诊断书中,得知“汤某被打成左颅前额部分凹陷型骨折”,未经查实,就作为判决的依据,分别判处被告人死刑或有期徒刑。这就犯了“预期理由”的错误。后经核实,汤某的左前额部除陈旧性挫伤、疤痕外,头脑左侧位未见骨折。经过进一步询问汤某,汤某是为了病退回城,就让患有颅骨缺损症的劳教人员用自己的姓名到医院拍片检查,从而得到医院的诊断书。据此,省法院撤销一审判决,对被告人重新判决,从而避免了一起错案。

(四)论据的真实性不能依靠论题来证明

论题是一个尚未确知为真的命题,它的真实性是依靠论据来证明的。如果论据的真实性要由论题来证明,就是“循环论证”,就什么也没有论证。

例如,证明某被告进行盗窃活动不是偶犯的,因为被告屡教不改,一犯再犯。为什么说被告屡教不改,一犯再犯呢?因为他进行盗窃活动不只一次。在这里论题依靠论据来证明,而论据又靠论题来证明,实际上等于什么也没有证明。

欧洲中世纪的某些哲学家自认为有办法解释任何现象。如铁为什么能压延呢?据说这是因为铁具有压延的本性。这种所谓能够解释任何现象的万灵丹,就是“循环论证”。

(五)从论据应能推出论题

论题必须由论据合乎逻辑地推演出来,就是说,论据和论题之间要有必然的逻辑联系,违反这条规则就会犯“推不出”的逻辑错误。论据和论题之间缺乏必然的逻辑联系,具体表现为如下几种情况:

一是论据不充分，即论据对于论题的真实性来说，虽然是必要的理由，但不是充分的理由。

例如，证明地球是圆形的。最初人们常见的论据有：①从海岸上看船进港时，总是先见桅杆，后见船身；②站得越高，看得越远；③环绕世界的旅行。这些论据，其实并不足以论证地球为圆形，只能论证它是曲面的、密闭形的和没有边缘罢了。后来，有人提出了这样两个论据：①地平线在大陆的任何地方都是圆形，所见远近一致；②月蚀时，投在月球上的地影都是圆形。这两个论据才完全令人信服地论证了地球是圆形的。也就是说，从这两个论据的真实性能够推出论题的真实性。

另一种是论据和论题不相干，即论据的真实性和论题的真实性毫无关系。例如，“文革”时一个老师带学生下乡劳动。在洗衣服时，他跟学生说，衣服的领子和袖口最脏，要注意洗干净。后来这件事竟成了罪状，因为他说“领袖”最脏，是在攻击伟大领袖毛主席。这位老师被打成现行反革命分子，并判刑五年。在这件冤案中，论据显然不构成论题的理由，论题不是论据的逻辑的结果。这也是犯了“推不出”的逻辑错误。

还有一种情形是违反推理规则。论证总是借助于各种推理来实现的，所以，论证的过程必须遵守各种推理的规则。违反各种推理规则的逻辑错误，在论证里都属“推不出”的逻辑错误。例如，关于“105 案件”的论证：“105 案件”的凶手是持三棱刀作案的，某甲是持三棱刀作案的，所以，某甲是“105 案件”的凶手。这一证明违反了三段论推理的规则，犯了“推不出”的逻辑错误。

四、反驳

（一）什么叫反驳

反驳是一种特殊的论证，是确定某一论题的虚假或其论证不能成立的思维过程。

反驳的目的在于确定某一命题的虚假性。通过反驳，揭露错误，批驳谬误，这是反驳的作用。根据反驳的方面不同，反驳可以分为反驳论题、反驳论据、反驳论证方式。反驳论题即论证对方的论题是虚假的，如指出论题不清楚、不明确，或者没有保持同一等。反驳论据即证明对方所提出的论据是虚假的。反驳论证方式即指出对方的论题和论据之间没有必然的逻辑联系，从论据推不出论题来。

（二）反驳的方法

反驳可以采用以下几种方法：

1. 直接反驳

直接反驳即用事实或原理，从正面直接证明论题是虚假的、不能成立的。

例如，某法庭就一起伤害案件进行法庭调查，公诉人宣读起诉书后，被告的律师辩护说，被告伤害他人是一时感情冲动。公诉人答辩说：被告事先承诺帮助打人，并且准备了犯罪工具，把菜刀带到了现场，凶性发作，完全是故意伤害他人，并非一时感情冲动。这就是用事实直接反驳对方的论题。

2. 间接反驳

间接反驳即通过论证对方反论题的真实来论证对方原论题的虚假，分为独立证明间接反驳法和归谬法。

（1）独立证明间接反驳法。独立证明间接反驳法是独立证明对方论题的反论题真，根据矛盾律证明对方论题虚假的方法。

例如,唯心主义宣扬,“只有少数英雄人物才是历史的创造者”。我们要反驳这一谬论,可以首先证明其反论题的真实,即广大劳动人民既是物质财富的创造者,又是精神财富的创造者。这就证明了对方反论题的真实性,再由反论题的真可推出原论题假。

间接反驳的过程表示如下:

被反驳论题 p,

反论题非 p,

证明非 p 真,

所以,p 假。

(2)归谬法。归谬法是通过从一个论题导出荒谬的结论而否定该论题的一种反驳方法。

例如,加拿大前外交官切斯特·朗宁,出生于湖北襄樊,喝中国奶妈的乳汁长大。在他竞选省议员时,反对派说他“喝中国人的奶长大,身上一定有中国血统”。朗宁反驳说:“根据你们的逻辑,你们是喝牛奶长大的,你们身上一定有牛的血统。”这与已知事实矛盾,所以对方论题不能成立。

这种归谬法的过程表示如下:

被反驳的论题 p,

假设 p 真,

从 p 推导出 q,即,如果 p,则 q,

已知 q 假(q 不符合事实),

所以,p 假(充分条件假言推理否定后件式)。

归谬法和反证法有所不同。反证法用于论证,它的目的在于确定某一命题为真;归谬法用于反驳,它的目的在于确定某一命题为假。但是反证法与归谬法又是密切联系的。反证法是通过确定反论题为假间接确定论题为真的,而在确定反论题为假时,一般都使用归谬法。因此,也可以说,反证法中一般包括了归谬法。

第五章 创造技法

第一节 创造技法概述

“工欲善其事，必先利其器。”掌握良好的技巧和方法，可以获得事半功倍的效果。当今，创新技法的研究已受到越来越广泛的关注，在指导创造者从事创新活动方面，它具有十分重要的作用，而且应用的领域也十分广阔。创造学家、生理学家、心理学家、社会学家和教育学家们，对创意、创造设计的心理机制、生理机制和社会实践作了多方面、多层次的研究，创新技法可以说就是利用这些成果进一步总结出来的、用以提高创新能力的各种方法的总称。

一、创新技法发展回顾

回顾创新技法的发展历程以及创新技法的研究，可以说是在 20 世纪 30 年代起步，40 年代奠基，50 年代发展，60 年代飞跃，70 年代兴盛，80 年代普及，之后就在新生与改革交替之间愈发得到社会的重视。由于创意工程的复杂性，其理论体系至今尚不能说成熟，但这并不影响其开发、普及和发展。据统计，至今提出创新、创造技法已达 340 余种。

创造力开发首先在富有创意的美国出现。早在 1906 年，一位专利审查人普林德尔写了一篇题为《发明的艺术》的论文，最早提出对工程师进行创造力训练的建议，并以实例阐述了一些逐步改进发明的技巧和方法。后来另一专利审查人撰写了《发明家的心理学》，其中有发明方法一章。同年，美国内布拉斯加大学教授 R. 克劳福德发表了《创造思维的技术》，提出了特性列举法，在大学讲授。之后，奥肯和史蒂文森相继开出了发明方法和创造工程方面的课程。

1938 年被誉为“创造工程之父”的奥斯本制定了“头脑风暴法”，并取得成功。为推广这种技法，他撰写了一系列著作，如《思考的方法》《所谓创造能力》《实用的想象》等，并深入到学院、社会团体和企业，组织大家运用这些技法。一些大学、公司等先后采用其理论讲课或办训练班，为群众性的创造普及活动开拓了局面。

1942 年，瑞士天文学家茨维基，在参与火箭研制中利用排列组合原理制定了形态分析法。他按照火箭各主要部件可能有的各种形态的不同组合，得到了 576 种火箭构造方案。

1944 年，戈登提出了著名的“提喻法”，成为最受欢迎的创新技法之一。

20 世纪 50 年代以来，全美出现了许多创造力研究中心，很多大学、政府部门和公司争先恐后地开设了名目繁多的创造力训练课程，创造力咨询公司应运而生。

在创造工程的研究和开发上，日本可谓“后起之秀”。日本先是引进，20 世纪 40 年代起有了自己的特色。1944 年，其创造学先驱之一的市川亀久撰写了《创造性研究的方法》一书，1955 年提出等价转换理论，1977 年出版了《创造工学》。另一位典型人物丰泽丰雄，提倡“一日一创”活动，先后出版《发明指南》等著作。日本人提出了许多有特色的创新技法，如“KJ 法”“NM 法”“ZK 法”“CBS 法”等，有多种创造力开发的著作，还有一些专门研究机构，群众性创意活动极为普及。

从 1946 年开始，原苏联一批学者从 175 万项发明专利中遴选出 4 万项高水平的专利文献，从中概括出一批普遍性、有效性强的技法，制定了《发明课题程序大纲》《基本措施表》《标准解法表》等，并不断完善，形成了有其特色的创新工程体系。此外，世界许多国家和地区也对创新技法发展作出了大量贡献。从 20 世纪 80 年代始，我国也开始了创造工程和创新技法的研究和普及，并出版了一批书刊。

进入 20 世纪 60 年代之后，创新技法如雨后春笋般大量涌现，如“思维导图法”“六顶思考帽法”等创新技法的影响力在不断扩大，成为流行的思维方法和训练手段。无论是群体或是个体，利用这些技法，都显著地提高了创新思维的广度、深度和速度，促进了创意、创造难关的突破。

二、创新技法的分类

面对几百种创新技法，如何形成系统化、条理化的创新技法分类系统，是一个很大的难题。这是因为：第一，绝大多数技法都是研究者根据其实践经验和研究总结出来的，缺乏统一的理论指导；第二，各种技法之间并不存在线性递进的逻辑关系，形成统一的体系较难；第三，创新思维是一种高度复杂的心理活动，其规律还未得到充分深刻的揭示，难免出现各执一端的状况。因此，各种技法在内容上彼此交叉重叠，既相互依赖，又自成一统，这给全面条理化带来较大的难度。尽管如此，许多研究者还是作出了不少努力，提出了一些分类方法。

日本电气通信协会在其编写的《实用创造性开发性技法》著作中，曾将常用的 29 种技法分为六类：①自由联想法（如头脑风暴法、K 法等）；②强制联想法（如查表法、焦点法等）；③设问法（如戈登法、特尔菲法等）；④分析法（如形态分析法、列举法等）；⑤类比法（如提喻法、等价变换法等）；⑥其他方法（如网络法、反馈法等）。

日本创造学会会长高桥诚先生，把创新技法分成三类：①扩散发现技法，主要是寻求问题所在，再提出设想；②综合集中技法，主要是收集情报，或者用于按照顺序来解决问题；③创造意识培养技法，主要是为解决各种问题而培养创造意识的方法。

我国原东北工学院、国家科委人才资源研究所等创造力开发研究课题组，也用三分法为创新技法分类，分别为：①提出问题的方法；②解决问题的方法；③程式化的方法。

如果按照思维方向将创新技法分类，可以分为两类：扩散技法与集中技法。扩散技法是指能使创造者充分展开想象，进行思维扩散，在产生大量设想的基础上诱发创造性设想的一类创造技法。其直接作用是产生尽可能多的创造性设想。集中技法是指在搜集情报信息的基础上整理、筛选，或在大量创造性设想的前提下分析比较，从中作出有效选择的一类创造技法。其直接作用是选择出有效的创造性设想来。

如果按照参与人数将创新技法分类，可以分为两类：个人技法与集体技法。个人技法是指单独的创造者即可实施的创造技法（如缺点列举法、自由联想法、卡片法等）。集体技法是指通常由若干创造者共同实施的创造技法（如头脑风暴法、综摄法等）。应该说明的是，个人技法和集体技法之间并无绝对界限。许多个人技法也可采用集体形式（如小组）来开展，而在实施集体技法的过程中，每个参与的个人又可运用个人技法以充分发挥自己的作用。

如果按照适用对象将创新技法分类，可以分为两类：基本技法和扩展技法。基本技法是指比较通俗、易懂、易用的技法（如缺点列举法、希望点列举法、和田十二法、5W2H 法、主体附加法、检核表法、头脑风暴法等)。对于中小学生来说,这些基本方法具有入门快、易理解、易实践等特点,其中缺点列举法、和田十二法和希望点列举法尤其适合小学生使用。扩展技法是相对基本技法而言的,其特点是使用起来需要更多的逻辑思维和理性支持(如特性列举法、二元坐标法、焦点法、形态分析法、还原分析法、移植法、KJ 法、NM 法、ZK 法等)。

关于创新技法的分类,特别需要指出的是:①所有的分类都是相对的。每种分类方法都只是研究者本人从自己的认识和经验出发而进行的,只代表作者本人的观点。②分类的主要目的除了有利于初学者入门学习外,还便于教学、交流和传承。在实际创新实践中,不可能也无法做到一定要用什么技法来发明什么东西。③即使是初学者,也可以有自己的分类方法并给自己的创新技法命名。这与创新思维的本质是一致的。④本书后文中所列的创新分类技法都是国内外教材和学术交流通常采用的方法,以便读者学习使用。

第二节 设问法

设问法是围绕创新对象或需要解决的问题发问,然后针对提出的具体问题予以研究解决的创新技法。“善于发现问题,善于解决问题”这是创新者的必备素质之一——善于提问对于发现问题和解决问题都是至关重要的一个环节。设问法就是对任何事物都多问几个为什么,通过各种提问的方式,对要探讨的对象进行调研和分析,以明确问题的各种属性、可变程度、适用范围、活动场所、与之相关的环节等诸多因素。设问法特别适用于创新过程的早期阶段,这是因为其特点是:强制性思考,有利于突破不善于思考提问的思维障碍;目标明确、主题集中,有利于在清晰的思路下引导发散思维。

常见的设问法有:奥斯本检验表法、和田十二法、5W1H(6W2H)法。

一、奥斯本检验表法

所谓的检核表法(checklist technique),是指根据研究对象的特点列出有关问题,形成检验表,然后逐个地进行核对讨论,从而发掘出解决问题的大量设想。它引导人们根据检验项目的一条条思路来求解问题,以力求比较周密的思考。

奥斯本检验表法是针对某种特定要求制定的检验表,主要用于新产品的研制开发。在众多的创新技法中,这种方法是一种效果比较理想的技法。由于它突出的效果,因而被誉为“创造之母”。人们运用这种技法,产生了很多杰出的创意以及大量的发明创造。

奥斯本检验表法是以该技法的发明者、美国创新技法和创新过程之父——亚历克斯·奥斯本命名的。他在 1941 年出版了世界上第一部创新学专著《创造性想象》,提出了奥斯本检验表法,之后此书的销量甚至超过《圣经》,已达 4 亿余册。

奥斯本文化程度不高,没有上过大学,1938 年,21 岁的他失业了。他时刻梦想着做一名受人尊敬的新闻记者,为了实现自己的梦想,他鼓足勇气去一家小报社应聘。主编问:“你有多少年的写作经验?”奥斯本回答:“只有三个月。不过请你先看看我写的文章吧!”主编接过他的文章看了后,摇着头说:“年轻人,你这篇文章写得不怎么样,你既无写作经验,又缺乏写作技巧,文笔也不够通顺;但是你这篇文章也有独到的地方,内容上有独到的见解,这个独到的东西是创新。这就很可贵!凭这一点,我愿意试用你三个月。”奥斯本由此领悟到“创新”的可贵,明白了自己的优势所在,决心做一个有创新能力的人。他反复研究主编给他的大沓报纸,又买回其他各种报纸进行比较。第一天上班后，奥斯本迫不及待地冲进主编的办公室，大声说："主编先生，我有一个想法。"主编瞪大眼睛看着这个毛头小伙子。他不顾主编的表情，顺着自己的思路说下去："广告是报纸的生命线，我们无法与各大报纸竞争大广告，而小工厂、小商店也做不起大广告，他们又急于把自己的产品或商品告诉更多的人，我们何不创造分类广告，以低廉的收费满足这一层次工商者的需要呢？"主编说："好啊！真是一个了不起的想法！"这就是现在报刊上广泛采用的一条一条的分类广告。奥斯本坚持每天提一条创新性的建议，两年后，这张小报成为一个实力雄厚的报业托拉斯，奥斯本也当上了报业集团拥有巨额股份的副董事长。

奥斯本检验表法（见表 5-1）引导主体在创造过程中对照九个方面的问题进行思考，以便启迪思路，开拓思维想象的空间，促进人们产生新设想、新方案。

奥斯本检验表法属于横向思维，以直观、直接的方式激发思维活动，表 5-1 中的九组问题对于任何领域创造性地解决问题都是适用的。这九组问题不是奥斯本凭空想象的，而是他在研究和总结大量近、现代科学发现、发明、创造事例的基础上归纳出来的。

表 5-1　奥斯本检验表

检测项目	含义
1. 能否他用	现有的事物有无其他的用途，保持不变能否扩大用途，稍加改变有无其他用途
2. 能否借用	能否引入其他的创造性设想；能否模仿别的东西；能否从其他领域、产品、方案中引入新的元素、材料、造型、原理、工艺、思路
3. 能否改变	现有的事物能否做些改变？如：颜色、声音、味道、式样、花色、音响、品种、意义、制造方法；改变后效果如何
4. 能否扩大	现有的事物能否扩大适用范围；能否增加使用功能；能否添加零部件，延长它的使用寿命，增加长度、厚度、强度、频率、速度、数量、价值
5. 能否缩小	现有的事物能否体积变小、长度变短、重量变轻、厚度变薄以及拆分或省略某些部分（简单化）？能否浓缩化、省力化、方便化、短路化
6. 能否替代	现有的事物能否用其他材料、元件、结构、力、方法、符号、声音等代替
7. 能否调整	现有的事物能否变换排列顺序、位置、时间、速度、计划、型号；内部元件能否交换
8. 能否颠倒	现有的事物能否从里外、上下、左右、前后、横竖、主次、正负、因果等相反的角度颠倒过来用
9. 能否组合	能否进行原理组合、材料组合、部件组合、形状组合、功能组合、目的组合

（一）能否他用

人们从事创造活动时，往往沿这样两条途径：一种是当某个目标确定后，沿着从目标到方法的途径，根据目标找出达到目标的方法；另一种则与此相反，首先发现一种事实，然后想象这一事实能起什么作用，即从方法入手将思维引向目标。后一种方法是人们最常用的，而且随着科学技术的发展，这种方法将越来越广泛地得到应用。

某个东西"还能有其他什么用途？""还能用其他什么方法使用它？"……这能使我们的想象活跃起来。当我们拥有某种材料，为扩大它的用途，打开它的市场，就必须善于进行这种思考。

德国有人想出了300种利用花生的实用方法，仅仅用于烹调，他就想出了100多种方法。橡胶有什么用处？有家公司提出了成千上万种设想，如用它制成床毯、浴盆、人行道边饰、衣夹、鸟笼、门扶手、棺材、墓碑，等等。炉渣有什么用处？废料有什么用处？边角料有什么用处？……当人们将自己的想象投入这条广阔的“高速公路”上，就会以丰富的想象力产生出更多的好设想。

(二)能否借用

当科学家伦琴发现“X光”时，并没有预见到这种射线的任何用途。因而当他发现这项发现具有广泛用途时，他感到吃惊。通过联想借鉴，现在人们不仅已用“X光”来治疗疾病，外科医生还用它来观察人体的内部情况。同样，电灯在开始时只用来照明，后来改进了光线的波长，发明了紫外线灯、红外线加热灯、灭菌灯等。科学技术的重大进步不仅表现在某些科学技术难题的突破上，也表现在科学技术成果的推广应用上。一种新产品、新工艺、新材料，必将随着它的越来越多的新应用而显示其生命力。

(三)能否改变

米多尼公司专门生产“创可贴”，但不久仿冒产品蜂拥而至。老板经过一番苦思，认为产品质量很好，不必改进，要吸引顾客，应在颜色上下工夫。于是一改老式的肉色，采用鲜艳的桃红、天蓝、翠绿等花哨颜色，还在上面印上幽默的文字，又把形状切割成心形、五角星形、十字形、扇形等。新产品一上市就受到欢迎，甚至小孩子没有伤口也贴上一贴。同样道理，有时汽车改变一下车身的颜色，就会增加汽车的美感，从而增加销售量。面包给它裹上一层芳香有趣的外包装，就能提高嗅觉诱力，提升食物的卖相。这些都是小小的改变带来的结果。

(四)能否扩大

在自我发问的技巧中，研究“再多些”与“再少些”这类有关联的成分，能给想象提供大量的构思设想。使用加法和乘法，便可能使人们扩大探索的领域。

“为什么不用更大的包装呢?”——橡胶工厂大量使用的黏合剂通常装在1加仑的马口铁桶中出售，使用后便扔掉。有位工人建议黏合剂装在50加仑的容器内，容器可反复使用，节省了大量马口铁。

“能使之加固吗?”——织袜厂通过加固袜头和袜跟，使袜子的销售量大增。

“能改变一下成分吗?”——牙膏中加入某种配料，成了具有某种附加功能的牙膏。

(五)能否缩小

前面一条沿着“借助于扩大”“借助于增加”而通往新设想的渠道，这一条则是沿着“借助于缩小”“借助于省略或分解”的途径来寻找新设想。袖珍式收音机、微型计算机、折叠伞等就是缩小的产物；没有内胎的轮胎、尽可能删去细节的漫画，就是省略的结果。

(六)能否替代

如在气体中用液压传动来替代金属齿轮，又如用充氩的办法来代替电灯泡中的真空，使钨丝灯泡提高亮度等。通过取代、替换的途径也可以为想象提供广阔的探索领域。

(七)能否调整

重新安排通常会带来很多的创造性设想。飞机诞生的初期，螺旋桨安排在头部。后来，将螺旋桨装到了飞机顶部，就成了直升机；喷气式飞机则把它安放在尾部。商店柜台的重新安排，营业时间的合理调整，电视节目的顺序安排，机器设备的布局调整……都有可能带来更好的结果。

(八)能否颠倒

从相反方向思考问题，通过对比也能成为激发想象的宝贵源泉。这是一种逆向思维的方法，它在创造活动中是一种颇为常见和有用的思维方法。“司马光砸缸”，就是典型的逆向思维案例。

(九)能否组合

“组合”就是从综合、系统的角度分析问题。例如把铅笔和橡皮组合在一起成为带橡皮的铅笔；把几种部件组合在一起变成组合机床；把几种金属组合在一起变成性能不同的合金；把几件材料组合在一起制成复合材料；把几个企业组合在一起构成横向联合等。

奥斯本检核表法有利于提高发现创新的成功率，用多向思维、多条提示引导创新者去发散思考。如检核表中的九组问题，就好像有九个人从九个角度帮助你思考，既可以把九个思考点都试一试，也可以从中挑选一两条集中精力深思。同时，奥斯本检核表法使人们突破了不愿提问或不善提问的心理障碍，在进行逐项检验时，强迫人们扩展思维，突破旧的思维框架，开拓了创新的思路。

在使用奥斯本检验表法时还应注意几点：①要联系实际地进行检验；②多检验几遍，效果会更好，或许会更准确地选择出所需创新、发明的方向；③在检验每项内容时，要尽可能地发挥自己的想象力和联想力，产生更多的创造性设想；④进行检验思考时，可以将每大类问题作为一种单独的创新方法来运用；⑤检验方式可根据需要，一人检验也可以，三至八人共同检验也可以。集体检验可以互相激励，产生头脑风暴，更有希望产生创新。

二、和田十二法

和田十二法，又叫“和田创新法则”，指人们在观察、认识一个事物时，考虑是否可以采用、检验的十二类创新技法。和田十二法是我国学者许立言、张福奎在奥斯本检验表法的基础上，借用其基本原理加以创造而提出的一种技法，它既是对奥斯本检验表法的一种继承，又是一种大胆的创新。这类技法更通俗易懂，简便易行，便于推广，深受中小学生及工人的欢迎，我国普及这种方法以来已取得了丰硕的成果。

(一)加一加

在一物品上，是否可以通过补充一些东西，或增加运行时间，或增加动作次数，或增加尺寸与部件，或增加色彩与浓度等，以达到创新之目的。

例如，欧洲一个磨镜片的工人，一次他偶然把一块凸透镜片与一块凹透镜片加在一起，透过两镜片向远处一看，惊讶地发现远处的景物可以移到眼前来，伽利略对这一发现进行研究，终于发明了望远镜。

(二)减一减

在一物品上，是否可以通过删减一些部件，或减小尺寸与重量，或省略(取消)一些过程与环节等，以达到创新之目的。

例如，提走牛奶中的奶油变成脱脂牛奶；减少盐中的钠，有利于降低血压；去掉汽车上的离合器、机械变速箱，采用无级变速，已成现实。

(三)扩一扩

把一物品的尺度或质量参数或使用功能等放大、扩展一下，以达到创新之目的。

例如，美国有一家生产牙膏的公司，前十年，年销售额增长率为10%～20%，其后三年则停滞不前。董事会召开会议商讨对策。有个年轻经理提出了一条对策，总裁马上签了一张5万美元的支票作为奖金。年轻经理的建议是：把牙膏开口直径扩大1毫米。之后公司马上更换新包装，这一简单的“扩大建议”，使公司下一年度的销售额增长了32%。

(四)变一变

改变一物品的形状、尺寸、重量、色彩、音响、气味等，甚至是结构方案或运行模式与功能，以达到创新之目的。

例如，日本东芝电气公司1952年前后积压了大量电风扇卖不出去。7万多名职工为了打开销路，费尽心机想了不少办法，依然进展不大。这时，有一个职工建议改变电风扇的颜色，把黑色改成浅色，因为当时全世界的电风扇都是黑色的，已成为传统。这一建议受到了重视，于是就把黑色改成了浅蓝色，结果大受顾客欢迎，市场上还出现了一阵抢购热潮，几个月就卖出了几十万台。

(五)改一改

从外观、尺寸、重量、结构、运作程序乃至原理、功能等方面着手改进，以达到创新之目的。

例如，拨盘式电话速度慢，改成按键式电话；手动冲水马桶改成感应式自动冲水马桶；甚至旧衣服改变款式，也可能让衣服“旧款变新款”。

(六)缩一缩

把一物品的尺寸、重量、机构环节、运行过程、能耗、成本压缩一下，以达到创新之目的。

例如，折叠可使东西缩小。居室面积小，全部家具都可以做成折叠式，收紧壁橱，需要什么，放出什么；舰上停放的飞机，机翼是折起来的；折叠自行车、折叠汽车也已逐步实现。

(七)联一联

从一事物之结果联系其起因，或从某一事物A与另一事物B的联系，寻求创新的途径。

例如，澳大利亚曾发生过这样一件事，在收获的季节，有人发现一片甘蔗田里的甘蔗产量提高了50%，这是什么原因呢？一查找，原来是栽种前一个月，有一些水泥洒落在这块地里。科学家认为这是水泥的硅酸钙改良了土壤的酸性，而导致甘蔗增产。人们由此联想到，既然硅酸钙可以改良土壤的酸性而增产，那么是否可以制成一种硅酸钙肥料呢？于是，一种新型的“水泥肥料”问世了。

(八)学一学

通过借鉴或模仿某一事物的外形、结构、原理、特征、技巧、功能，走出创新之路。

例如，福特看到生产线上装配一辆车需要12.5个小时，实在太慢，便决心改进，但又苦无良策。后来他去参观屠宰场、罐头厂，参观他们运输材料的生产过程，看到生产线很长，整块肉经过切碎、蒸煮、装罐，输送过程全用滑轮，不用人力，迅速简便。于是，回厂改造生产线，也采用输送带，使装配时间降到83分钟。

(九)代一代

通过用一种更好、更廉价、更有效的材料、零件(部件)、结构、原理、程序、途径取代原来的材料、零件(部件)、结构、原理、程序、途径进行创新活动。实际上"代替"反映了人类文明的进步。例如,草鞋被布鞋代替,布鞋被皮鞋代替;蒸汽机车被内燃机车代替,内燃机车被电力机车代替;扇子被电扇代替,电扇被空调器代替等。

(十)搬一搬

把处于某一时空坐标的一件物品、一种想法、一种结构、一种原理、一种技术、一种途径、一种概念搬到另一个时空坐标上去,探索其创新的可能性。例如,灯泡,是用作照明的,搬到十字路口就成了信号灯;改变光线波长,做成紫外线灭菌灯,应用于病房灭菌;做成红外线加热灯,可应用于理疗。

(十一)反一反

把一件事物、一种现象、一种运作程序沿其逆向进行推演,探索创新的可能性。

例如,在日本本州岛库洛萨基市,有一栋世界奇屋——倒悬屋,发明人是一位汽车旅馆老板。原来,该旅馆生意不好,后求教于心理学家,心理学家受比萨斜塔的启示,建议盖一座岌岌可危的倒悬房子,以吸引顾客,结果前来一睹为快的观光者络绎不绝,生意兴隆,倒悬屋因此举世闻名。

(十二)定一定

要确保一个机构高效运转,一件事物正常发展,一套程序顺利执行等,需要制定什么样的安全保障措施?沿着这样的思路进行创新活动。

例如,茅台酒所含对人体有益的微量元素多达170种,远胜于其他白酒。贮存时间越长,保健功能越突出。所以,消费者对茅台酒的价值判断早已超越饮用范围。于是,茅台酒股份有限公司决定"定一定"办法:从2001年1月1日起,将每瓶酒标上出厂日期,第二年价格自动上调10%,逐年递增,首创了"价格年份制"。

如果按这十二个"一"的顺序进行核对和思考,就能从中得到启发,诱发人们的创造性设想。所以,和田十二法、奥斯本检验表法,都是一种打开人们创新思维从而获得创造性设想的"思路提示法"。

三、5W1H(6W2H)法

5W1H法又称六何分析法(见表5-2),由美国陆军部首创,通过连续提六个问题,构成设想方案的制约条件,设法满足这些条件,便可获得创造方案。后来,我国著名的教育学家陶行知又提出了6W2H法(八何分析法),他把这种提问模式称为使人聪明的"八大贤人",还专门写了首小诗:

"我有几位好朋友,曾把万事指导我,
你若想问真姓名,名字不同都姓何:
何事、何故、何人、何如、何时、何地、何去,
还有一个西洋名,姓名颠倒叫几何。
若向八贤常请教,虽是笨人不会错。"

目前,5W1H(6W2H)法已广泛应用于改进工作、改善管理、技术开发、价值分析等方面,这一创新技法应用的核心在于:对选择的任何目标(which)都可以对功能(what)、场地(where)、时间(when)、人物(who)四个价值要素进行剔除、减少、增加、创造四个动作并围绕

如何提高效率(how to do)这一永恒主题进行整合产生出不同的价值，进而根据价值的大小确定最佳目标和最优路径，实现企业使命和人生理想。

表 5-2 5W1H(6W2H)法

5W1H 法			
1. why	为什么需要创新？		
2. what	创新的对象是什么？		
3. where	从什么地方着手？		
4. who	谁来承担创新任务？		
5. when	什么时候完成？		
6. how	怎样实施？		
		7. How much	达到怎样的水平？
		8. which	几何(哪个)？

(一)原因(why)——选择理由

为什么要生产这个产品？能不能生产别的？我到底应该生产什么？为什么采用这个技术参数？为什么不能有震动？为什么不能使用？为什么变成红色？为什么要做成这个形状？等等。

(二)对象(what)——功能与本质

这个产品的功能如何？它能满足哪些客户和人群的需求？例如：对房地产开发商而言，小户型酒店式公寓的功能与本质是投资需求还是单身白领的过渡性住房需求？

(三)场所(where)——选择地点

生产是在哪里干的？为什么偏偏要在这个地方干？换个地方行不行？到底应该在什么地方干？这是选择场所应该考虑的。

(四)组织或人(who)——责任单位、责任人

现在这个事情是谁在干？为什么要让他干？如果他是“万金油”，根据老子《道德经》中“知者不博，博者不知”的论断，是不是可以将“博者”换个“知者”？如果按乔布斯的言论，“一个优秀的人可以顶得上 50 个平庸的人。”那么三个“臭皮匠”也不如一个“诸葛亮”。

(五)时间(when)——选择程序

时间与节奏的把握是十分重要的。例如，制造企业的“just in time”理念，房地产大盘的分期开发、分期开盘理念等。

(六)如何做(how)——如何提高效率

如何提高效率？最简单的法则就是采用标准化产品。如果公司的组织比较完备，那么是否还可以采取“帕累托改进”？如果公司的组织还不够完善，是否可以采用“卡尔多—希克斯改进”？

(七)价值(how much)——性价比如何

万物皆有其价值,都可以利用。物与物的交换,以价值为基础,有可以换无,无可以换有,一切取决于对性价比的评判。

(八)目标(which)——选择对象

选择什么样的道路?选择什么样的产品?不同的选择会指向不同的结果。

接下来介绍5W1H法的两个应用案例。

【案例5-1】

人工养殖珍珠开始成功率很低,贝容易死去,或贝里放入沙子后,不长珍珠。这就需要发明者剖析人工养殖珍珠的过程找到失败的症结。应用5W1H法,可以有效地帮助人们把问题缩小到几个方面,再分别加以研究解决。

第一,What?放什么东西,贝不易死掉?放沙子不行,放裹着贝肉的贝壳粒是否更好?

第二,When?什么季节往贝里放东西更容易成功?贝长到多大时最适合用来养珍珠?一天中什么时候做这项工作最好?

第三,Where?把贝肉裹着的贝壳粒放在贝的哪一部位最好?

第四,How to?如何使贝张开口?放进去以后如何养殖?

针对这些问题可拟订出许多方案,分别试验鉴定后,找到最佳方案,形成一项新的技术。

【案例5-2】

某航空公司在机场候机室二楼设小卖部,生意清淡。公司经理用5W1H法检查问题所在,结果发现在Who、Where、When三方面存在问题。

第一,Who?谁是顾客?当然来往的顾客是顾客,但是顾客在一楼就上了飞机,不可能到二楼来,在二楼的是接送客人的人,也不会去买东西。

第二,Where?小卖部设在f处?原来,旅客经海关检查后,都从一楼通道离去,所以,应将小卖部设在旅客的必经之路上。

第三,When?旅客何时购物?旅客只有把行李到海关检查交付航空公司后,才有闲情光顾小卖部,而原来机场安排临上机前才能交付行李,这就从时间上限制了旅客。

由此可见,小卖部生意不佳的原因是:

第一,未把旅客当顾客。

第二,小卖部的位置偏离了旅客的必经之路。

第三,旅客没有购物时间。

针对这三点,航空公司研究改进措施:以旅客做主顾,调整海关检查的路线和行李交付的时间,生意逐渐变得兴隆起来。

第三节 列举法

列举法作为一种创新技法,是以自由列举的方式把问题展开,用强制性的分析寻找发明创新的目标和途径。列举法的主要作用是帮助人们克服感知不足的障碍,迫使人们将一个事物的特性、细节统统列举出来,迫使人们挖掘熟悉事物的各种缺陷,摆脱感性思维障碍,迫使人们思考希望达到的具体目的和指标。这样做,有利于帮助人们抓住问题的主要方面,进行有的放矢的创新思维。

常见的列举法有:特性列举法、缺点列举法和希望点列举法。

一、特性列举法

特性是一种与特定事物密切相关或从属于该事物的对象。特性列举法,又称属性列举法,是 20 世纪 30 年代初由美国内布拉斯加大学教授 R. 克劳福德(Grawgord)创立的一类创新技法。运用该技法首先要把研究对象的主要属性逐一列出,通过进行详细分析,然后探讨能否进行改革或创新。一般来说,着手解决的问题越小,越容易获得创新的成功。

特性列举法依据的基本原理是:将事物按名词特性、形容词特性、动词特性化整为零,逐一分类、分析每一特性,提出问题,提醒人们进行各种改进或转换材料、结构、功能等。按各项特性加以研究,设计出许多具有独特结构和外形的产品,以满足人们的需要。例如,要创新一台电风扇,若只是笼统地寻求创新整台电风扇的设想,则会感到很难下手,但如果把电风扇分成各种要素,如电动机、扇叶、立柱、网罩、支架等,然后再分别逐个地研究改进方法,则可以相对容易地找到理想方案。

特性列举法的操作程序一般分为三个步骤:

(一)确定需要改进的对象加以分析

特性列举法属于对已有事物进行创新的技法,因此应详细分析、了解事物现状,熟悉其基本结构、工作原理及使用场合等。

(二)列举特性并进行分类整理

按名词、形容词、动词特性的分类进行特性列举,并把内容重复的合并,互相矛盾的协调统一。

(三)按照特性项目进行创造性思考

充分发挥创造性思维,针对特性的改进,大胆思考;用取代、替换、简化、组合等方法加以改进,重新设计。

特性列举法是一种个体创造性技法,它能把分析对象的所有特性都列举出来,系统地思考解决问题。需要说明的是,对于同一个问题,不同人的理解和分类可能不同,列出的属性也可能不同,但目的是相同的——改善现有的系统特性,使产品得以改进。

【案例 5-3】

对电风扇进行特性列举及革新设想。

1. 名词特性

整体:落地式电风扇。

部分:电机、叶片、网罩、立柱、底座、控制器。

材料:钢、铝合金、铸铁。

制造方法：浇铸、机械加工、手工装配。

2.形容词特性

性能：风量、转速、转角范围。

外观：圆形网罩、圆形底座、圆管立柱。

颜色：浅蓝、米黄、象牙白。

3.动词特性

功能：扇风、调速、摇头、升降。

原则上可对每一个细节提出设想，现提出主要设想如下：

(1)针对名词特性提问、构思得到：

设想一：叶片能否再增加一副？把电动机的轴加长，在电动机的另一端再加一副叶片，变成“双叶电风扇”，只要旋转180度，四周都有风。

设想二：改变叶片的材料如何？用檀香木做叶片，再经药剂特别处理，制成“保健风扇”。

设想三：控制器可以改成遥控器。

(2)针对形容词特性提问、构思得到：

设想一：可否将有级调速改成无级调速？

设想二：网罩外形可否多样化？

设想三：风扇外表涂色可否多样化？可否用变色材料？

(3)针对动词特性提问、构思得到：

设想一：增加驱赶蚊子的功能。

设想二：冷热两用风扇。夏出凉风，冬出热风。

设想三：消毒电风扇。喷洒空气净化剂，消除空气中有害病毒，尤其是公共场所及医院病房。

设想四：催眠风扇。有易使人入睡的催眠音乐。

二、缺点列举法

世界上任何事物总存在这样或那样的缺点，人们总是期望事物能尽善尽美。如果有意识地列举分析现有事物的缺点，并提出改进设想，就能产生创造。缺点列举法是通过寻找产品存在的缺点，并设法消除缺点来实现改进产品的技法。由于缺点列举法可以直接从社会需要的功能、审美、经济、实用等角度研究对象的缺点，提出切实有效的改进方案，因而简便、易行、见效快，是在群众以及工商企业中最容易普及、最容易出成果的创新技法。

运用缺点列举法始于发现事物的缺点，挑出事物的毛病。虽然所有事物都有缺点，但并不是所有的人都会寻找缺点。人的心理惰性往往有一种心理障碍，认为现在的事物能达到如此水平和完善程度已经差不多了，由于对现有事物比较满意，也就不会主动去发现缺点、改进设计。因此，应用缺点列举法要有精益求精的思想基础。找出需要改进的缺点后，就必须有目的地进行创造性思考，寻找解决方案，改进现有设计，消除缺点以获得新的技术方案，达到改进产品的目的。

缺点列举法的操作程序一般分为以下三个步骤：

(一)确定改进对象

缺点列举法的创新根据在于充分利用某个已有的物品，出发点是消费者对物品的求优需求。因此,对已有物品求优需求的调研是确定改进对象的基础。

(二)列举改进对象的缺点

列举缺点时,应正确运用验核思维,把重点放在四个方面:一是列出核心缺点,即现有物品的功能或职能是否能满足消费者的基本愿望,挑出功能性缺点;二是列出形式缺点,即现有物品的质量水平、设计风格、包装和品牌等方面的不足,挑出形式性缺点;三是列出延伸缺点,即现有物品进入市场变成商品后,在销售服务等方面存在的问题,挑出影响消费者利益的延伸性缺点;四是列出隐性缺点,即现有物品不易被人察觉的非显性缺点,在某些情况下,发现隐性缺点比发现显性缺点更有创新价值,因为针对隐性缺点改进设计,所产生的市场价值更大。

(三)分析鉴别缺点,提出改进方案

这一步骤一般有两种思路:一是针对某种缺点进行改进设计;二是应用逆向思维思考某种缺点能否成为另一种优点(缺点逆用法)。

缺点列举法的实施方法一般有三种,即用户提意见法、对比分析法和会议列举法。

1. 用户提意见法

通过收集用户的各种意见,归纳整理,分类统计,企业再针对这些意见进行改进产品或提出新产品概念。用户意见法应事先设计好用户调查表,以便引导用户列举缺点,同时便于分类统计。

2. 对比分析法

把同类事物进行对比分析,很容易看到事物的差距,从而列出事物的缺点。进行对比分析,首先要确定具有可比性的参照物,此外也应注意与国内外先进技术标准相比较,及时发现设计产品的优缺点,加以改进,以确保产品的技术先进性和新颖性。

3. 会议列举法

针对某一产品或某一项目召开缺点列举会,以充分揭露事物的缺点。会议列举法的一般步骤是:先由会议主持者根据需要确定列举的对象和目标;再发动参加会议人员根据会议主题尽量列举缺点,并将缺点逐条写在预先准备的小卡片上;然后对写在卡片上的缺点进行分类整理,确定主要的缺点;最后研究探索克服缺点的办法。

需要注意的是,运用缺点列举法的目的不是列举,而是改进,因此要善于从列举的缺点中找出有改进价值的主要缺点作为创造的对象。不同的缺点对事物特性或功能的影响程度不同,分析时首先选择对产品功能、性能、质量等影响较大的缺点作为创造的对象,使提出的新设想、新建议或新方案更有实用价值。

【案例 5-4】

试列举电冰箱的潜在缺点,并提出若干改进意见。

通过观察和思考,发现电冰箱有如下潜在缺点:

a. 使用氟利昂,产生环境污染。

b. 使冷冻食品带有李司德式菌,可导致人体血液中毒、孕妇流产等后果。

c. 患有高血压的人给电冰箱除霜时,冰水易使人毛细血管及小动脉迅速收缩,使血压骤升,对健康不利。

针对上述缺点列出改掉缺点的新设想：

设想一：研究新的制冷原理，开发不用氟利昂的新型冰箱。如国外开发的“磁冰箱”，采用磁热效应制冷，不用有污染的氟利昂介质。

设想二：研制一种能消灭李司德式茵及其他细菌的“冰箱灭菌器”。

设想三：改进冰箱性能，可实现自动定时除霜、无霜和方便除霜。

三、希望点列举法

从社会需要或个人愿望出发，提出一个或列举多个希望，以形成新概念、新设想、新课题，这种创新技法称为希望点列举法。希望和需要是不可分割的，希望和需要也是创新之母，列举有需求价值的希望点可以形成创新课题。根据这一原理，希望点列举法是一种主动型的创新技法。

世界上许多大小发明，都是根据人们的希望创造出来的：人们希望洗的衣服容易干，于是发明了甩干机；人们希望伞可以放进提包，于是发明了折叠伞；人们希望冬暖夏凉，于是发明了空调……

特性列举法和缺点列举法大多是围绕原来事物的不足加以改进，通常不触及原来事物的本质和总体，一般只适用于对老产品或不成熟的新设想的改造，从而使其趋于完善。而希望点列举法很少或完全不受已有事物的束缚，为人们使用这一方法提供了广阔的创新思维空间。

希望点列举法的操作程序一般分为三个步骤：

（一）确定创新目标

希望点列举法的出发点是人们的需要和希望，应以满足社会的某种需要为依据来确定创新目标。

（二）列举创新目标的希望点

为了获得创新目标的希望点，可以召开希望点列举会，会上围绕既定目标尽可能地思索各种希望，会后分类整理出希望点。对希望点的分类，可以按其特征分为理想型、超前型和幻想型三类。理想型希望是指希望现有事物尽可能完善，能达到人们心目中的理想化模式；超前型希望是指超越现实的潜在欲望；幻想型希望则是钟情于某种大胆的向往或寄托。

理想型希望、超前型希望、幻想型希望都有产生灵感和创意的可能，但获得的结果各有不同。列举理想型希望点，一般形成现实性课题，即对已有事物的改进、完善和优化，实施起来目标明确，借用的信息、资料较多，相对容易达到预期目的。列举超前型希望点，实际上是瞄准潜在需要下工夫，它可能是一种客观存在、但人们尚未提到议事日程的潜在欲望，也可能是人们已经意识到但可望而不可即的企盼。在一定条件和时机下，潜在需要会凸显为现实需要。针对潜在需要进行发明创新，要有远见卓识，但同时风险也较大。希望抢占市场制高点和成为领头羊的人，往往对这种方法情有独钟。对于选择幻想型希望得到创意也是十分诱人的，但是否发展成现实成果则是个疑问。幻想能帮助人们解放思想，但也常常让人种下只开花不结果的智慧之树。

（三）分析鉴别希望，形成研制课题

分析鉴别希望点的作用，主要是形成发明创新的课题。许多希望并不是一种明确的研制任务，只有将它转化成研制课题后，运用希望点列举法实施创新的实质性工作才算开始。

运用希望点列举法的创新性,集中表现在两方面:一是将希望转换为具有开发价值的新课题;二是设计出切实可行的新技术方案。一般的创意只有前一种创新性,而获得过发明创新成果的人,通常是两种创新性兼而有之。

【案例 5-5】

我们选择一般人常用的笔作为创新目标,改进笔的现有功能。

笔的希望点可以列出如下:

(1)希望能够有好几种颜色可以更换。

(2)希望能够调整笔的粗细。

(3)希望能够同时具有测电功能。

(4)希望能够同时具有激光指示功能。

(5)希望能够长久使用又不会没有墨水。

评估所列出的希望点,构思改进方案,提升笔的功能。

设想一:利用按钮或旋转来更换笔芯的方法,将笔设计成具有好几种颜色的功能。

设想二:利用按钮或旋转来更换笔芯的方法,将笔设计成具有不同粗细的功能。

设想三:在笔的头部增加测电装置,使之具有测电功能。

设想四:在笔的头部增加激光装置,使之具有激光指示功能。

设想五:将笔的内部挖空并装入大量的墨水,使之能长久使用又不会断墨水。

第四节 组合法

所谓组合,就是把两种或两种以上的技术、理论、产品进行重新叠加,以形成新的技术、新的理论、新的产品。20 世纪后半叶,世界重大创新发明成果 80%以上是组合成果,可见组合法在创新技法中占有重要地位。组合的可能性无穷无尽,因此运用组合法,可以形成无数的新设想、新产品。日本创造学家菊池诚博士说过:“我认为搞发明有两条路,第一条就是全新的发现,第二条就是把已知其原理的事实进行组合。”

组合即创造。采用组合法,能使组合体得到更好的功能、更好的性能。组合法的优点是组合形式多样,应用广泛,便于操作,经济有效。组合法应用的技术单元一般是已经成熟或比较成熟的技术,不需要从头开始,因而可以最大限度地节约人力、物力和财力。在当代社会生产和生活中,存在大量已经开发出来的技术,只要进行合理组合就能创造出适合人们需要的技术系统。例如,美国的“阿波罗”登月计划是 20 世纪最伟大的科学成就之一,但“阿波罗”宇宙飞船技术中没有一项是新的突破,全部是现有技术的组合。因此,组合法的特点就是使不同的技术领域相互转移渗透,形成杂交的边缘学科;同时把已成熟的技术合理组合创造为新系统,以满足用户的不同需求。

组合法的基本类型分别为以下几种:

性能组合是根据对原有产品或技术手段的不同性能在实际应用中的优缺点分析,将若干产品的优良性能组合起来,使之成为一种全新的产品或技术手段。例如,铁芯铜线电缆的制造就是组合了铜线导电性能好、易焊接、耐腐蚀的性能,而铁线具有成本低、强度高的优点,这样可以做到性能互补。

原理组合是将两种或两种以上的技术原理有机结合起来，组成一种新的复合技术或技术系统。例如，把喷气推进原理和燃气轮机技术相结合，发明了喷气式发动机。

功能组合是将不同功能的技术手段或产品组合到一起，使之形成一个技术性能更优或具有多功能的技术实体的方法。例如，家用空调器的主要功能是制冷，现在空调器生产厂在原有空调器制冷功能的基础上增加了暖风、换气、空气净化、抽湿等功能，提高了产品的性价比。

结构重组是改变原有技术系统中各结构要素相互连接的方式获得新的性能或功能的组合方法。例如，沙发床的设计将沙发和床这两种功能合二为一，节省了室内空间。又如，带有折叠凳子的拐杖使行动不便的老年人外出很方便。

模块组合是把产品看成是若干模块（标准、通用零部件）的有机组合，按照一定的工作原理，选择不同的模块或不同的组合方式，从而得到多种不同的设计方案。这种方法适用于产品的系列开发。

常见的组合法有：主体添加法、二元坐标法、焦点组合法、同类组合法、异类组合法和形态分析法。

一、主体添加法

主体添加法就是给一个选定的事物添加别的东西。这个东西可以是已有的，或者是从来就没有的。这一创新技法的特点是以原有的设想和原有的产品为主体附加，新的设想起到的是完善补充和利用主体设想的作用；主体附加物可以是已有的产品，也可以是根据主体特点为主体专门设计的附带装置。

主体添加法的操作程序一般为：先有目的地选定一个主体，然后可以运用缺点列举法，全面分析主体的缺点；或是运用希望点列举法，对主体提出种种希望。之后考虑能否在不变或略变主体的前提下，通过增加附属物以克服或弥补主体的缺陷，或是实现对主体寄托的希望。还可以考虑能否利用或借助主体的某种功能，附加一种别的东西使其发挥作用。

例如，坦克是一个记者采用主体添加法的方法发明的。第一次世界大战时，英国记者斯文顿随军去前线采访，亲眼看见英法联军向德军阵地发动攻击时，被德军用排枪成片扫倒，他非常痛心，清醒地看到，肉体是挡不住子弹的。苦思冥想之后，他向指挥官建议，用铁板将“福斯特公司”生产的履带拖拉机包装起来，留出枪眼射击，让士兵坐在车上冲向敌军阵地，这样就可以减少伤亡。他的建议很快被采纳。德军望车披靡，兵败如山倒。土坦克为英法联军战胜德军立下了汗马功劳。这是“一战”中最有影响的发明——拖拉机加上护板。

在运用主体附加法时，往往可以使主体获得多种附加功能，而成为多功能用品。然而需要注意的是，作为多功能物品的设计应该尽量全面考虑，权衡利弊，否则会事与愿违，费力不讨好。

二、二元坐标法

二元坐标法是借用平面直角坐标系，在两条数轴上标点（元素），按序轮番地进行两两组合，然后选出有意义的组合物的创新技法。平面直角坐标系由两条数轴正交组成，横轴和纵轴的任一对实数都可以确定平面上的一个点。如果在坐标轴上标上不同的事物，那么由横轴与纵轴交叉确定的点就是两个事物的组合点，这样即可借助坐标系把所列的客观事物相互联系起来了。对每组联系进行创造性想象，从而产生前所未有的新形象、新设想，经过可行性分析，以确定成熟的创新课题。

作为二元坐标法的坐标元素所涉及的事物，可以是具体的人造产品，如衣服、床、灯具、机枪、蛋糕、汽车之类；也可以是非人造物品，如风、雨、云、泉水、老虎、太空等；还可以是一些概念术语，如锥形、旋转、变色、中心、闪光、卧式等。对此，通过"拉郎配"式的组合联想，可以突破习惯观念，克服惰性意识，促使标新立异。因此，二元坐标法的形式简捷而不单调，运用时不受任何限制，适宜于个人或集体的创造活动。应当注意的是，此法仅适用于技术创造活动的选题阶段，可行的课题一经确定，就完成了使命。至于课题的下一步做法，则需另行研究探讨了。

二元坐标法的操作程序一般为：先无限制条件地列举出联想元素，然后把联想元素绘制成二元坐标图，再对坐标图中每一个交叉点的元素作正反两个方面的联想与判断。之后，选择出有意义的联想，对其进行可行性的分析。可行性分析可以从五个方面进行考虑：一是分析有无类似的事物；二是分析发明创新或合理化建议被采纳后，对社会的价值和进步意义；三是分析完成发明创新需要涉及哪些方面的知识和技术；四是分析当时当地的生产条件和技术水平是否适用于产品的发明创新；五是确定近期的和长期的创新研究课题。

【案例 5－6】

先无限制地列举联想元素，例如我们最简单地列出：扇子、日历、玻璃三个联想元素，然后形成坐标图进行联想（见图 5－1）。

经过联想，从中提出有意义的联想。本例中有：照明日历（带日历的台灯或夜光日历）、日历扇、清凉扇透明玻璃（能自行发光或受激发光的玻璃）、纸笔筒（纸质彩印笔筒）、三角笔筒、管扇、日历管、照明车、梯车、玻璃座、座梯、清凉纸、照明纸（能发光的纸）、纸瓶（纸质瓶）、照明笔筒（带笔筒的台灯）、三角日历、玻璃笔筒、手摇车，等等。

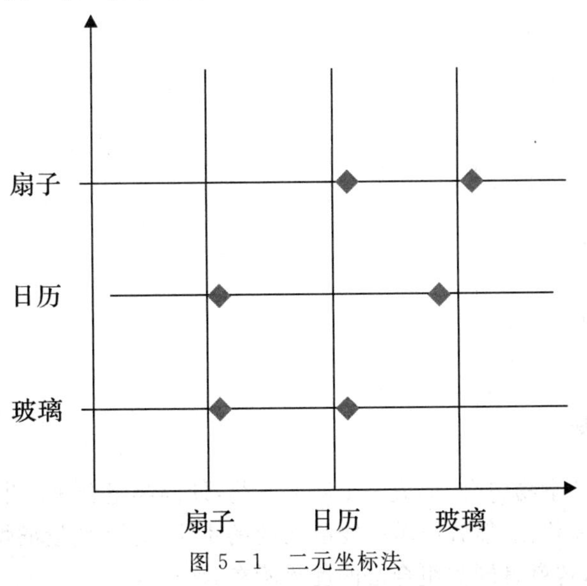

图 5－1 二元坐标法

鉴于每个人的职业、经验和知识的差别，尤其是创新意识的强弱和预见能力的高低，对同一个联想点作出迥异的分析和判断，是创造性活动中很正常的现象。另外，在有意义的联想中，既可以有大发明的联想，也可以有实用型的联想和外观设计的联想。但是需要指出的是，对于不可行的发明进行创新联想，或是可行但自己无力承担的创新课题，要学会果断摒弃，哪怕是忍痛割爱。

三、焦点组合法

焦点法是选定一个主题，可以是已有事物或新的事物，以它为焦点，运用发散思维、联想思维，寻找它可能与哪些事物组合在一起，从而构成一个新事物。焦点法与二元坐标法都是强制联想法，区别在于焦点法是有一预定事物为中心(焦点)，依次与罗列的各元素一一组合构成联想点，而二元坐标则是各元素间的两两组合。

焦点法可以是发散式结构，也可是集中式结构。发散式主要用于新产品、新技术、新思想的推广应用，集中式主要用于寻求某一问题的解决途径。

焦点组合法的操作程序一般为：先选择焦点，这个焦点可以是希望创新的事物，也可以是准备推广的思想技术；然后列举与焦点无关的事物或技术，可以从多角度、多方面罗列，尽量避免找与焦点事物相近的东西；之后，将焦点与与其无关的事物进行强行组合，充分展开想象，得到多种方案后对每一种方案进行创造性设想；最后，评价所有的设想方案，筛选出新颖实用的最佳方案。

【案例5-7】

选定“枕头”为焦点，看它还可与哪些东西组合在一起？

加音乐——催眠枕；

升降温——保温枕；

加弹性体——弹性枕；

加草药或磁石——医疗枕；

加按摩器——按摩枕；

加石头——石枕；

加竹子——凉枕；

加水——液态枕；

加气体——气枕；

加粮食壳——壳枕；

加干花——花枕。

四、同类组合法

将同类型或相似的事物组合，形成一个新的事物，即同类组合法。生活中有时把两个或多个相同的东西组合到一块儿，能弥补单一物品功能的不足，并且数量的增加能发生质的改变，从而获得创新的设计，这就是同类组合法的优势所在。

同类组合法又具体可分为两种类型：一是组合相似事物，这是将相似事物有机组合起来进行创造的一种技法。相似的事物没有本质上的差别只有程度的不同。二是组合相同的事物，这是将相同事物组合起来进行创造的一种技法。相同事物既没有本质上的区别,也没有程度上的不同。

例如,美国著名的"空中之鹰"101空降师是美国陆军的精锐之师,但长期被一个问题所困扰:缺少一种能够配合空降使用的大型运输直升机。传统直升机起飞重量有限,不能运输重型装备,有人设想,在现有螺旋桨上再叠加一个螺旋桨,但效果不大,又有人设想,把直升机加长,前后各装一个螺旋桨,这就是现在的直升机巨无霸——"支奴干"运输机,起飞载重160吨,它是螺旋桨的组合。

五、异类组合法

异类组合法是异类求同的一种创新技法。所谓异类组合,即将不同类的物品或成分组合在一起而构成的发明创新。异类组合法的特点是:被组合对象(技术思想或产品)来自于不同的方面,一般无主次关系。参与组合的对象从意义、原子、构造、成分、功能等任何一方面和多方面互相渗透,因而整体变化显著。

在我们的日常生活中,这种组合方法的产品比比皆是。比如,钢笔与圆珠笔的组合,电子表与电话的组合,电脑与电视的组合,等等。这些多功能的产品,给人们的生活和学习带来了方便。

异类组合法的操作程序一般为:先确定组合对象;其次提出组合设想,逐一考察列出的物品,看哪些能组合起来;最后进行组合创造。

例如,无论是X光机,还是电子计算机,都不能诊断人的脑内疾病。但是,把二者结合起来,发明出CT扫描仪,就能通过X光对脑内分层扫描拍照,诊断脑内疾病。CT扫描仪是20世纪医学界最重大的发明,获得了诺贝尔奖。本来X光与电子计算机看起来是风马牛不相及的,通过对计算机可用在哪些领域进行发散,就有可能与X光联系起来。

利用异类组合法进行创新,是一种简便易行、收效较快的创新技法。这是因为:异类组合发明的各个组成部分,都是已有的技术设备,因此在技术上没有更大的障碍。同时,组合发明的范围相当广泛,可提供组合的情况数不胜数,这又给组合创新以无限机会。当然,异类组合创新并不等于简单功能的组合或者拼凑,否则这种创新就不会受到人们的欢迎。

六、形态分析法

形态分析法是一种利用系统观念来网罗组合设想的创新技法,其思路是先把创新课题分解成为相互独立的基本要素,找出每个要素的可能方案(形态),然后加以组合得到各种解决技术课题的总构想方案。总构想方案的数量就是各要素方案的组合数。

形态分析法是在"二战"期间由美籍瑞士天文学家兹维基教授于1942年创立的。他在参加美国火箭研制过程中,为了找出更多的方案,运用了数学中的排列组合原理,把火箭各主要组成部分可能具有的各种形态,进行排列组合,居然在一周之内,得出了576种火箭设计方案,其中还包括了当时德国正在研制的F-1型巡航导弹和F-2型火箭。因此,形态分析法是可以获得大量组合方案的组合法。

形态分析法的突出特点是:所得的总构想方案具有全解系的性质——只要把课题的全部要素及各要素的所有可能形态都列出来,那么经组合后的方案将是包罗万象的。另外,总构想方案还具有形式化性质——它并非取决于创新者的直觉和想象,而是依靠创新者认真、细致、严密的分析并精通与创新有关的专门知识。

形态分析法可广泛应用于新技术和新产品的开发以及技术预测等许多领域，实施时既可以小组运用，也适于个人使用。

形态分析法的操作程序一般为：首先必须要求能十分确切地说明所要解决的问题或所要实现的功能；其次要分析需创新的对象，确定它有哪些基本要素（或基本参数），要求各基本要素相对独立并尽量全面考虑；然后要寻找每个要素的可能解决方案（即形态），要求尽量全面——既要列出当时技术条件下可达到的，或在允许时间内可达到的方案，也要列出有潜在可能性的各种手段和方法；最后根据上面的分析结果列出形态矩阵，一般为二维结构。“列”代表独立要素，“行”代表各因素的具体形态。每一要素和具体形态组合后便得出各种方案设想。当然，这些方案要作进一步分析判断才能取舍。

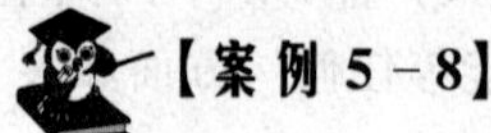

【案例 5-8】

创新对象——容积一定的包装盒。

首先将其分解成独立的基本因素：材料、形状、颜色。

其次进行形态列举：材料的形态可包括纸、木、铁、塑料；形状的形态可包括圆形、方形、柱形、三角形；颜色的形态可包括红、黄、蓝、白。

然后以因素为纵列，以形态为横列，画出因素—形态矩阵表（见表 5-3）。

表 5-3 因素—形态矩阵表

因素	形态 1	形态 2	形态 3	形态 4
A 材料	纸	木	铁	塑料
B 形状	圆形	方形	柱形	三角形
C 颜色	红	黄	蓝	白

对表 5-3 所列形态进行排列组合，所得组合数量应该是每一个因素的形态数的乘积，即 4×4×4=64 个组合方案。

应该说明的是，当问题比较复杂，课题中的要素及形态较多时，组合的数目便会激增，以致评价筛选的工作量很大。因此，要求使用者能抓住主要矛盾选取基本要素，并具有敏锐准确的评价能力。

第五节 联想法

联想不仅是一种创新思维形式，也是一种直接的创新技法。所谓联想法是通过由此及彼的联想，以及异中求同、同中求异的类比，发挥横向思维，寻求各种创新的技法。

世间万物都有着千丝万缕的联系，这是联想技法的理论基础。联想是由某一事物想到另一事物的心理过程。联想的价值就在于把无关的事物联系起来，形成新的观点、新的设想、新的概念。可以说，一切创造活动都离不开联想。联想能力有赖于知识和经验的积累，有赖于勤于思考的习惯，更有赖于丰富的想象力。想象力强，联想能力就强，就能产生表现创新才能的

"发散联想"。

类比是联想中的重要元素。如果事物A和事物B有类似性，有可比性，那么A的某一属性(方法、概念、成分、结构、功能、性质等)，就有可能运用到B中，产生一个新的事物。常用的类比法有两种：一种是直接类比，是指在现实生活中寻找与正在构思的创新物相仿的东西，或稍加修改或拿来即用；另一种是特征类比，是指要创新的物品与已有物品的某一特性类比，由此受到启发而产生类似的创新构想。一般来说，特征类比有如下三种情况：与自然界的生物类比；功能特性类比(因使用功能相仿而产生的类比)；技术特性类比(事实上，与自然界的生物类比正是一种技术特征类比的特殊形式)。"类比""仿生""移植"这个既古老又年轻的课题，人类已从中获益匪浅，其发展潜力巨大。

一、仿生法

仿生法是指对自然界的某些生物特性进行分析和类比，通过直接或间接模仿而进行创新的技法。

自然界中各种各样的生物为了适应大自然的复杂环境和变化而形成独特的结构和奇异的功能。人类通过生物的生态特点得到启发，并将其原理应用到创新技法中。例如从鸟类想到飞机，从锯齿叶片想到锯子。各种生物精妙绝伦的构造，启发创新者进行研究、模仿，从而得到新的创造。

仿生法不是简单模仿自然现象，而是在研究其工作原理的基础上，用现代科技手段设计出具有新功能的仿生系统，这种仿生方法贯穿于创新思维的全过程，是对自然的一种超越。仿生法是发展现代新技术的重要途径之一。

仿生法在实际应用中主要有以下几种类型：

(一)原理仿生

模仿生物的生态特点及原理而进行创造的方法称为原理仿生法。例如，根据萤火虫发光原理制作反光交通提示牌；通过研究蝙蝠利用超声波脉冲回波的时间确定距障碍物距离的原理来测量海底地貌、控制工件内部缺陷、寻找潜艇、为盲人指路等。

(二)结构仿生

模仿生物结构进行创造性设计的方法称为结构仿生法。例如，模仿蜂房独特、精确的正六边形结构形状及其具有强度高、同样容积下最省料的特点，研制了各种具有质轻、强度高、隔声、隔热等优良性能的蜂窝结构材料，广泛应用于飞机、火箭等特殊用途的结构。

(三)外形仿生

模仿生物某器官的外形而进行创造的方法称为外形仿生法。例如，从猫、虎的爪子想到在奔跑中急停的钉子鞋；从鲍鱼想到的吸盘；从蜻蜓的外形想到的昆虫飞机；模仿袋鼠在沙漠中的行走方式发明了跳跃运行的汽车，解决了沙漠的运输工具问题。

(四)信息仿生

模仿生物的感觉(包括嗅觉、视觉、触觉、听觉等)进行创造性活动的方法称为信息仿生法。例如，模仿狗鼻子的嗅觉灵敏性，人类发明了电鼻子。电鼻子不是狗鼻子的简单再现，而是由20个型号不同的嗅觉传感器、微处理芯片和智能软件包组成，其灵敏性、耐久性和抗干扰性都远远超过狗鼻子，可用于军事领域、公安系统、搜救系统中，具有十分广阔的应用前景。

(五)拟人仿生

模仿人体结构功能进行创造的方法称为拟人仿生法。例如,挖土机模仿人的手臂,各种功能机器人的机体、信息处理部分、执行部分、传感部分、动力部分就相当于人的骨骼、头脑、手足、五官、心脏,智能机器人能模仿人的记忆、计算、说话、唱歌、运动等功能。

在运用仿生法时,要求首先弄清某些生物现象的特征和科学道理,并大胆巧妙地运用到创新实践中去。另外,有些生物现象不能直接用于发明创新,而需要作相应的变动。总之,要用科学原理加以分析,在实践中仔细观察,才能得到仿生法的创新发明成果。

二、移植法

所谓移植法是将某个领域的原理、技术、方法应用或渗透到其他领域,用以改造和创造新的事物。移植法要通过联想、类比,力求从表面上看来是毫不相关的两个事物、现象之间,发现联系。因而它与联想、类比有着密切的联系。

移植有两种情况:一是手里掌握着一种技术、理论、方法,要寻找可应用、可移植的地方;二是手里拿着一个待解决的问题,要寻求可类比、可借鉴的东西,移植进来,解决问题。

英国剑桥大学教授贝弗里奇说:“移植是科学发展的一种主要方法。大多数的发现都可应用于所在领域以外的领域,而应用于新领域时,往往有助于促成进一步的发现。”现代科学技术的发展,使得学科与学科之间的概念、理论、方法等相互交叉、移植、渗透,从而产生新的学科、新的理论、新的事物和新的成果,这是现代科技突飞猛进的巨大动力之一,移植法也就成为一种应用广泛的创新技法。

移植是交换被移植对象所在的时空位置与作用的方法,而技术和功能的转移是通过事物的原理、结构、材料和方法的移植而实现的。因此,移植法分为以下五种类型:

(一)原理移植法

原理移植是指将发明的原理移用到不同的领域。一项技术发明的原理,通过多种结构设计,或者采用不同性能的材料和不同的加工制造方法进行物化,就能够达到不同的功能目的。因此,着眼现有事物,有目的地研究和利用其原理功能,开发原理功能的新领域或新用途,是技术创新活动的不竭动力。原理功能具有普遍性的意义和广泛的作用。参照某一产品的原理功能,依据新功能、新用途和新目的的技术要求,设计相关的结构,运用适合的材料和相应的制造方法,就可以创造出与原型完全不同的各种新东西。例如,红外辐射是一种很普通的物理过程,将这一原理移植到其他领域,可产生新奇的成果:红外线探测、遥感、诊断、治疗、夜视、测距等;在军事领域则有红外线自动导引的“响尾蛇”导弹,装有红外瞄准具的枪械、火炮和坦克,红外扫描及红外伪装,等等。

(二)方法移植法

方法移植就是将制造方法、使用方法移植到不同的领域中的一种创新技法。科学研究每提出一种新的理论,技术创造每完成一项新的发明,都伴随着方法移植上的更新和突破。而这种方法的诞生和推广意义,也许要比科学研究和技术创造的成果本身还要重要得多。方法是创立新理论和做出新发明的工具。17 世纪的笛卡尔是科学方法移植的先驱,他以高度的想象力,借助曲线上“点的运动”的想象,把代数方法移植于几何领域,使代数、几何融为一体而创立解析几何;美国“阿波罗 11 号”所使用的“月球轨道指令舱”与“登月舱”分离方法,移植于巨轮不能泊岸时用驳船靠岸的办法;现代管理方法中的行为学派是将心理学原理移植到企业管理方法中而形成的;在科学研究中常用的一些方法如观察法、归纳法、直接法等也都可以移植到技术创新中去。

(三)结构移植法

技术创新活动中,对某种产物的结构,不经过实质性的改进,即用在其他产物的设计、改造、革新和发明上,就是结构移植。就事物而言,同样的结构功能,可以有不同的具体结构形式,而同一种结构功能又可以体现在不同技术、不同类的物品上。所以,某种事物的结构功能,同另一待创造物所需要的结构功能相近时,该结构才有可能满足待创造物的某些使用功能。因此,在发明创新的结构创新阶段,要明确创造对象的基本结构功能是什么,然后进行分析,横向寻找有相同结构功能的产物,优选出最佳结构,进行移植试验。

(四)材料移植法

将物质材料不加改变、添加某种物质或者进行处理后移用到其他的领域或物品上创造出新的使用价值和新的功能,这就是材料移植法。物质产品的使用功能和使用价值,除了取决于技术创造的原理功能和结构功能外,还取决于物质材料。许多工业产品,如含香味金属、药皂、坦克的装甲、防火篷布、纸质手绢、蜡梗火柴、水泥弹等,实质上都是物质材料的创新性应用。它们多是变革原有产物的材料,或者增添了其他物质。

(五)综合移植法

综合移植法是指将众多领域中的技术方法、结构、原理、材料汇集到一个新的创造对象上,进行综合性考察,从而得到新的创新性成果。工业机器人、宇航工程、克隆技术、海洋技术等都是综合移植的产物。

总之,通过移植事物的结构、原理、方法和材料,可以进入到新的领域,创造出新的应用、新的发明。移植法具有能动性、变通性和多层次性的特点,但是移植毕竟不是万能的创新技法,它同其他创新技法一样,有其适用的背景和条件。

三、综摄法

综摄法(sybectucs)是美国哈佛大学教授威廉·戈登于 1944 年发明的,该词来自希腊语,原意是指“把表面上看来不同而实际有联系的要素结合起来”。综摄法基本上是一种集体创造性技法,也是较完整、新颖、独特的创新技法。它把不同知识背景的人组成小组,以已知的东西为媒介,将毫无关联、完全不同的知识要素结合起来,运用联想、隐喻、类比等可操作的方法,调动小组成员的潜意识;并在相互启发下提出创新的思路,再把这些思路分门别类,整理归纳为一种条理分明、形成体系的设想,摄取各种产品长处并综合在一起,创造出新产品或创造性地解决问题。

综摄法在实际应用中有两条基本原则,即异质同化和同质异化。

(一)异质同化

所谓异质同化,是指把陌生的东西变为熟悉的东西,设法把自己初次接触的事物或新的发现联系到自己熟悉的事物中的创新技法。有些现象虽然在性质上有所不同,但只要它们服从相似的规律,就可以运用联想来解决。例如,受熟悉的松软面包启发,研制出适宜橡胶的发酵剂,从而发明了海绵橡胶。

(二)同质异化

同质异化就是把熟悉的事物变为陌生的事物，它是通过新的见解找出自己熟悉的事物中的异质的创新技法。变熟悉为陌生就是将本来熟悉的事物看成是不熟悉的，然后运用新的知识或从新的角度来观察、分析和处理问题。有意识地设法对已有世界、人、思想、感觉和事物进行新的观察，有助于打破用常规方式解决问题的做法。例如，英国医生邓禄普在手握水管浇花时，手里感觉到水在管内流动，联想到可以把原本是实心的自行车轮胎做成空心的，再向橡胶轮胎内充气，这就是现代充气轮胎的开端。邓禄普将两种不同性质的事物从不同方面进行联想，这就是典型的同质异化。

第六节　智力激励法

英国大文豪萧伯纳崇尚思想交流，他说："倘若你有一个苹果，我也有一个苹果，而我们彼此交换这些苹果，那么，你和我仍然是只有一个苹果。但是，倘若你有一种思想，我也有一种思想，而我们彼此交流这种思想，那么，我们每个人将各有两种思想。"

与萧伯纳思维如出一辙的便是上文提到过的美国创新技法和创新过程之父奥斯本，他于20世纪30年代提出了"智力激励法"。这一技法名称借用了一个精神病学术语"Brain Storming"，因此该技法亦称"头脑风暴法"(简称BS法)。所谓智力激励法是指创新团队遵循一定的基本原则，通过专题会议形式以自由联想为基础的智力触媒，相互激励开发自主创新能力，求解问题和进行创造的创新技法。智力激励法最早是用于广告的创意设计，后来很快就在技术革新、产品开发、企业管理、社会、经济、教育、生活等许多方面得到应用。

智力激励法的目的是以一种与传统会议截然不同的会议方式，给与会者创造一种智力互激、信息互补、思想共振、设想共生的特殊环境，并形成一种主动思考、自由联想、踊跃实践、积极创新的良好氛围，从而有效发挥团队智慧。

英特尔公司和微软公司认为，优秀人才首要的特征应是富有创造性和可塑性，同时必须积极进取，以工作为乐，具有团队精神；英特尔提出"以聪明人吸引聪明人"，微软更是信奉"寻找比我们更优秀的人"。英特尔将会议分为"激荡型会议"与"程序型会议"两种，前者的主要目的是集思广益，凭借大家的脑力激荡得出最佳方案。英特尔有一句名言："决策总在讨论之后。"微软则大力提倡在非正式场合下的学习，相同职能部门的经理层人员就把每日的午餐会作为学习交流的场所，程序经理们就是在自助餐式的午餐中定期会晤。他们一边托着蓝色的餐具进食，一边就一些特定项目交流经验，沟通信息，使得"寓学于食"，在轻松的气氛中不知不觉收获颇丰。

发明创造的实践证明，真正有天资的发明家，他们的创新思维能力远较平常人要优秀得多。但对天资平常的人，如果能相互激励，相互补充，引起思维"共振"，也会产生出不同凡响的新创意或新见解。俗话说的"三个臭皮匠，顶个诸葛亮"，也就是智力激励法的"中国式"释义。

一、智力激励法的规则

智力激励法的精华在于它的规则，这是对创新机制深入认识并力求驾驭和操作的原则。这些规则如下：

(一)自由畅想(free thinking)规则

自由畅想规则的核心是求新、求奇、求异。本规则有两个目的:一是让与会者敞开思想,不受任何传统思想和常规逻辑的束缚,克服心理惯性和思维惰性的影响,尽量跳出已知事物和熟悉思路的圈子,无拘无束,畅所欲言;二是让与会者充分发挥想象力,使思路做大幅度的回转跳跃,通过多向、侧向、逆向思维和联想、幻想、想象等形式,从广阔的学科领域寻找新颖的发明创造方案。

(二)延迟评判(deferred judgement)规则

延迟评判规则的要点是限制在畅想讨论问题阶段过早地进行批评和评判。其目的在于克服"批判"对创新思维的抑制作用,保证其他原则的贯彻执行以形成良好的激励气氛。创造性设想的提出有一个不断诱发、不断深化和不断完善的过程,有些设想在开始提出时,往往杂乱无章、自相矛盾,似乎没有什么科学根据和实际用途,但它们却蕴藏着极好的创意和极高的价值。如果过早地评价,就有可能使其在萌芽状态就被扼杀掉。需特别强调:不做任何有关缺点的评价。包括主持人和发言人在内的所有与会者,对别人提出的设想不允许做是好或者是坏的评论。否则,可能出现与会者一边倒,人云亦云,不能提出有创见的设想。评判包括肯定评判和否定评判。发言者胆怯的自谦之语、讽刺挖苦之语、夸大其词之语、漫无边际吹捧之语等评判,都是智力激励的大忌。除了有声语言评判外,还有面部表情、动作姿态等无声语言的评判,也应该避免。

(三)以量求质(quantity breeds quality)规则

以量求质规则的关键是"质量递进效应",其目的在于以创造性设想的数量来保证创造性设想的质量。发言要进行自我控制,不要说废话浪费时间。奥斯本认为,理想结论的获得往往是一个逐渐逼近的过程。在进行创造性求解问题时,最初的设想往往并非最佳。有人用实验证明,一些设想后半部分的价值要比前半部分的价值高 78%。所以,智力激励法强调与会者在规定时间内,加快思维的流畅性、灵活性和求异性,尽可能多地提出较高水平的新设想,作为质量好、价值高的创造性设想的保证。

(四)综合改善(comprehensive improvement)规则

综合改善规则的依据是"综合就是创造",其目的是要求与会者要勤于、乐于和善于在别人的基础上对各种设想进行综合并改善,从而形成新的有更高价值的设想。由于举行集体讨论会,某一个人的"思想闪光"可能会将许多人的联想点燃。奥斯本认为,综合改善规则体现了创立智力激励法的本意。智力激励法是让与会者通过相互启发和相互激励,引发思维火花的碰撞。由于智力激励会上大量的设想并不是深思熟虑、反复策划后提出来的,有考虑不周、运筹不详之处。如果对这些设想不加改善和综合,就会泯灭一些有价值的设想。

二、智力激励法的操作程序

(一)建立小组

奥斯本在《发挥独创力》一书中认为,小组人数以 5～10 人为宜,包括主持人和记录员在内以 6～7 人为最佳。如果小组人数过多,那么某些人就没有畅所欲言的机会;如果小组人数过少,那么场面就会冷淡,影响参与者的热情。

小组人员最好职位相当,对问题均感兴趣,但不必都是同行;小组成员最好有1～2位创新能力较强的人,以供激励他人的思考;参与者具有有效的人际沟通能力,唯我独尊者或优柔寡断者避免进入;参与者不能有过多行家,因为行家容易从专业角度发表评论;参与者最好具有不同的学科背景,从而达到智力激励法的目的。

小组领导必须具有丰富的智力激励法的经验,并充分把握主题的本质。掌握会议者要严格遵循智力激励法的四条规则。小组主持人要能使会议保持热烈的气氛,同时要让全体参与者都能献计献策。

(二)热身会议

这主要是针对小组成员缺乏经验的情况下实施的第一步,是指在召开小组会议之前举行一次预备会议,以期营造头脑风暴的气氛。在这样的热身会议上,讲明智力激励法的规则、操作技术和精神激励。

(三)确定议题

议题尽可能具体,最好是实际工作中遇到的需急切解决的问题,目的是进行有效的想象。议题由主持人召开会议前告诉与会者,并附加必要的说明,使与会者能够搜集确切的资料,并且按照正确的方向思考问题。此外,议题的涉及面不要太广,应有特定的范围,这样使会议与会者集中注意力向同一目标努力。

(四)提出设想

主持人重新叙述议题,要求小组成员讲出与该问题有关的设想。可以采取自觉发言,也可以采取轮流发言;发言简明扼要,不做任何论述,一句话的设想也可以。一般说来,主持人先提出自己准备好的设想,然后再提出根据别人的启发而得出的设想。在小组成员提出设想的时候,主持人应善于应用智力激励思考的方法,使场面轻松而妙趣横生。如此一轮再轮,以便使每个人都能最大限度地贡献设想。最后一定能从大量设想中选择出最佳的方案。

(五)记录设想

记录下来的设想,是进行综合和改善所需要的素材,所以必须放在全体与会者都能看到的地方。每一设想必须以数字注明顺序,以便查找,必要时可以用录音机或电脑辅助记录,但不可以取代笔记。

(六)客观评价

找到解决问题的最佳方案是智力激励法的目的,这就需要对设想进行评价。这种评价不能在当天进行,最好过几天进行。其原因有两个:一是再次邀请相同成员评判时,有可能各自提出在这期间考虑到的新设想;二是如果当天进行评判,那么在头脑风暴的氛围中就有可能不冷静,影响客观评判。

三、智力激励法的改进技法

奥斯本的智力激励法毕竟还存在缺点,于是就出现了一些改进型的智力激励法。这些方法基本原理与上述相同,只是操作程序和运用步骤有不同。下面简要介绍几种改进型的智力激励法。

(一)默写式智力激励法(635法)

这是德国人根据德意志民族喜欢深思的性格,提出的一种以笔代口的智力激励法。每次会议邀请 6 人参加,每人在卡片上默写三个设想,每轮历时 5 分钟,故称“635 法”。主持人宣布议题,给每个人发几张标有序号的卡片,每个设想对应一个序号,下面留有空隙供他人再添新设想。最后针对传递交流的卡片上的设想,进行评价、筛选。

(二)卡片式智力激励法(NBS 法)

卡片式智力激励法由日本广播公司提出。每次会议邀请 4～8 人参加,每人必须提出五个以上的设想填入卡片,一张卡片一个设想,然后轮流宣读。受到启发有新设想立即填入卡片。宣读完毕,再进行讨论,选出可采用的设想。

(三)函询智力激励法(德尔菲法)

德尔菲法是美国著名咨询机构兰德公司于 20 世纪 50 年代初发明的,开始是用于某军事保密研究项目,代号为“德尔菲项目”,“德尔菲法”因此得名。其基本方法为:选择若干专家作为函询调查对象,以调查形式将问题及要求寄给专家,限期索回。收到全部复函后,概括、整理成综合表,将综合表连同函询表再寄给专家,使其在别人设想的激励下,提出新设想。经过数轮函询,最终得到有价值的设想。

第七节 专利文献利用法

专利文献利用法是利用专利文献引发创新构思的一种创新技法。专利不仅是人类发明创造智慧的结晶,而且也是人们从事发明创造的源泉。新产品的研制开发,老产品的更新换代,除了必要的市场调查外,最重要的就是要充分利用专利文献,通过专利文献寻找开发新产品、更新老产品的方向。

世界上第一部专利法是 1774 年由威尼斯共和国颁布的。我国从 1985 年 4 月 1 日起实施第一部专利法,许多城市都设有专利服务机构,现在也可以上网查阅专利文献。

充分利用现有的专利文献资料,可以避免不必要的重复,少走弯路,节省人力、物力、财力,还可提高发明创造的起始高度。世界知识产权组织的材料显示,在研究工作中利用专利文献,可以缩短研究时间 60%,节省研究经费 40%。所以,专利文献是值得重视并可开发利用的智力资源,否则,就会造成重复、浪费。

例如,美国一位在钢铁厂工作的化学家,曾耗费 5 万美元,完成了一项技术改进,结果图书馆工作人员告诉他,馆内收藏了一份德国早年的专利说明书,只需 3 美元复印费,便可得到解决其全部问题的材料。

同时,专利文献也是一种法律文件,它告诉人们发明创造所处的法律状态,但这并不意味着人们的手脚受到束缚。相反,可以激励人们在他人构思的基础上,发现其缺陷所在,从而作出进一步的完善和改进,使技术方案更科学、更合理、更进步,产品性能更好,市场竞争力更强。

专利文献利用法的操作程序一般有以下三种方式:

一、通过专利文献寻找创新目标

技术发明史上,通过查找专利文献,寻求创新目标和创造性设想,超过现有专利水平,获得成功的例子很多。经常阅读专利文献,往往使自己的思想受到启发,进而思路开阔,联想丰富,对现有产品、技术作出改进与发展。

例如，1845年，英国的斯旺看到一份关于电灯泡制造的专利，阅读之后便产生了制造碳丝灯泡的想法，经过十多年的努力，1860年发明了世上第一盏碳丝电灯，并将这项发明写成文章，发表在美国的《科学美国人》杂志上。后来，美国发明家爱迪生读了这篇文章受到启发，制成一种具有实用价值的灯泡，从此电灯由实验室进入千家万户，成为人类进入电气时代的标志。

二、综合专利成果进行创造发明

在利用专利进行发明创造的过程中，有时单凭一篇专利文献，还不能解决问题，还需要综合一定数量的专利文献来进行发明创造。

例如，日本的丰田佐吉在为自己的企业寻找出路时，订阅了全部类别的专利文献，他就是综合了当时一些专利技术，发明了自动织布机。当时以纺织业著称于世的英国对此大吃一惊，并向丰田佐吉购买了自动织布机的专利。

三、寻找专利空隙进行创造发明

随着科技的发展，原有的专利就可能出现不完善、不先进，乃至出现空隙、空白，从而为进一步的创造发明创造了机会。

第八节　不完全归纳法

一、什么是不完全归纳法

不完全归纳法是根据一类事物中的部分对象具有（或不具有）某种属性，从而得出该类事物所有对象都具有（或不具有）某种属性的思维方法。

例如：

地球与月球之间是互相吸引的，

太阳与地球之间是互相吸引的，

地球与火星之间是互相吸引的，

太阳与月球之间是互相吸引的，

木星与其卫星之间是互相吸引的，

太阳与哈雷彗星之间是互相吸引的，

所以，任何两个物体之间都是互相吸引的。

这个结论就是众所周知的“万有引力定律”。牛顿把引力看做是“统摄宇宙”的，在宇宙间到处都起作用的。这无疑是由部分推论到全体。不完全归纳法的形式，可用公式表示如下：

S_1是（或不是）P，

S_2是（或不是）P，

S_3是（或不是）P，

S_4是（或不是）P，

S_1，S_2，S_3，…，S_n是S类事物的部分对象，

所以，所有S都是（或不是）P。

二、不完全归纳的结论是或然的

人们应用不完全归纳法，虽然可以从为数不多的事例中摸索出普遍的规律性来，然而这还是个猜想。这个猜想对不对，还必须进一步加以验证，因为结论所断定的范围超出了前提所断定的范围，结论就不具有必然性，也就是说它可能真，也可能假。概而言之，对不完全归纳法来说，一方面是它的结论可能提供全新的知识，另一方面是它的结论未必真实可靠。

让我们再看一个科学上著名的实例。大家都知道，自然数中那些可以被 2 整除的数，叫做偶数；剩下的那些数，叫做奇数。有一种数，只能被 1 和它自身整除、而不能被其他自然数整除，如 2、3、5、7、11、13 等，这种数叫做素数，又称质数。1742 年，哥德巴赫写信给欧拉，提出了每个不小于 6 的偶数都是两个素数之和。例如 6＝3＋3，24＝11＋13 等。有人对一个一个的偶数都进行了这样的验算，一直验算到了三亿三千万之数，都表明这是对的，但是更大的数目呢？猜想起来也该是对的。这就是应用不完全归纳法而提出的著名的“哥德巴赫猜想”（任何一个偶数都能表示为两个质数之和）。其所以称之为“猜想”，是因为结论是或然的，未必是确实的。因此，“哥德巴赫猜想”还必须加以证明，然而证明它是件非常艰难的事。

华罗庚在《数学归纳法》中举了一个生动形象的例子，通俗地说明了不完全归纳法结论的或然性：“从一个袋子里摸出来的第一个是红玻璃球，第二个是红玻璃球，甚至第三个、第四个、第五个都是红玻璃球的时候，我们立刻会出现一种猜想：‘是不是这个袋里的东西全部都是红玻璃球？’但是，当我们有一次摸出一个白玻璃球的时候，这个猜想失败了。这时，我们会出现另一个猜想：‘是不是袋里的东西全部都是玻璃球？’但是当有一次摸出来的是一个木球的时候，这个猜想又失败了。那时我们会出现第三个猜想：‘是不是袋里的东西都是球？’这个猜想对不对，还必须继续加以检验，要把袋里的东西全部摸出来，才能见个分晓。”

三、不完全归纳法的作用

不完全归纳法的特点是结论所断定的范围超出了前提所断定的范围，结论的知识往往不只是前提已有知识的简单推广，而且还揭示出存在于无数现象之间的普遍规律性，给我们提供全新的知识，尤其是科学的普遍原理。人们要认识周围的事物，首先必须对事物的现象进行大量的观察和实验，然后根据观察和实验所确认的一系列个别事实，应用不完全归纳法由个别的知识概括成为一般的知识，从而达到对普遍规律性的认识。所以，不完全归纳法在探求新知识的过程中具有极为重要的意义。

第九节 类推法

一、什么是类推法

类推法是这样一种思维方法，它根据两个对象在一些属性上相同或相似，由此推出两个对象在另一个属性上也相同或相似的结论。例如，几十年前有些科学家将火星与地球类比，根据地球和火星都是太阳系行星，都有大气层，都有水分，都是温度适中，而地球上有生物，便推知火星上也可能有生物。这就是类推法。类推法可以用公式表示如下：

A 对象具有属性 a、b、c、d，

B 对象具有属性 a、b、c，

所以，B 对象也具有属性 d。

这一思维过程，实际上是先根据两个或两类事物之间有许多属性相同而推出它们可能属于同一类，然后又根据同一类事物有许多共同属性而推出它们的其他属性也可能相同。这是因为客观世界存在着同一性，各种事物之间存在着各式各样的相似点和相似关系，并且事物的许多属性并不是独立地存在的，而是相互联系、相互制约的。因此，在我们知道的几个相似点之后，下一个很可能又是相似点。当然，不同的类推所根据的相似点是不同的，有的类推是根据很多的相似点而得出结论的，有的类推则是根据很少的相似点而得出结论的。例如，古时人们希望像鸟一样飞翔，先是重视宏观类推，用手臂来代替两个巨大的"翅膀"，这不但飞不上天，反而把人摔死了。这种宏观类推所依据的相似点较少。后来，人们了解了鸟翅膀微观动态结构，了解到拱弧形翼上面空气流速快，翼下面空气流速慢，使翅膀上下产生压差，从而产生升力。人们于是就改进机翼，加大了运动速度，这就是从微观动态结构相似着手，最后达到了相似结果，制造成功了现在的飞机。这时类推所依据的相似点就较多了。听诊器的发明，也是类推思维的产物：一个医生很想发明一种能够诊断胸腔里的健康状况的听诊设备，一天到公园散步，看到两个小孩在玩跷跷板，一个小孩在一头轻轻地敲跷跷板，一个小孩在另一头贴耳听，虽然敲者用力轻，可是听者却听得极清晰。他把要创造的听诊器与这一现象作类比，终于获得了制作听诊器的创意，听诊器就这样诞生了。

二、类推法得出的结论是或然的

类推法的思维方向是从特殊到特殊，即从一个对象的特殊知识过渡到另一对象的特殊知识。这一过渡，需要两座桥梁。一座桥梁是两个对象的一些属性相似；另一座桥梁就是我们假定一个对象属性之间的共存联系也适合于另一对象。不难看出，这两座桥梁都不太牢靠。根据一部分属性相似来推断其他属性也相似，根据一个特殊对象中属性的共存联系来推断另一对象也有这种联系，都缺乏逻辑上严格性和充足的理由，而带有假定和猜测的色彩。因此，它所推出的结论也就带有或然性，可能是真的也可能是假的。例如，根据计算机、机器人等人工智能机器在某些功能上与人类相似，预言机器人将会通达人性，能够集会结社、组织政权乃至统治人类，或把人类放到机器人的动物园中豢养起来等说法就是运用类推法所得出的错误结果。

类推得出的结论之所以是或然的，主要是因为客观上存在着以下两种情况：

第一，对象之间不仅存在着相似性，而且存在着差异性。A、B 两个对象尽管在一系列属性上是相似的，但它们毕竟是两个对象，总还有某些方面的差异。如果 d 属性恰好是 A 对象异于 B 对象的特殊性，那么我们做出 B 对象也具有属性 d 的结论便是错误的。例如，美国加利福尼亚州与我国南方的一些地区的自然环境、气候条件是相似的，而美国加利福尼亚州有印第安人居住，那么由此推出我国南方的这些地区也有印第安人居住，这个结论对不对呢？事实证明是不对的。

第二，对象中并存的许多属性，有些是对象的固有属性，有些是对象的偶有属性。例如，血液循环是人体的固有属性，而有 11 个手指头是个别人身上的偶有属性。如果做出类推的 d 属性是 A 对象的偶有属性，那么 B 对象很可能就不具有。不言而喻，个别人身上具有的"返祖"现象（如身上长毛、长短尾巴等），而与其极其相似的兄弟或姐妹未必具有。

虽然类推的结论是或然的，但我们注意如下两点则可以提高类推结论的可靠性：第一，前提中确定的相同属性越多，那么结论的可靠性程度也就越大。第二，前提中确定的相同属性越是本质的，相同的属性与类推的属性越是相关的，那么结论的可靠性程度也就越大。

三、类推法的作用

类推的结论具有或然性，但类推法在科学方法论中占有极为重要的地位，在科学研究中有着不可低估的作用。类推法发挥作用的主要场合是在认识和研究的开始阶段。假说是科学发现的一条重要途径，假说是在有限的事实材料基础上提出的。那么，怎样在有限的事实材料基础上提出科学假说呢？除了归纳法之外，类推法是惯用的方法之一。特别是在科学发生重大变革的时刻，在一个领域或一个学科的开创阶段，只掌握少量的同类事实难以进行归纳的情况下，用类比法来提出假说，常常是颇具成效的。在掌握了一定数量的事实但一时看不出这些事实深层的共同点，无法一下子从本质上进行归纳的时候，如果运用类推法借鉴其他领域或他类事物已知的事实和理论，就能提供归纳的线索，为进一步用归纳法提出假说，架设了一座桥梁。

类推法推出的结论可靠程度较差，但却是最富于创造性的方法之一。因为运用类推法的时候，研究对象范围内没有相应的一般原理，因而不受现成原理的约束，相反它可以提出种种可能的新原理，供人们去探索和检验。同时，类推法可以在广泛的范围内，把看起来差别很大的两类事物联系起来，提出种种设想，这就大大有利于人们发挥思维的创造能力，获得新的启发、新的思想，从而发现新的原理。

例如，“太阳元素”的发现就充分地显示了类推法的作用。1868 年，印度一带地区看到了一次日全食。法国天文学家让逊在观察这次日全食时，从分光镜显示的日珥的光谱中看到了一条陌生的黄线。让逊认为这条黄线表明了太阳中有一种地球上从未见过的元素，取名为“氦”(就是“太阳元素”的意思)。那么，地球上究竟有没有这种元素呢？为此科学家们做了这样的类比推理：在太阳中，氦与其余 50 多种元素(当时已知的元素数目)是并存的，而在地球上也有这 50 多种元素，所以，地球上也可能并存着氦元素。27 年后，英国化学家拉姆赛对钇铀矿气体做光谱分析时，也看到了这样一条黄线。经他的朋友克鲁克斯鉴定，这就是“氦”的谱线。“太阳元素”在地球上找到了。

类推法在司法实践中也经常使用。在侦查工作中，如果运用类推法得出几起案件可能是同一作案人所为，就可以并案侦查，提高破案率。例如，某商店发生一起盗窃杀人案，由于现场情况比较复杂，唯一起到证据作用的是被犯罪分子撬开的桌子抽屉上所留下的撬压痕迹。后来有群众反映，某青年商店不久以前先后两次被盗，箱子也是被撬开的。这引起了专案组的注意，他们将这两起小案与那个盗窃杀人案所遗留的撬压痕迹进行对比，结果表明：三起案件的撬压痕迹表明用力方向、缺损程度、形成部位等完全一致，很可能是同一个人使用同一种工具所为。于是专案组将这三个案件并案侦查，并选择其中一起较易破获的小案为突破口，以小案带大案，终于完全破获。

需要说明的是，本节的类推法和上一节的不完全归纳法在传统逻辑中被看做是逻辑思维的内容，但按照我们前面对逻辑思维和非逻辑思维的划分，不完全归纳思维和类比思维就应该属于非逻辑思维。为了和传统逻辑不完全归纳推理、类比推理相区别，我们这里特意用了“不完全归纳法”和“类推法”这两个名词以示区别。

第六章　创新思维实践

第一节　创新思维的落脚点

我们的头脑经过一番努力，获得了一些好的创意，但是事情并没有结束，还有更为重要的“运用”问题。从实践上看，想点子是一回事，用点子是另外一回事。我们要学会想点子，还要学会用点子，特别要善于想出“用点子”的点子。

因此，我们以上学会了一些创新思维的方法，那么，如何把这些方法有效地运用到实践中去呢？怎样在公共生活中运用创新思维？怎样在个人生活中运用创新思维？只有在各种场合下，都能够得心应手地综合运用各类创新思维方法，并取得预想中的成果，我们才算真正学会了创新思维。因为前边已经多次讲过，创新思维是一门应用型的实践学科，而不是一门纯理论型的书斋学科。还记得毛泽东同志的一贯原则吗——“读书是学习，使用也是学习，而且是更重要的学习。从战争中学习战争，这是我们的主要方法。”

一、实践中的创新过程

波利亚是一个数学家，他对解决问题的创新程序兴趣甚浓，他认为实践中的创新过程可分为以下三个阶段：

(1)了解问题：未知数是什么？数据是哪些？情况如何？能满足情况需要吗？有关情况足以决定未知数为何吗？还是不够用？还是重复了？还是相抵触？可以画张图，引入合适的标志，把情势的各部分加以分解。

(2)设计方案：见过这个问题吗？或是见到这个问题以稍许不同的面貌出现吗？你知道相关的问题吗？你知道可能有用的一个原理吗？观察未知数，思索一个类似的问题，是否具有同样或类似的未知数。这是一个相关的问题，而且以前曾解决过。你能用它吗？你能用此法吗？你能加入一些辅助材料，而使它有用吗？你能对问题另加叙述吗？你能再加叙述而花样翻新吗？回到问题的定义上去。

(3)执行方案：实现答案的计划，检查每个步骤。你能仔细看到步步都对吗？你能证明它是正确无误的吗？检验所获的解法你能检查结果吗？你能检查争议之见吗？你能另施一计，获得同样结果吗？你能一目了然吗？此法的成效可用于一些其他的问题吗？

任何一个创新过程几乎都要经过以上三个阶段，其中最困难的常常是第二个阶段，而最关键的则总是第三个阶段。

二、创新的实施过程充满风险

风险意识起源于传统的商业社会。一般来说，商业的投资回报周期要比农业短得多，而且商业领域中的“未知数”(即风险)也较农业为多，因而传统的商人比传统的农民更富于开拓意识和冒险精神。

在现代化时代,整个社会的重心是市场经济,而市场经济是一种典型的风险型经济,参与其中的每一个人或组织都怀着各不相同的目的从事活动,况且其信息量之大、变化之速,都远非人们所能计算或预料,谁也无法掌握做某项决策所需要的全部信息,无法做到"稳操胜券"。在这种情况下,领导者往往只能依据有限的资料,在有限的时间内,凭借"直觉"或"第六感官"(其实不过是"运气"的代名词)做出某种决定并立即付诸实施。成功与否无法事先断言,根本不存在"百分之百的把握"那种东西。

这就是创新实施过程的风险,而风险型思维方式的特点在于:

第一,放弃"百分之百把握"的幻想,以速度和效率为重,及时捕捉机遇,大胆决策,决不犹豫徘徊,坐失良机。市场经济到处是风险,有风险就要冒险。从根本上讲,冒险就是赌博,风险投资就是下赌注。有魄力的企业家反而喜欢风险大的市场,因为风险与利润成正比例,风险越大的地方,投资回报率也越高。

第二,勇于开拓创新,不迷信以往的经验。经验能说明过去,不能说明将来,经验多固然是好事,但如果不善于运用,则有可能被经验所束缚,畏首畏尾不敢决策。新情况新问题必须用新思路、新办法去处理,创新是市场经济的基本生存法则,不创新就无法生存。对人才的评价和考察也要加进新内容,要把创新能力和承受风险的能力作为首要指标,这样选拔的人才方能适应市场经济的现实环境。

第三,允许尝试,允许失败,允许犯错误,特别要鼓励那种因为开拓创新所导致的失败和错误。国外有家跨国银行,在年终考核职员时,如果发现某位信贷员百分之百地收回了贷款,就会认为他过于谨慎保守,不敢承担风险,因此肯定错过了许多难得的放款机会。失败并非一定是坏事,因为市场经济风云变幻,谁都当不了"常胜将军",只有"稳重"到什么事都不干的人,才能完全避免失败,同时也彻底失掉了成功。

另一方面,风险型思维方式并不赞同那种鲁莽的冒险行为,它也同时吸收了稳健型思维方式的优点。在外界条件许可的情况下,人们总希望多掌握一些信息和数据,尽可能地稳妥一些,把握大一些。在不耽搁时间和效率的前提下,如能做到"胜券在握"当然是求之不得的事,然而这种理想状况往往千载难逢。于是我们只能退而求其次,在该承担风险的时候毫不犹豫地冲上去,即便失败了也绝不反悔。试想,这个人一年内做了 10 件事,成功了 8 件,而另一个人做了 30 件事,成功了 15 件,我们应该推崇哪一种人呢?

三、实施创新的动作要快

实施创新的秘诀是什么?很简单,那就是:现在就去做。

"种下行动就会收获习惯;种下习惯便会收获性格;种下性格便会收获命运",心理学家兼哲学家威廉·詹姆士这么说。它的意思是——习惯造就一个人,你可以选择自己的习惯,在使用座右铭时,你可以养成自己希望的任何习惯。在说过"现在就去做"以后,只要一息尚存,就必须身体力行。无论何时必须行动,"现在就去做"的观念从你的潜意识闪到意识里时,你就要立刻行动。

因为"创新"的要害就在于"新",如果动作太慢,你的"新"就会变成"旧",就失去了它本来应有的价值。

先从小事上练习"现在就去做",这样你很快便会养成一种强而有力的习惯,在紧要关头或有机会时便会"立刻掌握"。比方说你有个电话应该打,可是你总是拖拖拉拉,而事实上你已经一拖再拖。如果这时那句"现在就去做"从你的潜意识里闪到意识里:"快打呀!请你立刻就去打吧。"或者,你把闹钟定在早上六点,可是当闹钟响起时,你却觉得睡意正浓,于是干脆把闹钟关掉,倒头再睡。如果这种情况继续下去,你将来就会养成习惯。假使你的潜意识把"现在就去做"闪到意识里,你就不得不立刻爬起来不睡了。

为什么?因为你要养成"现在就去做"的习惯呀!威尔士先生就因为学到做事的窍门,而成为一个多产作家。他绝不让灵感白白溜走,想到一个新意念时,他立刻记下。这种事有时候会在半夜里发生,没关系。威尔士立刻开灯,拿起放在床边的纸笔飞快地记下来,然后继续睡觉。

第二节 实物创新

实物创新就是创造出一个世界上原先并不存在的事物,往往是能够申请的发明,这种形式的创新是历史上最多的,对于社会的发展具有十分重要的意义。让我们来看几个具体的案例。

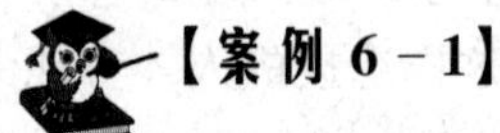
【案例 6-1】

吸油泵的发明

这是一位著名的日本创造学家的发明,让我们看一看他自述的发明过程。

那是昭和 17 年(1942 年)的事情,我正在旧制的麻布中学读二年级。发明的动机是为了孝敬我的母亲,向她表示我对她的爱和孝心。在冬天的一个寒冷的早晨,我看见母亲在冰冷的厨房里,双手抱着一个巨大的玻璃酱油瓶子(容量 1800 毫升),正费力地向桌上的小瓶子里倒酱油。

现在所使用的酱油瓶已改成手拿方便的体积小的塑料瓶。那时却是又大又重的玻璃瓶,瓶口上也没有现在这种特制的注出口,所以对一个妇女来说,向小瓶里倒酱油并不是一件轻松的事。冬天,厚厚的玻璃制成的大瓶子,连同里面的酱油一起被冻得冰冷,母亲那冻伤的双手不断地颤抖,酱油洒了一桌子,但小瓶里却没有装进去多少。

母亲弯着腰、低着头,努力地做着这件艰苦的事情,我看见她蜷缩的身影,心里很激动。平日里我一直想为母亲做一点事情,帮她的忙,这时我想:"为了让母亲少受些苦,为了让她不抱那个冰冷的大瓶子就能够轻松地将小瓶装满酱油,我一定要想一个好办法。"于是我自己去图书馆,读了许多书,查了一些资料。在学习流体理论和原理的过程中,我了解了流体力学的虹吸现象,找到了解决问题的关键所在。

首先,找到了理论根据,掌握了"合理性"。这个理论根据就是:当流体在管道内从高处向低处流动时,尽管中间有一段高出液体平面的管路,但一旦液体开始流动,液体就会不停地向低处流动,这一现象就是虹吸现象。当然只有这一点还是不够的。当用管子吸取大瓶酱油时,必须想办法把酱油吸到逆"U"字形的管子的最高处,再使之向另一端的低处流,才能使酱油自动地流入小瓶。向低处流的"下坡"是不成问题的,困难的是怎样才能把酱油吸到管子的顶点,也就是"爬坡"的问题。当然也可以像一般人所想象的那样,用嘴吸管子的一端,把酱油吸过顶点后再迅速地将管口插入小瓶。但是用嘴吸的时候,轻重很难控制,很容易把酱油吸到嘴里或洒到外面。

“难道没有好的办法吗?”有一天我正在为这事苦思冥想的时候,突然目光落在桌子上自来水笔的墨水吸取管上,脑子里一亮,来了灵感。我上中学的时候,所使用的自来水笔与现在的不一样。向自来水笔里灌墨水的方法是,用一个带橡皮球的玻璃吸管从墨水瓶吸取墨水后,再注入自来水笔内。

这种自来水笔现在几乎已经见不到了,年轻的读者可能很多人都不知道。在这里我想简单地介绍一下这种墨水吸取管。吸取管由一枝一端细一端粗的玻璃管和一个连在粗端的空心橡皮球构成,这是那时使用自来水笔必不可少的文房之宝。将不带橡皮球的玻璃管细端插入墨水瓶,用手将橡皮球捏扁,松开手,墨水就会被吸入玻璃管中。再将细端插入自来水笔的上端,捏扁橡皮球,墨水就会注入笔内。

这个墨水吸取管触发了我的灵感,我找到了解决问题的方法。“不用嘴吸管子口,也能把液体吸上来!”于是我把吸取管的橡皮球取下来,再将一枝喝汽水用的塑料管弯成“U”字形,在中间开了一个洞,把橡皮球用胶水固定在吸管的洞口上。

但是单这样做并没有成功,并没有把液体吸上来。经过试验和思考,我明白了在吸管上必须有两个单方向通行的活瓣。最后经过多次的改造、试验,克服了许多困难,终于成功地使吸上来的液体不再倒流回去,能顺利地连续流动了。40多年来,这项发明一直被家家户户所使用。

【案例6-2】

自黏性便条纸

这个小发明在1978年上市之后,立刻席卷整个美国市场。有人形容自黏性便条纸销售的速度与拓展的广度有如老鼠的繁殖一般,就在短短的期间内,布告栏、墙壁、打字机、电话筒、书架、相簿、影印机、篮子、咖啡杯甚至鞋底,到处看得到它。那种黄色的便条纸就像老鼠一样,四处繁殖,无所不在。这也难怪3M公司副总裁哈斯特说:“自从本公司推出透明胶带之后。20多年来,没有一项产品那么简单,用途却那么广。”

自黏性便条纸是由3M公司的研究员史尔华所发明的。他在1964年,参加该公司为期4年的“聚合粘胶研究计划”。该计划主要目的是研究出黏度超强的粘胶。结果,史尔华非但没有研究出黏度超强的粘胶,反而研究出一种黏度超弱的粘胶。由于它的“内聚性”较强,而“附着性”较弱,所以它能把两种物体的表面粘在一起,但粘不紧。这种不粘的粘胶丝毫不受公司的重视,因为研究部门所追求的,一向是黏性更强的,而不是黏性更差的。因此,大家都说:“这种不粘的粘胶有什么用呢。”

只有史尔华不死心,他虽然说不出它的好处,但他逢人便说:“这种不粘的粘胶一定对某些东西有帮助。是否有不需永久粘着,只需粘一阵子的东西呢?是否能把它变成新产品,满足人们爱粘多久就粘多久,想撕掉又可随时撕掉的欲望呢?”没有人知道此种超弱的粘胶有什么用途。一直到了1974年,史尔华的同事亚瑟·佛莱在美国圣保罗的教堂里,发现它的用途,正式赋予它新生命。

佛莱是一位虔诚的基督徒,他经常参加教堂的唱诗班。为了便于迅速找到所要唱的诗,事前他都会用小纸条把所要的那几页标示出来。可是,在正式献唱之时,由于小纸条常从歌本中掉出来，弄得他老是找不到所要唱的诗。有一次，小纸条又掉落地上，佛莱灵机一动，想到了史尔华的超弱粘胶——如果在小纸条上沾点超弱粘胶，不但可用来当不会掉落的书笺，而且撕开时既不会伤害歌本，也不会留下粘胶。佛莱很快做出自粘书笺。接着他发现，书笺仅仅是超弱粘胶的小用途，将它做成备忘的字条，更能发挥它的用途。佛莱把这些自黏性便条纸的样本送给3M的同事使用。人们一用上它，不再回头去使用图钉与回形针，永远爱上它了。

第三节 对策创新

解决问题需要对策，解决同一个问题往往可以用不同的对策，这里就有一个思维创新的问题。当我们开动脑筋之后，就会发现新对策源源不断，使面前的问题解决得更好。接下来我们看几个具体的案例。

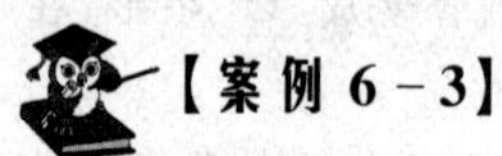

【案例6-3】

化弊为利

美国联合碳化物公司的一幢新建的高达52层的大楼竣工了。公司总部要公关部提出一个好的策划方案，提高本公司和本大楼的知名度。公关部经理左思右想，想找个新奇的方法造成轰动效应。

一天，公司一名仓库保管员上顶楼大房间里去取东西。他打开门一看，哇！密密麻麻的一大群鸽子停在这间房里，到处是鸽子粪、羽毛。照理，保管员会气愤地把这些鸽子都轰出去。可是他觉得这很奇怪，也很有趣，于是向总经理汇报了这件少有的事。

总经理听后勃然大怒："这么小的一点事都来找我，你以为总经理是轰鸽子的？难道你就不能把他们全赶出去吗？"此时站在旁边的公关部经理连忙说："不能赶出去，不能赶出去！这是上天意外送给我们的大好机会，是一笔无价之财呢。"他给总经理如此这般一说，总经理立即答应照办。

公关部经理一下子看出了这件小事背后潜藏的巨大利润，完全可以开发，只要将此事变大就能扩大公司影响，于是他们立即打电话给动物保护委员会，请他们迅速派人前来协助处理这件有关保护动物的"大事"。

动物保护委员会也从未听说过如此稀奇的事，立即派人带上工具前往大楼捕捉鸽子。与此同时，公司又电告各大小电台、报纸等媒体，说在本公司总部大楼发生了一件以前从未发生过的有趣而又有重大意义的捕捉鸽子"事件"。报社、电台等新闻机构纷纷派出记者现场采访和报道。

他们故意把这件事表演了很长时间。他们把一只只鸽子网住，放进专门的鸽子笼中。在一间房里为什么会聚集这么多的鸽子？难道这是动物世界的神秘现象？这些疑问吸引着众多的市民，他们都想了解这一事件的情况。联合碳化物公司把这件事演变成了人们茶余饭后的谈话资料。人们每天都收看收听有关的新闻报道，每天都议论。

从捕捉第一只鸽子起，到最后一只鸽子落网，花了三天时间，各新闻媒介也对捕捉鸽子的事件进行了连续报道。结果每次总少不了总经理在电视镜头前介绍这次行动，介绍本公司的宗旨，介绍本公司产品特点、性能等。这样，这家公司一下子就名声远扬了。到最后一天，他们还别出心裁地搞了一个盛大而隆重的“鸽子放生活动”，邀请了许多人参加。有些电台甚至以直播的形式报道了这一事件，影响之大可想而知。

实际上，公关部经理本来还想利用这件事赚一笔现钱。他的点子是：立即通知一些其他公司，如果他们愿意与本公司共同进行这次动物保护活动的话，只要交上一定数目的钱就行。他说：“绝对会有许多公司愿意利用这个事件，因为公众的注意力都集中在这上面，况且保护动物最易树立令人好感的形象。这可为公司赚得相当可观的意外现金。”总经理说，别这样，我们独家行动就行了。

虽说这家公司是碳化物公司，但公关部经理却想到了另外的高招。利用三天来公众对这次动物保护活动激发的兴趣和热情，进一步促进公众对野生动物的感情，他在本公司成立了一个动物保护协会分会，深化公司这次事件所获得的影响。他们还制造了纪念章，以纪念这次奇特事件。许多动物爱好者争相收藏，他们知道这种纪念章很有收藏价值，将来一定会增值。这些都扩大了联合碳化物公司的影响。公关部经理也预料到“保护动物”这一大众感情会流向社会各个领域，变成其他商品，如介绍动物的电视节目、图书，或动物悦耳的叫声的录音带，或动物笼子、动物饲料、宠物交易等商品都会引起一阵热潮；许多商品制成动物形状，或与动物有关，或是贴上有动物的商标、商品名称就是动物的名字。这些都有潜在的利润，这些都是可以开发的点子。

后来他们在动物保护上做了许多工作，如拍摄电视节目，出版书籍、录音带，举办活动等。这在保护动物宣传的同时，再次提高了联合碳化物公司的知名度。

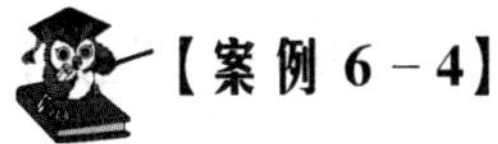【案例 6－4】

依附式宣传

20 世纪 50 年代末，美国黑人化妆品市场被佛雷化妆品公司独占。佛雷化妆品公司的一名供销员乔治·约翰逊独立门户创建了只有 500 元资产、3 名职工的约翰逊黑人化妆品公司。他清楚地知道，他当时无力把佛雷公司打垮，就集中力量生产一种粉质化妆膏。

经过认真思考，他决定靠“衬托法”推销自己的产品。他在广告宣传中说：“当你用过佛雷公司的产品化妆之后，再擦上一次约翰逊的粉质膏，将会收到意想不到的效果。”同事们对这种“依附式”宣传不满，说他替佛雷公司做广告。约翰逊笑着说：“就是因为他们的名气大，我们才这样说，打个比方，现在几乎很少有人知道我约翰逊，可如果我能想办法站在美国总统身边的话，我的名字马上便会家喻户晓，人人皆知了。推销化妆品的道理是同样的。在黑人社会中，佛雷化妆品享有盛名，如果我们的产品能和它的名字一同出现，明着捧佛雷公司，实际上却抬高了我们的身价。”

第四节 企业创新

市场经济的基本特点就是，主体的多元化以及由此产生的竞争。企业处在市场经济的第一线，不可避免地要卷入竞争的漩涡。人们常把商界比喻为“战场”，因而把“孙子兵法”“三十六计”之类的东西运用于企业实践。

有了竞争，创新思维才能大显身手。在企业竞争的实践中，一个好点子能够救活濒临倒闭的大公司，而一个馊主意足以让整个工厂顿时陷入危机。有经验的企业家们早就认识到"有智者事竟成"的道理。

一、技术发明

现代企业发展的历史已经说明，技术在企业运作过程中的作用越来越重要。在很多情况下，一项实用技术的发明，就意味着一个企业的诞生，甚至意味着一个行业的诞生。

正因为如此，国际上的大型公司，几乎都有自己的技术研究中心，其中聚集了一批很有创新精神的发明家和工程师。他们的技术成果为企业争得了高额利润，同时，他们在实践中也总结了不少实用的创新思维方法。此外，企业与高等学校和科研机构的合作也越来越密切，企业需要他们的发明成果，而高校和科研机构则需要企业的资金援助。

在技术发明的过程中，思维方法的使用是多种多样的，但是其中仍然能够寻出一定的规律性。有些基本的创新思维方法在很多领域都能够使用，并且能获得令人满意的效果。比如，在搞发明创造的时候，当沿着预定的路线走不通的时候，不妨朝反向想一想，这种方法看似简单，在实践中却很有意义。

例如，有一位日本科学家，在提高晶体管纯度的试验中，一直采用"排除杂质"的方法，多次试验但是效果总是不理想，难以把杂质排除干净。后来，他的助手大胆提出，"能不能试一试相反的方法——加进杂质呢?"结果，他们发现了奇妙的"隧道效应"，研制出"隧道二极管"，不但荣获诺贝尔奖，而且在无线电领域内产生了很大的影响。

创新思维的方法种类繁多，而每个发明家的个人习惯却各有差异。一般来说，有成就的发明家总有自己惯用的某一种方法。这种方法在别人看来也许毫无效果，甚至荒唐可笑，但是，他个人却能够从中获得创意的灵感。

美国发明家盖茨博士，曾经完成过数百种发明和发现。盖茨习惯用"创意沉思法"，具体过程是这样：每当他用通常的方法解决不了问题的时候，他就走进一间小小的隔音室，室内只有一张桌子、一把椅子，桌子上摆着笔记本、铅笔，还有室内电灯的开关。盖茨博士走进来，关紧门，坐在椅子上，熄灯。

在这种黑暗而宁静的氛围中，盖茨注意力高度集中，努力控制自己的潜意识，试图为所要解决的问题找出一个答案——无论什么样的意念性的答案。有时，他在黑暗中苦坐数小时而一无所获，但是，只要头脑中的创意刚一闪现，盖茨就会立即打开电灯，把这个创意写在笔记本上。

在西方，随着精神分析哲学的流行，利用做梦来产生创意，已经引起了思维研究者们的高度重视。在科学发展史上，确实有许多技术发明都是受到梦的启发而做出的。比如，生物学家班廷在梦中设想出了胰岛素的化学结构；汤川秀树在刚入睡时构想出介子的观点；门捷耶夫在给朋友的一封信中说："我在梦中看见各种元素排列成整齐的一张表，我醒来马上把这张表记下来，后来，这张表只需要订正一个地方。"

梦何以能够产生创意，其中的机制人们还不是很清楚。根据我们的理解，一个人在睡梦中，其思想中的各种思维定势被淡化了，各种框框和束缚被解除了，还有一些人所共知的"常识"之类的东西也不起作用了，因而头脑中的各种观念能够自由地加以组合，各类事物能够无拘无束地变形，使得产生新创意的可能性比清醒时大。

在技术发明的萌芽时期，可以有意识地利用梦境来启发思路。其具体的方法应该因人而异，主要的是，首先要广泛地收集资料，以便为梦中的创意提供素材，还要使自己长时间地沉浸于创造的兴奋中，并且在每次入睡前进行暗示说："今天夜里要做一个梦，在梦中想出一个新点子，解决这个难题。难题一解决马上就醒！"像这样连续暗示许多遍，最后在枕边放上纸和笔，以便刚醒来就立刻记下梦的内容；或者放一台录音机，一有新点子就马上口述录下来。绝不要等到起床以后再慢慢地回忆，因为很可能梦的内容会忘得干干净净。在企业实践过程中，应该充分发挥组织的力量，把技术人员和创意人员召集到一起，利用"优势互补"的原则进行联合攻关。一般情况下，技术人员精通某种专业，但却容易受到狭隘的专业眼光的限制；而创意人员思路开阔，创新大胆，但却缺乏技术上的支持。在联合攻关的初期阶段，创意人员应该发挥自己的长处，多想一些巧点子乃至"怪点子"；而在攻关的后期阶段，技术人员则要大显身手，进行细致的可行性论证和实施方案的操作。在所有大型项目的开发和实施过程中，都存在一个合理选配人员的问题，就是为了打破专业所形成的思维定势。

二、战略策划

企业的战略策划已经受到越来越多的重视，因为战略策划是以全局、整体、长期和体质性的东西为目标的。当前在国内颇为流行的"CIS 策划"就是一种整体性的战略策划。

西方的企业管理专家认为，公司战略策划所要解决的根本问题主要有如下五种：①本公司存在的根本理由是什么？②本公司要达到的根本目的是什么？③怎样组织资源以便实现本公司的根本目的？④本公司所有职员应该具有什么样的价值观？⑤本公司应承担哪些社会责任？

从某种意义上讲，以上五个问题都可以归结为企业整体的价值观问题。企业存在的理由、所要达到的目的、组织资源的手段、所承担的社会责任等方面，其背后都有一个价值观问题。企业的整体价值观，就是在你这个特定的企业看来，哪些是最要紧的、最优先选择的或者最好的东西，是利润第一呢？还是服务第一呢？还是为社会造福第一？一般情况下，这几个目标也许是一致的，看不出其间的区别。但是到了某种关键性的时候，企业价值观就会显示出差别来。

企业的战略策划便是围绕着价值观进行的，必须体现出自己的价值观特色。我国企业所讲的"企业精神"就是其价值观的直接体现。

创意思维能够运用于企业战略策划的各个环节，而且就当前的实际情况来看，许多企业在进行战略策划的过程中，往往忽略了创新思维的作用，而达不到应有的策划效果。

独特性，是战略策划要考虑的首要问题。所谓"CIS"是一个英文缩写，原文是"corporate identity system"，意思是"企业特性识别系统"。其中的"identity"这个词，是指一个人或者事物的最本质的东西，是借此与别的人和事物相区别的东西，"身份证"中的"身份"也是这个词。本书已经多次强调，每一个事物都不会与别的任何一个事物完全相同，都会有自己独特的东西。而我们当前许多的企业策划中，共性的东西太多，而个性的东西太少。一讲起"企业精神"，大部分都是"开拓""创新""团结"之类，每家商店都挂着"顾客是上帝"的口号。缺乏特色，千人一面，便很难树立起独特的社会形象，因为大家无法把你这家企业，与别的同类企业区别开来。所以，这里就需要运用创新思维的方法，找出你这家企业的特点，进行具有特色的战略策划。

一致性，是企业战略策划所要考虑的另一个重要问题。一旦企业的总体目标确定，那么这个目标必须体现在企业运作的各个环节,使每个环节都保持一致.才能够增加企业的整体效益,提高职工的凝聚力。如果企业的各部门没有高度的一致性,那么所谓的"战略策划"和"总体目标"就成了空洞的东西,没有实现的可能性。

企业的外部形象也应该保持高度的一致性,使这个企业能够以一种整体一致的面貌出现在社会中间,这对于提高企业知名度有极大的好处。因为公众的记忆力是有限的,不可能记住许多零散的东西。比如,有一家公司名叫"春山酿酒厂",生产的产品叫"七粮液"低度酒,而这种酒的商标是"冷泉"。它的厂名、产品名和商标名各不相同,要想打出知名度便十分困难,因为消费者必须记住三个不同的名称。如果把三者统一起来,就能省了大量的广告费用,比如,"冷泉酿造厂"生产的"冷泉牌""冷泉酒",简单明了,符合一致性原则。

在实践过程中,企业的战略策划应该与具体的战术策划相配合,才能得以贯彻实施。战术策划是一次具体行动的设计,它既要体现总的战略目标,又要考虑到可行性。当一次战术行动完成之后,又要进行下一次的战术策划,它是接连不断的。

例如,南斯拉夫红旗汽车厂,为了把产品打入美国市场,采取了"避实击虚"的战术。他们通过调查知道,美国家庭尽管小汽车十分普及,但是,每年总有大约300多万人,由于受经济条件的限制,只能购买别人淘汰下来的旧汽车。于是红旗汽车厂打算把这300万人作为自己的潜在顾客,借机打开美国汽车市场。按照这样的战术策划,红旗厂设计出了一种小型车"南55",每辆售价4000美元,很快打开了销路,第一年就售出了4万辆,达到了"以新车打旧车,以低价打高价"的目的。

第五节　制度创新

制度是一种组织方式,在不同的制度下,人们劳动的效率会发生很大的差别。所谓"制度创新"就是改变旧的制度,使人们在新制度下头脑更灵活,工作效率更高,生活更愉快。接下来我们看几个具体的案例。

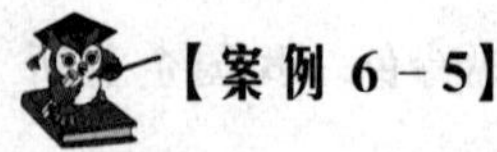

【案例6-5】

分期付款

更早的时候,19世纪40年代,为了符合顾客的实际情况,有人发明了分期付款的办法。

赛勒斯·麦考密克是美国许多收割机制造厂中的一家。农民需要收割机是很明显的,但他发现农机产品卖不出去,其他同类机器也销不出去,原因是农民没有购买力。人人知道两三个季度就可以赚回机器投资,可是没有一个银行肯向农民贷款。麦考密克实行分期付款,允许农民三年内用收割机收益的积余偿还。农民本来买不起收割机,但是现在他们能买了,靠的是分期付款。

制造商习惯于谈论"无理性的顾客",经济学家、心理学家与道德家们也是这样。但事实正如一句古话所说的那样,没有"无理性的顾客",只有"懒惰的制造商"。农民贷款的风险可能比美国银行在1840年想象的要小,但事实是美国银行不肯借钱给农民买机器。革新的战略接受这样的事实:这些现实情况不是来自产品本身,而是来自用户的实际情况。用户购买任何东西都要求适合他的实际情况,否则商品对他们是没有用的。

【案例 6-6】

"臭鼬工房"的历史

企业界出现的第一个最成功的内部研究机构,是由洛克希德飞机公司的约翰逊(Johnson)一手成立的"臭鼬工房"。

约翰逊是个传奇人物,美国飞行史上一些最重要的技术突破,便是由他带来的。约翰逊率领他的洛克希德臭鼬工房队伍,设计出世界上性能最好的飞机,包括 U-2、SR71,还有 YF12。约翰逊是位不平凡的工程专家,隐形战机的设计、研制,靠的全是他的工作成果。在他与史密斯(Smith)合著的自传《凯利》(Kelly)一书中,曾描述他是怎样纠缠最高经营阶层,直到他们答应让他成立一个实验部门,供设计人员及技术人员密切合作开发新型飞机,而摆脱掉中间部门经手行政、采购以及其他各种后勤支援作业的各种干扰。

约翰逊为臭鼬工房订了一些基本的作业规则。企业界的臭鼬工房若要成功,必须具备:

(1)能力高强的创造力尖兵,拥有强大的权力,站在完全主控的地位。这位经理人必须有权力完全控制专案计划的每一层次。

(2)这位尖兵/经理人必须只向一位事业部门副总裁或更高层的主管报告。

(3)经理人必须有能力,也有自由立即作决定。

(4)经理人必须有热线电话,可以由他决定在必要时直通最高指挥人员。

(5)臭鼬工房的人员必须限定在少数能力、责任心特别强的人身上,可能只是一般机构人数的 25%或更少。

(6)报告和文书作业必须缩减到最低程度,但是所有重要事项必须完整记录。

(7)臭鼬工房所有的人员都必须充分参与计划。

(8)所有必要的工作单位、工程、先进设计、制作、财务、人事、策略规划等,都必须配置好人员,而且尽可能形成一集合式全脑工作团体。工房内的工作队伍必须是小规模而优质的。

(9)臭鼬工房的人员都必须和工作有密切的接触。各项工作的规划,都必须考虑到该工作执行时会用到的心智特质。派任人员出任职务时,一定要以其人的心智偏好和工作的心智条件是否有最大的关联为准。

(10)工作状况一有变化,一定要马上对所有人员一五一十解释清楚。

(11)所有人员的家属必须都能够了解计划的等级地位,以及工作事项。

(12)工作人员的动机必须是出自个人的兴趣以及工作的挑战,而不是强迫征召的。

(13)在不违反计划需要的情况下,每个人都可以运用对他们最适合的工作时间。

(14)所有人员都能够自由取用必要的设备和创造材料。

(15)由于人员有限,必须看情况及时引进专家,补充必需的专长。

(16)设施必须能保护工作人员必要的隐秘空间,使他们工作时不致遭受机构内其他单位的打扰或不当的干预。

(17)臭鼬工房的领导人必须以身作则,成为良好人际关系的榜样。

由约翰逊的成功事迹,可以学到很多重要的东西。他做的事情以及他的做法,大体上都是在正规体制之外的,而且很多时候还要不顾正规体制而行呢。他创造出一种独特的新式领导模式,他觉得自己有责任给予臭鼬工房的所有人员挑战性强的工作、值得投入的职务、稳定的雇佣关系、不错的薪资、进步的机会、有所贡献的机会、良好的管理、合理的计划、良好的设备、良好的工作场所。他为什么会和其他领导人不一样呢？因为他不是说说就算了，他还切实去做。

第六节 心态创新

在进行创新思维的过程中，每个人都会处于一定的心态中，当心态改变之后，人们看待世界的角度也会发生变化。也就是说，心态创新是思维创新的一个重要方面，在现代社会尤其明显。接下来我们看几个具体的案例。

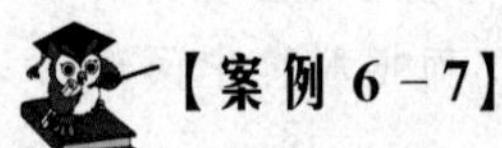

【案例 6-7】

悬崖边上的草莓

一位禅师给弟子们讲了这样一个故事，从前有一个男人，被一只老虎追赶而掉下悬崖，庆幸的是在跌落过程中他抓住了一棵生长在悬崖边的小灌木。于是他就这样吊在那里，千钧一发，生死攸关。头顶上，一只老虎在虎视眈眈；低头一看，悬崖底下还有一只老虎，看来即使能够躲过粉身碎骨的厄运，也会成为老虎腹中美食。

这时，他看见两只老鼠正忙着啃咬悬着他生命的灌木的根。突然，他发现附近有一些野草莓，伸手可及。于是，他拽下草莓，塞进嘴里，自言自语道："多甜啊！"

也许这个可怜的人过早夭折，没有机会将他(她)的秘密与别人分享，但即使他(她)无法告诉我们如何在此时此刻还能处之泰然，他(她)也是临危不乱的典型范例。就在他(她)被老虎追赶、就在他即将粉身碎骨之际，居然有时间去享受野草莓的滋味儿！我们之所以提及这个故事，因为它清楚地传达一个重要信息，即在最后的解释中，无论外界因素是多么紧张、多么不愉快，都不是我们是否感受压力的主要原因，真正的决定性因素是我们自己。

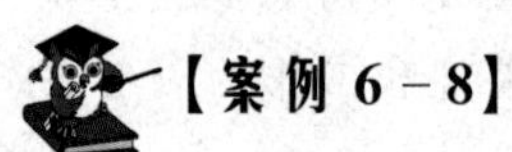

【案例 6-8】

克服消极心态

消极心态是开发潜能和创造力的大敌，它具体表现为以下几种类型：①愤世嫉俗。认为人性丑恶，时常与人为敌，因此缺乏人和。②没有目标，缺乏动力。生活情绪浑浑噩噩，有如大海中没有帆或桨的漂舟。③心存侥幸，幻想发财。不愿付出，只求不劳而获。④固执己见，不能容人。没有信誉，社会关系简单而又松散。⑤缺乏恒心，不懂自律。懒散不振，时时替自己制造借口来逃避责任。⑥自卑懦弱，自我退缩。不敢相信自己的潜能，不肯运用自己的智慧。⑦自大虚荣，清高傲慢。喜欢操纵别人，嗜好权力游戏，不能与人分享。⑧虚伪奸诈，不守信用。以欺骗他人为能事，以蒙蔽别人为爱好。

千万别小看这几种消极心态的副作用，它会压抑人的潜能，将人的生活、事业搅得一塌糊涂。不仅如此，消极心态会使人看不到将来的希望，无法激励前进的动力，甚至会摧毁人们的信心，熄灭人们心中希望之火。消极心态就像一剂慢性毒药，吃下一服药的人会慢慢地变得意志消沉，失去战胜困难的勇气，而成功就会距离充满消极心态的人越来越远。

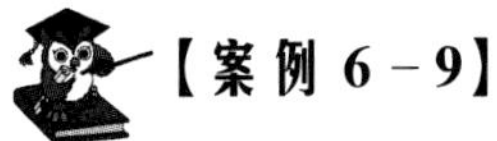

【案例 6－9】

乐观测试

20 世纪 80 年代中期，美国的一家保险公司雇用了 8000 名推销员，并对他们进行了培训。雇佣后第一年有一半人辞职，四年后这批人只剩下四分之一。其原因是：在推销人寿保险的过程中，推销员得一次又一次面对被人推出门外的窘境。

为了确定是不是那些比较善于对付挫折、将每一次拒绝都当做挑战而不是挫折的人就可能成为成功的推销员，该公司向宾夕法尼亚大学的心理学家马丁·塞格里曼讨教，并请他来检验关于“在人的成功中乐观的重要性”的理论。

塞格里曼发现：当乐观主义者失败时，他们会将失败归因于某些他们可改变的事情，而不是某些固有的、他们无法克服的弱点。塞格里曼对 1500 名参加过两次测试的新员工进行了跟踪研究，这两次测试一次是该公司常规的甄别测试，另一次是塞格里曼自己设计的用于测试被测者乐观程度的测试。他发现，这些人中，有一组人没有通过甄别测试但却在乐观测试中取得“超级乐观主义者”称号。跟踪研究表明，这一组人在所有人中工作任务完成得最好。第一年，他们的推销额比“一般悲观主义者”高出 26%，第二年高出 67%。

【案例 6－10】

变愁为高歌

在生活中总会遇到许多忧愁，忧愁使我们烦恼，忧愁使我们苍老，忧愁使我们痛苦。怎样才能把忧愁变为欢乐的高歌呢？这就需要我们有一种通达的胸怀。

我们都认识到宇宙的变化和事物的发展，许多人都误以为是客观事物使得我们忧愁。其实，这里还有一个因素被忽略了。客观事物并不能直接使我们忧愁，而是我们头脑中对于客观事物的理解和解释，使我们变得忧愁。

比如，今天我被上司批评一通，我感到忧愁难受。其实并不是上司的批评使得我们忧愁和烦恼，而是我们心里认为，上司对我的批评是一件痛苦的事，一件可怕的事，当我这样来理解的时候，我的心里就变得很忧愁、悲伤。但是同样一些人，他们的思想观念不一样，他们没有把上司的批评当成一回事，结果，尽管他们同样也受到上司的批评，但他们也可以不忧伤、不烦恼，乐呵呵的。

就是说，当我们面临大家公认的烦恼的时候，我们可以从别的角度来理解，使得忧愁变为欢乐，或者至少能够减轻忧愁的程度。另一方面，任何忧愁都是暂时的，世界、社会、宇宙在一刻不停地变化。今天使人们忧愁的事物，在从前并没有让人们感到忧愁，或者换句话说，今天使我们感到忧愁的事情，过了若干年，也许就不再让人感到忧愁。

这就要求我们，应该从整个时间的角度来把握事物的发展，看到忧愁背后的欢乐。当我们把所有的忧愁都变成了欢乐的时候，我们的生活就将充满阳光，充满歌声，这是一个贤达的人所要具备的胸怀。

第七节 营销创新

营销直接面对市场，是竞争最激烈的地方，因而也是最需要思维创新的地方。企业的营销主管和人员，为了把自己的产品推向市场，为了打垮对手，他们必须绞尽脑汁去想点子。接下来我们看几个具体的案例。

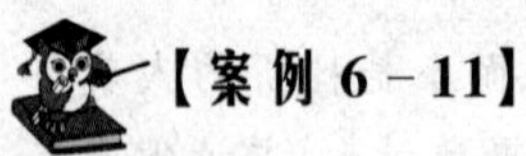

【案例6-11】

世界首席推销员

在日本，有一个人从56岁开始，才进入推销领域。在短短的几年内逐渐从外行变为内行，直至以他所创造的不凡的业绩，迅速跃升到"世界首席推销员"的宝座。这不能不说是一个奇迹。这位"世界首席推销员"名叫齐腾，1919年毕业于庆兴大学经济学系，同年就职于三井物产公司，后任三井总公司参事，1950年退休，当时56岁。

由于参加竞选参议院议员，齐腾欠了一笔重债。1951年夏天，57岁的齐腾到当时的朝日生命保险公司去拜访他在庆兴时的同学行方先生，行方是朝日生命保险公司的总经理。齐腾此行的目的是为筹备一家贸易公司而向他借钱。行方在得知齐腾的来意后，以客气的语言、委婉的方式对他进行了一番解释和分析，意思是：不但不能借钱，而且劝说他改变初衷，加盟生命保险推销行业。结果，齐腾别无选择，勇敢地干起了生命保险推销这一行当。

在齐腾刚做推销员不久，他准备向五十铃汽车公司开展企业保险推销。企业保险是公司为其职工缴纳预备退休金及意外事故等的保险。可是，听说那家公司一直以不缴纳企业保险为原则，以致在当时，不论哪家保险公司的推销员发动攻势都不能奏效。齐腾决定集中攻击一个目标。于是，他选择了总务部长作为对象进行拜访。

谁知，总务部长不愿与他会面，他去了好几次，对方都以抽不开身为托辞，根本不露面。齐腾毫不气馁，每天都登门造访。两个多月后，对方终于被齐腾的精神所感动，同意接见他。走进接待室后，齐腾竭力向总务部长说明加入生命保险的好处，紧接着拿出早已准备好的资料(销售方案)满腔热情地进行说明，可总务部长刚听了一半就打断他的话说："这种方案，不行！不行！"然后站起身就走了。齐腾回家后对这一方案进行了反复推敲，认真修改。第三天上午又去拜见总务部长。对方再次以冰冷的语调说："这样的方案，无论你制定多少带来也没用，因为本公司有不缴纳保险的原则。"

在遭到多次失败的一刹那齐腾的心情非常冷静，他在回忆中说："我一时惊呆住了。怎么说出如此轻侮人的话呢？昨天他说那个方案不行，我熬了一夜重新制订方案，却又说什么无论拿出多少方案也白搭……我几乎被这莫大的污辱整垮了。但忽然间，我的脑海里闪出一个念头，那就是'等着瞧吧，看我如何成为日本首席推销员'的意志以及'我是代表公司来推销'的自豪感。现在与我谈话的对手，虽然是总务部长，但实际上这位总务部长也代表着这家公司。因此，实际上的谈判对手，是其公司整体。同样，我也代表着整个朝日生命保险公司，我是代表朝日公司的经理到这来搞推销的。我不由地这样想着，而且坚信：自己要推销的生命保险，肯定对这家公司有益无害。于是，我心情渐渐平静下来，说声'那么，再见！'就告辞了。"

从此，齐腾开始了长期、艰苦的推销访问，前后大约跑了300趟，持续了2年之久。从齐腾的家到五十铃汽车公司来回一趟要6个小时。一天又一天,他抱着厚厚的资料,怀着“今天肯定会成功”的信念,不停地奔跑。他把每次的失败都当做接近目标的台阶。就这样过了3年,终于成功地完成了盼望已久的销售。

齐腾先生遭遇失败的经历实在是太多了。有一次,靠一个老朋友的介绍,他去拜见了另一家公司的总务科长,谈到生命保险问题时,对方说:“在我们公司里有许多干部反对加入保险,所以我们决定,无论谁来推销都一律回绝。”面对这实际上的拒绝,齐腾毫不灰心。“能否将其中的原因对我讲讲?”“这倒没关系。”于是,对方就个中原因作了详细的说明。“您说的确实有道理,不过,我想针对这些问题写篇论文,并请您过目。请您给我两周的时间。”临走时,齐腾问道:“如果您看我的文章感到满意的话,能否予以采纳呢?”“当然喽,我一定向公司领导建议。”齐腾连忙回公司向有经验的老手请教。又接连几天奔波于商工会议所调查部、上野图书馆、日比谷图书馆之间,查阅了过去3年间的《东洋经济新报》《钻石》等有关的经济刊物,终于写了一篇蛮有把握的论文,并附有调查图表。两周以后,他再去拜见那位总务科长。总务科长对他的文章非常满意,把它推荐给总务部长和经营管理部长,进而使推销获得成功。

齐腾先生就是这样,屡屡受挫、失败,但每次都知难而上,专啃硬骨头。5年的努力使他终于戴上了朝日生命保险公司“首席推销员”的花环。齐腾并不满足于已取得的成绩,他情愿再去遭受更多的失败,这样对他的毅力将有更大的促进。他在心里发誓:现在已经成为朝日公司第一,还要继续努力争当全日本第一。在日本共计有20家生命保险公司,大约有85万名推销员。要在这些人当中成为人杰,已成为齐腾的奋斗目标,为此他更加努力地拼命工作。1959年7月,齐腾全力以赴,第一次实现了1.4亿元销售额。其后,11月又是生命保险关键月,在这个月里,他又创造了2.8亿元的新纪录。也就是在这一年,他已64岁时,终于登上了日本第一推销员的宝座。

成为日本第一以后,齐腾雄风继起,越干越有劲。他又为自己确定了更高的目标——要登上世界首席推销员的金交椅,要在生命保险事业的各个方面都取得世界第一的优秀成绩。

齐腾先生怀着必胜的信念,又开始了这一向世界最高峰的登攀。他深知,世界上比他有能力的优秀推销员有的是,要与这些人竞争,而且要拔头筹,不仅要有崇高的理想和钢铁般的意志,而且必须作拼命的打算。俗语云:天道酬勤。经过竭尽全力的顽强拼搏,1965年,他完成了4988份合同的签订任务,这个记录在当时绝无仅有。即使是在生命保险事业最发达的美国也从未有人能够达到达一数字,他终于成了世界首席推销员。

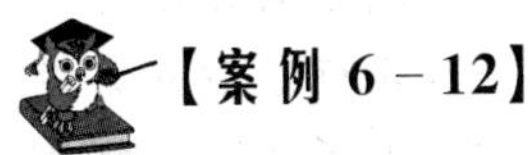

【案例6-12】

汤姆森的营销妙计

莫斯科浓郁的俄罗斯情调是令人向往的,但漫长而寒冷的冬季似乎让游人们裹足不前。每到冬季前往莫斯科度周末的人很少,汤姆森假日旅游项目经办人决定打破莫斯科的坚冰,他带了一批报界人士去莫斯科度了个示范性的周末,赢得了各大刊物连篇累牍的报道。以此为契机,他们在隆冬季节成功地发起了去莫斯科度一个开销不大的周末旅游项目。

负责汤姆森假日旅游项目的只有3个人,为首的是道格拉斯·古德曼。10年来他坚持不懈地运用公共关系战术,为公司成长为该行业首屈一指的大企业作出了卓越的贡献。经营旅游业成功的关键在于不断推出新的度假活动,对市场开发部门而言这就意味着今年的活动还在进行，下一年的详细工作计划就要准备妥当。

1983年他们推出的夏季旅游项目有："夏日阳光""湖光山色""亲密友好""马车""别墅和公寓"等。为了让尽可能多的人了解这些项目，公司决定在9月1日发放500万份关于5种不同的度假活动的便览。3个月前，他们就进行了周密的筹划和准备，安排好了各项活动的日期，包括：耗资100万英镑的广告活动，在伯明翰召开3天的推销大会，全体工作人员的集中培训，察看16个城市的游览路线，印刷和散发《旅游便览》。

整个8月份的公关工作包括：选择10个记者招待会场所并预定宴席，准备邀请名单，检查发函清单，决定新闻和特写文章的要点，准备记者招待会用的稿件和10种不同的幻灯片，选写全国性和地方性的新闻稿，收集关于新旅游项目的材料，适当安排外语新闻稿，办理录像，彩排节目，用一辆大拖车和一队客车沿途察看16个城市的风光，为5000家旅游代理商提供详细的录像介绍。

公共关系部在推出旅游活动几周后，要随车队去赢得当地公众。大多数度假者都很清楚自己出国休假的时间。工厂的休假日是早已排定的，去哪儿度假也是早做打算的。因此经营旅游业务，尽早销售是非常重要的。越是在你的竞争对手推出他们的活动之前尽早落实你的活动越有利。汤姆森公司就习惯于抢先发售《旅游便览》，比如1981年9月，他们销售《旅游便览》刚一周，就订出了6万张票，一些代理处甚至排上了队。

当然，率先推出也有其弊，别的公司可以根据汤姆森的定价制定出竞争性价格，利用便宜的价格来抢夺顾客。对于这一问题，汤姆森公司暗藏了一条锦囊妙计。

9月1日开始发行1983年的夏季《旅游便览》。第二天，5家全国性的报纸、BBC广播电台、省级报纸和电台，以及旅游出版物，都大张旗鼓地为汤姆森公司进行宣传，博得了度假者的注意。当9月下旬其他旅游公司开始推出他们的便览时，汤姆森公司的旅游价格已经出台了，比竞争对手低得出乎人们的意料。公司的应变计划生效了。

收取附加费可能会使消费者稍有不快，但多年来在包价旅游中已被人们接受。英镑疲软引起的海外项目成本上升，迫使旅游公司以最高10%的附加费让旅客承担。为了加强竞争力，10月份时，一家主要的旅游公司在推出旅游项目时保证"不收附加费"。汤姆森公司在几小时内立即作出反应，也承诺不收附加费。

到了11月份，旅游业开始不安起来。9月、10月、11月通常是订票稳定的时期，但当年形势不妙，营业额仅达到了上年同期的70%。公司把希望寄托在圣诞节后的几周，往年这是订票的高峰时节，大约有半数的旅游预售票在此期间卖出。但秋季售票的不良成绩颇让旅游业吃不准圣诞后的售票是否能逃脱经济衰退的影响。报界在鼓励人们沉住气，等待最后的讨价还价。为了保证最后的成功，汤姆森公司决定主动采取行动，鼓励人们订票，重新争取价格的主动权。

汤姆森公司的主要应变计划是：在必要的情况下，重新印刷和发售《旅游便览》，提供更低的价格。这将使公司的假日旅游价格非常有竞争力，会让其他旅游公司措手不及。

在严格保密的情况下，设在意大利的印刷公司重印了320页的彩色便览，至少有50个假日旅游项目减价10～50英镑，几乎在便览的每一页上都有新的标价，封面也予以重印，添上了"不收附加费"的保证和减价的声明。便览悄悄地运到伦敦的仓库，只有几个关键的职员了解情况。他们小心翼翼地守护着这个秘密，不让竞争对手有丝毫察觉。

让人们了解重新推出旅游项目的时机终于到了。他们计划在12月6日一鸣惊人，以全面覆盖式的新闻报道连续报道3天，然后才刊出广告。道格拉斯·古德曼在沙伏伊私下订了套间，以备12月6日的记者招待会之用。舰队街的主要选稿人在上个周五都接到了参加本周末上午8点30分的香槟早餐的邀请。旅游出版物的编辑们也应邀参加类似的活动。沙伏伊的招待会开得极其成功，受邀请的人无一缺席。

为了确保第二天全国性和地方性报刊上的报道，他们必须保证当晚的晚报、电台和电视的新闻节目刊登这一消息。为此，对投递稿件、打电话、发送新闻的时间顺序制订了严密的计划，以确保新闻界在视听上给人们造成最大限度的冲击。

公司的新任董事长约翰·麦克奈尔决定接受所有电台和电视台的采访。伦敦广播公司抢先播出了对麦克奈尔的采访，接着是IRN报业辛迪加的报道和地方电台对当地汤姆森公司发言人的采访。在隆重推出的时刻，国际电视网作了长篇新闻报道。至此，事情的发展的确是有声有色了！BBC电视台光临总部办公室，拍摄了供晚上9点新闻播放的采访。全国性的报纸想要更多的评论，不同的报纸需要不同角度的评论。《标准晚报》用通栏标题宣布了这次的隆重推出。

令公关部难以忘怀的是12月7日，星期二。这天，汤姆森公司取得了前所未有的报纸覆盖率。每家全国性的报纸都刊登了消息，有些甚至还在头版。报道的质量更是令人惊喜，9家全国性报纸提到汤姆森公司72次，若干种省级报纸在头版头条给予了报道。报纸和电台的报道持续了整整一周。《星期日时报》居然用了一整版来介绍这次旅游项目的重新推出。电台电视台在全国假日节目中也发布了消息。竞争对手面对汤姆森公司这手铺天盖地的“杀招”，毫无反击之力。一家主要的旅游公司在圣诞节前没有相应降价，电台采访了该公司的发言人，开门见山地就问他们是否被汤姆森公司这着棋弄得狼狈不堪！

报刊上连篇累牍的报道使汤姆森公司的名声大振，结果大大削减了在全国性报纸上的广告。在12月11日，也就是重新推出的那一周的周末，公关人员作了专门的调查，测试公司的知名度，发现人们首先想到的就是汤姆森的假日旅游，有强烈的参加该公司假日旅游的意向。旅游刊物用大量的篇幅介绍这次重新推出，旅游代理人热烈欢迎并予以很高的评价。

报刊的报道从12月份持续到1月份，的确重振了市场。对传播媒介覆盖率的分析表明，从9月份的首次推出到圣诞节，汤姆森公司赢得了4家全国性电视台的电视报道，13家全国广播电台的报道，45家全国性报纸的报道，66个地区性电台的采访或新闻广播，在省级报刊上共发了350条新闻，旅游出版物更是连篇累牍，在杂志和国外的报纸上也刊登了不少消息。以广告的费用来算，则新闻覆盖的总值达11.5万英镑。但无论是剪报的数字还是计算的理论价值，都不足以反映这次新闻覆盖的质量。

许多旅游专栏作家都赞赏汤姆森的行动，开始鼓励游客早订票，以利用早订票的价格折扣。声望极高的旅游期刊《旅游代理》1月号载文说：“汤姆森公司瞅准了时机，不给竞争对手在圣诞节前作出反应的时间……实际上汤姆森这一招最大限度地发挥了它的公共关系优势，发起行动的时刻恰到好处。”

1月份创造了新的订票记录，到1月底，旅游业务急剧回升。汤姆森公司推动了旅游活动。1983年的夏季旅游呈现良好前景。

（选自哈佛IBM教案）

第八节　创新成功

一般来说，成功的创意并不十分复杂，也不离奇古怪。这种创意总是把握了事物发展的某种规律，或者迎合了人们的某种心态。在实施的过程中，这种创意有具体的操作方案，并备有一定的应变方法。最重要的是，它们都有一个高效的实施班子，也就是说，有一批敢冒风险、意志坚定、作风踏实、善于处理各类关系的实干家，其中还有一两个卓越的指挥者。

某项创意的实施成功，不但包含着创意自身的巧妙，以及实施者的努力，也依赖于某种机缘的巧合，或者叫"运气"。古人说"谋事在人，成事在天"，说的就是这种道理。所以说，某种创意在此时此地成功了，并不意味着在彼时彼地也能够成功。对于别人的成功创意，我们只能"借鉴"，从中受到启发，而不能照抄照搬，否则就必败无疑。接下来我们看几个具体的案例。

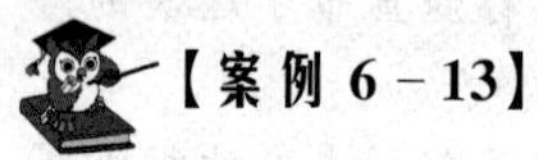

【案例 6-13】

领养"椰菜娃娃"

在前几年的美国玩具市场上，首屈一指的就是一种名叫"椰菜娃娃"的玩具。就是这个身长仅有 40 厘米的娃娃，使得许多人在圣诞节前后，冒着寒气逼人的北风，在各家玩具店门前排起长队，竞相"领养"。为了买到这种娃娃，有人甘愿排队 14 个小时；有人不惜花费 438 英镑乘飞机到伦敦去购买；连美国总统夫人也把这种娃娃作为圣诞礼物送给儿童。

掀起这场"椰菜娃娃"风潮的，是美国奥尔康公司的总裁，28 岁的青年罗波尔。罗波尔小时候听过一个童话，讲小孩都是从菜地里长出来的，于是他将自己设计的一种玩具娃娃，取名为"椰菜娃娃"。起初，这种玩具销售量很小，购买者大多是玩具收藏家。至于后来波及半个世界的抢购风潮，则是由一系列别出心裁的创意所引发的。

许多年以来，美国社会流行着一场"家庭危机"。年轻的一代强调自立，不愿意和父母生活在一起。而且，随着离婚率的增加，破碎的家庭越来越多，这种状况一方面给儿童的心灵造成了创伤，另一方面也给离异的双方造成了痛苦。特别是失去子女抚养权的那一方，精神上感到无比的失落和空虚。为了弥补这种由于年老或者离婚而造成的感情空白，奥尔康公司决定对"椰菜娃娃"进行重新定位和包装，让这种玩具成为人们心目中真正的婴儿。

罗波尔细心研究了欧美玩具市场的发展趋势，发现玩具正在由"电子型"和"智力型"，转向"感情型"和"温柔型"。于是，在构思"椰菜娃娃"的时候，罗波尔打破了过去的玩具总是千人一面的老规矩，而采用最新的电脑设计，使得"椰菜娃娃"千人千面，各不重样。有男娃娃，有女娃娃；有白皮肤、黑皮肤和黄皮肤；发型有辫子、蝴蝶、直发、曲发、光头等；发色则有金色、黑色、栗色等；容貌也千差万别，细致到酒窝、雀斑的位置各不相同；衣服则有短裙、长裙、衬裤、披风等差别；鞋子也是各式各样。

总之，每一个人所"领养"的"椰菜娃娃"都不会与别人的娃娃完全相同。这种"独有性"是吸引顾客的主要手段，也是"椰菜娃娃"能够引起轰动的基本前提。

为了让"椰菜娃娃"更加逼真，奥尔康公司煞费苦心。他们每制造一个娃娃，都要在娃娃身上附有出生证、姓名、脚印，屁股上还盖着"接生人员"的印章。顾客不能说"购买"，而只能说"领养"，并且在"领养"时需要庄严地签署"领养证"，以确立"养子女"与"养父母"的关系。

结果，这种富有人情味的“领养”活动一举成功，接着，罗波尔便采取全速推进的市场战略。一方面，奥尔康公司不惜重金在电视上广泛宣传，在每周六早上最受儿童欢迎的动画片时间内，“椰菜娃娃”密集播映，以培养电视小观众们对这个娃娃的亲密感情。另一方面，总裁罗波尔亲自出马，周游美国各大城市，在儿童博物馆之类的公共场所，举行“集体领养椰菜娃娃”的隆重仪式。每举行一次这种仪式，都会在当地掀起一场“领养”的热潮。在亚特兰大市，有位妇女一共“领养”了100多个“椰菜娃娃”。为了应付潮水般的订单，公司甚至租用波音747飞机，把各色布料运往香港，昼夜加工赶制，然后再空运回美国，以便赶上圣诞节之前的购物狂潮。

为了能够长久地保持这股已经掀起来的“领养”热潮，罗波尔继续千方百计地了解顾客的心理需求，根据这些需求，他又做出了一系列的创意性决策。

首先，奥尔康公司在美国各地开设了“椰菜娃娃总医院”，由本公司的职员装扮成医生和护士。当“椰菜娃娃”被“接生”下来之后，便放在摇篮里等待别人“领养”，娃娃的全身穿戴与初生的婴儿一模一样。整个“医院”内充满着“椰菜娃娃”有生命的气氛。好奇的人们川流不息地来到这些“医院”，都想亲眼目睹“椰菜娃娃”的风采和“领养”的仪式。当一个娃娃被“领养”之后，奥尔康公司还建立起有关的档案，每当这个“椰菜娃娃”过生日的时候，公司就给其“养父母”寄去一张精美的“生日贺卡”，进一步加深顾客与公司的感情。

更绝妙的是，奥尔康公司还制造并销售了大量与“椰菜娃娃”有关的商品。比如专供娃娃用的床单、尿片、推车、背包以及各种玩具等。许多顾客既然“领养”了“椰菜娃娃”，就把这个娃娃当做感情上的寄托，像真正的婴儿那样有板有眼地抚养，因而就要购买许多专用的物品。

为了让“椰菜娃娃”立于不败之地，罗波尔又略施小计，控制“椰菜娃娃”的产量，有意造成供不应求的现象。这样，有些心情迫切的顾客不惜贿赂售货员，以求早日“领养”到娃娃，个别地区甚至发生了争夺打架、引起暴乱的事件。这些不时出现的抢购风潮，使得“椰菜娃娃”的身价不断上涨。

从这一连串的创意当中，奥尔康公司赚取了令人吃惊的高额利润。“椰菜娃娃”的零售价由原来的20美元上涨到25美元，黑市价格高达150美元。娃娃身上如果有原设计者的亲笔签名，则售价接近3000美元。在短短的一年当中，其“椰菜娃娃”及有关用品的销售额就高达10多亿美元。

可以看到，“椰菜娃娃”创意的成功实施，主要经验有两点，一是紧紧扣住当时社会上普遍存在的心理潮流，二是运用了一系列创造性的销售方法。“椰菜娃娃”的空前成功，被许多商业专家称为营销上的“奇迹”，而从创新思维的角度来看，它也是创意实施上的“奇迹”。

【案例6－14】

法国白兰地打入美国

在20世纪50年代，法国的企业界人士，为法国白兰地酒打入美国市场，成功地策划了一次创意性的活动。

白兰地酒，当时在法国国内已经享有盛誉，一直畅销不衰。但是，一国的产品进入另一国，首先就会遇到普通民众情绪上的抗拒。那么怎样才能让白兰地酒打入竞争激烈的美国市场呢？生产厂商聘请了由各界专家组成的创意策划小组，经过认真调查和分析论证，决定采用新颖的方式、热烈的场面。从感情方面大造舆论，为白兰地进入美国市场铺平道路。

创意小组决定，在前美国总统艾森豪威尔67岁寿辰这一天，用专机将两桶窖藏长达67年的白地兰酒，空运到美国，作为献给前美国总统的寿礼，同时进行一场声势浩大的宣传活动。这样，在总统寿辰的一个多月之前，美国公众就从各种传媒上获得了这个消息。一时间，法国白兰地被新闻界炒得沸沸扬扬，成了人们街谈巷议的热门话题，大家都翘首以待那两桶珍贵名酒的到来。

当运酒的专机抵达华盛顿的时候，整个城市到处呈现出一片节日气氛。街道两旁竖立着彩色标牌："欢迎您，尊贵的法国客人！""美法友谊令人心醉！"连广告牌上也画着美国鹰与法国鸡干杯的宣传画，沿街挂满了美法两国的国旗。排成长龙的汽车、摩托车和自行车一齐涌向白宫。白宫的周围人山人海，人们笑容满面，挥动着法国国旗，等待着"贵宾"的到来。

白兰地酒的赠送仪式在白宫的花园里隆重举行。四名英俊的法国青年，身着传统的宫廷侍卫服装，抬着两桶白兰地正步前行，步入白宫。艾森豪威尔亲自驾到，带领一班政府官员，满面笑容地接受了这份厚礼。周围的人群沸腾起来，歌声、笑声和欢呼声响彻云霄。

此后，美国总统又多次在国宴上用白兰地酒招待各国客人，义务充当了这种酒的"推销员"。这样，法国白兰地成了法美友谊的象征，许多美国人以能够品尝到正宗白兰地而感到自豪。很快，白兰地酒在各种宴会上、宾馆和商场里，直至在家庭的餐桌上，频频出现，在美国的酒类市场上占了一席之地。

法国白兰地在美国市场上的成功，当然首先要归功于这种酒的久负盛名的高质量，如果没有这个前提，以后的创意策划都不可能出现，就是说，法国人根本不可能把一种普通的物品作为献给美国总统的礼物。

而白兰地酒能够如此迅速地席卷全美，并立即建立起自己良好的社会形象，这就要归功于专家小组的创意策划了。这个策划的最大奥秘就在于一个"情"字，以感情的纽带把白兰地酒与美国民众联系起来。白兰地的最初登场，不是作为"商品"推销给美国人，而是作为"礼品"奉送给美国人，从而打破了每个国家的民众都普遍存在的"抵制外国货"的心理。

这项创意的实施过程，也十分细致严谨，天衣无缝，因为这毕竟是关系到法美两国关系的重大事件，稍有不慎，便会产生意想不到的后果。像标语的拟定、酒桶的形状色彩、专机的抵达时刻、抬酒青年的着装等，这类的细节问题，都费了一番脑筋，并取得了同样的成功。

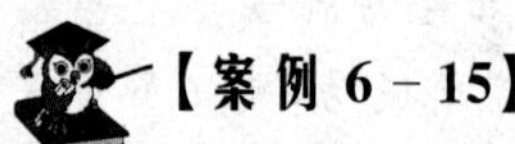

【案例6-15】

雷诺兹圆珠笔

密尔顿·雷诺兹(Mition Reynolds)出生于美国的明尼苏达州，他曾经当过汽车修理工，做过建材生意，制造过股票报价板，但是都以失败而告终。后来，雷诺兹靠生产"海报印刷机"，积累了一些钱。

1945年，雷诺兹到阿根廷旅行，无意中发现了一种新奇的产品，就是"圆珠笔"。这种笔早在1888年就发明出来，并获得了专利，后来一直有许多人不断地进行改进，取得了各不相同的特殊外形设计专利，但是销路总是不好。雷诺兹见到这种圆珠笔之后，就拿定主意要对它进行改进、制造并大力推广。他凭直觉认定，这是一种能够横扫全美国的东西，它低成本，高利润，是最佳的节日礼品，人人都有可能购买一次，很容易普及。

雷诺兹回到美国，立即找到一位懂技术的工程师，共同合作改良这种新玩意。在一个下着雨的晚上,雷诺兹坐在一个酒吧间里,在一张湿报纸上用自己的新产品信笔涂写。忽然,他发现圆珠笔可以在潮湿的纸面上写字,这是任何钢笔都无法做到的。雷诺兹非常兴奋,他干脆把一张纸放在水盆里,用圆珠笔在水中的纸上画出了一条清晰的线。

雷诺兹灵机一动,构想出一句响亮的广告语:"它能在水中写字!"据后来的营销学专家估计,仅这句新颖的广告语所产生的效益,就达上百万美元。紧接着,雷诺兹开始了近乎疯狂的推销活动。他带着仅有的一支样笔,到纽约的"金贝尔"百货公司推销,并当场表演,引起了"金贝尔"百货公司的极大兴趣,当即订购了2500支。这种制造成本只有0.8美元的东西,零售价竟定在12.5美元。雷诺兹的理论是,"就新奇产品来说,价格越高,销售越好"。

1945年10月,"金贝尔"开始销售这种"原子时代的奇妙笔"。由于事前的宣传工作十分有效,使得顾客的反应令人吃惊,震动了整个零售界。成千名购买者如潮水般涌来,百货公司不得不召请了50名警察来维持秩序,据新闻报道说,当时的情景"几乎像是一场暴动"。

雷诺兹总是接到订单之后才组织生产,尽管他立即扩大了生产规模、采购了大量原料、招聘数百名员工(其中甚至包括专门的点钞员),可还是不能应付全国各地的需求,订单像雪片似地纷纷而来。几乎每一家商店都想销售这种新产品,出现了专门为了销售这种圆珠笔而新成立的商场。

为了进一步扩大自己产品的影响,雷诺兹无事生非地向联邦法院递交诉状,指控两家最大的制笔公司违反了"反托拉斯法",要求他们赔偿100万美元。但是,这项证据不足的指控很快受到两家公司的反指控,结果,所有这些控告最后都不了了之。实际上,这场"官司"不过是雷诺兹所精心策划的一项宣传创意而已。通过法庭的辩论和报纸的大肆渲染,雷诺兹的圆珠笔终于达到了家喻户晓的地步。

可以想象,在这种匆忙上马、大量制造的情况下,当然避免不了会出现产品质量上的问题。成千上万支粗制滥造的雷诺兹圆珠笔被退回工厂,其中有的漏水,有的跳字,有的干脆写不出来任何字迹。面对这种情况,雷诺兹则公开宣布,任何质量方面的问题都可以退货和换货。这场持续数月的销售旋风所带来的利润是极为丰厚的。在短短半年的时间里,雷诺兹先期投入的2.6万千美元,已经产生了超过155万美元的税后利润。

在这种高额利润的引诱下,不到一年,生产圆珠笔的厂家已经达到100多家,圆珠笔的价格日见下跌。在这种情况下,雷诺兹又策划了一项新创意。他购买了一架已经退役的"道格拉斯"轰炸机,聘请了两位有丰富飞行经验的驾驶员和工程师,由他自己担任"领航员"(有人讽刺说"那是乘客的别称")。他们准备打破一项环球飞行的世界纪录。

雷诺兹把那架轰炸机命名为"雷诺兹弹壳号"。这个名字大有深意,因为他正准备推向市场的一种新式圆珠笔也是这个名字。他们三人驾驶飞机,从纽约的一个机场起飞,朝东飞行,连续穿过欧洲、亚洲和太平洋,终于打破了那项世界纪录。这次飞行表演一共花费了17万美元,但是雷诺兹赚取得更多。当他走出飞机,接受人们欢呼的时候,纽约的所有报纸上都登出了大幅广告:"刚抵达,雷诺兹弹壳笔!"借助环球飞行的东风,这种新型的圆珠笔又是一炮打响,销量像火箭般直线上升。

三年后,雷诺兹见好就收,果断地卖掉了公司,离开了利润已经很微薄的圆珠笔制造业。时至今日,市场上再也见不到"雷诺兹圆珠笔",但是,一提起圆珠笔发展和普及的历史,人们总是忘不了雷诺兹的名字。

从以上可以看出,雷诺兹的创意很有特点。他是一位营销高手,善于煽动起社会大众的情绪，不断地让自己成为公众注目的焦点。就在他退出制笔行业之前，他还乘飞机沿着喜马拉雅山脉去寻找地球上的最高峰，因为他认为珠穆朗玛峰并不是最高峰。这件事又一次激起了公众的兴趣。

雷诺兹的定价策略也是颇具创意的，在没有替代产品的情况下，新奇产品定高价，确实能激发人们的好奇心和购买欲望。当竞争者纷纷出现的时候，他已经大赚了一笔，把这项产品中最肥厚的那一部分吃掉了。所以类似这样的定价策略也被称为"撇脂价格"，如果操作得当，投资回报率相当高。

第九节 创新失败

有些创意单从思维的角度来看，确实很巧妙，而且大多数人都会预测它肯定能成功。但是，实施的结果令人遗憾，它并没有成功，甚至失败得一塌糊涂。认真反思一下，实施后的失败并不一定能够证明那项创意本来就不好，在这里不应该有"成者为王败者寇"的想法。因为一项创意的失败原因是多方面的，有时是创意本身的问题，有时是实施方案问题，有时是实施人员的问题，还有时是时机或场合的选择问题，等等。

所以，同一项创意，由不同人员实施，或者在不同的时间、不同的地点实施，则实施结果有可能大相径庭。退一步说，即便某项创意本身有问题，我们也可以通过这项创意的失败吸取教训，争取在以后的创意策划中避免同样的错误，设想出更可行的新创意。接下来我们看几个具体的案例。

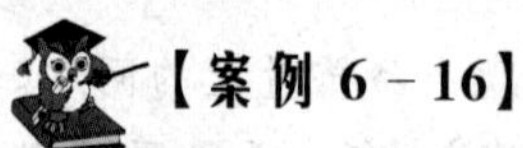

【案例 6－16】

"世界企业"

在20世纪60年代初期，美国一家管理顾问公司的执行董事吉尔伯特·克利(Gilbert Clee)提出一种创意性的观念，他认为，随着国际形势的发展和世界市场的形成，狭窄的民族国界的观念已经过时，一个企业在经营活动中，必须把世界看做一个整体。具体地说，克利认为，我们已经进入了"世界企业"的时代，有眼光的企业家应该把建立"世界企业"列入自己的议事日程。

所谓"世界企业"的基本特征是：首先从价格最便宜的国家购进原料，然后到工资最低的国家开办工厂，最后把产品销售到价格最高的国家。从理论上讲，"世界企业"的创意具有很强的说服力。美国和日本的许多企业家受到这种观点的影响，纷纷到低工资的海外地区建立工厂，以致欧洲的某些低工资国家惊呼：我们又遭到强国的经济入侵了！

然而问题并没有想象的这么严重，或者说，"世界企业"创意的实施，并没有预先设想的那样顺利。整个20世纪70年代的历史表明，那些建立在海外的工厂，大部分都遭到了失败，勉强维持下来的，也并没有给母公司赢来意料之外的高额利润。

请看以下几个例子：美国的许多家半导体公司在东南亚低工资国家所建立的分公司，几乎都被迫关闭，重返国内；日本在西班牙投资建立的生产性公司，没过几年，几乎全部遭到失败；美国和日本为了与欧洲共同市场争夺地盘，抢先在葡萄牙设立的桥头堡公司，大部分都没有立住脚；发达国家的企业家在南美洲设立的分公司，多数是与当地人合资开办的。但是，他们慢慢发现,自己在这些公司里所占的股份却越来越少。

应该说,“世界企业”自身是一个很好的创意,它确实把握了世界经济发展的潮流。但是,这个创意的实施却需要很多具体的条件,包括时机的选择、地区的选择、管理人员的选择等,在不具备这些条件的时候,匆忙上马大办“世界企业”,那是注定要失败的。很多企业家眼光只盯着雇员的低工资,而没有看到那些雇员的低素质,以及由此导致的低效率。过分的低效率便把低工资的优势抵消得一干二净。

而且,在那些低工资地区,其文化背景与发达国家有较大的差距。那些总公司派出的管理人员,无法用先进的方法进行有效管理,弄得不好,便会惹出意料之外的麻烦。在系统的企业文化理论产生之前,处理这类麻烦,确实是一件十分麻烦的事。面对这种状况,开办“世界企业”的雄心勃勃的企业家们只好无可奈何地承认失败,打道回府了。

【案例 6-17】

“杀人蜂”

“杀人蜂”是一种原产于非洲的蜜蜂。这种蜜蜂的体型强壮,适应能力强,富于攻击性。它们喜欢成群结队地攻击同一个目标,能够螯死动物,没有保护的人遇到它们也会有生命危险,因而被当地人称为“杀人蜂”。杀人蜂不知何时被人带到了巴西,后来逐渐从南往北繁殖发展,一直来到了南美洲北边的法属圭亚那地区。在 20 世纪 70 年代后期,一些美国的报刊为了吸引读者,曾经撰文煞有介事地惊呼:“杀人蜂正在向北进军!”“杀人蜂席卷得克萨斯!”等等。所以,这种蜜蜂对于大部分美国人来说并不陌生。

1977 年夏天,有一位自由撰稿人名叫艾迪,来到法属圭亚那,想寻找写作的题材。他住在一位养蜂人的家中。有一天,艾迪发现,杀人蜂的蜂蜜外表看来很稀,但吃起来味道很甜。艾迪猛然间想到了一个绝妙的创意:“杀人蜂蜂蜜! 是圣诞节、情人节和庆贺生日时的最佳礼品。如果经营这项新事业,肯定能够成功!”他一时很激动,感到自己“就像看到了苹果从树上掉下来的牛顿一样”。

艾迪回到美国,马上着手策划自己的新事业,但是一开始就遇到了几乎无法克服的困难。他想找几位朋友合作,但是,大家都持观望态度,不肯贸然加入。艾迪便决定自己单干,他首先加入了巴西—美国友谊协会,以便获得有关资料;同时打电话到巴西的几家蜂蜜公司,洽购杀人蜂蜂蜜。又聘请一位艺术家,设计了装蜜的小瓶子。

不久,艾迪找到了一位做过生意的合伙人。那位合伙人坐飞机到巴西,购进了 1 吨杀人蜂蜂蜜,通过轮船运到美国,又用卡车运到他们的公司所在地。有了蜂蜜,他们更加忙碌起来。但是,所耗费的成本也在节节上升,因为每件事都要从头做起,非得花钱不可。他们购买了 6000 多个瓶子,以及瓶盖、标签、说明书和漂亮的四色纸箱,并且需要雇请许多人来帮忙。这样,他们要支付的各项费用包括:设计费、印刷费、律师费、技术顾问费,还有装瓶工和搬运工的工资等。

当装瓶工作完毕,最后结算出总成本时,终于让他们大吃一惊:1 小瓶杀人蜂蜂蜜,光成本就超过了 1 美元,还不包括公司开办所花费的各项费用。在这种成本下销售,要想达到损益平衡点(既不赚也不赔),他们除了销掉现有的全部存货之外,还要再销掉 6 千多瓶。如果想赚到他们理想中的 100 万美元,那就必须还要销售 130 万瓶。这可不是一个小数字,要达到如此的销量，就一定要有一个庞大的销售网，还要赶上圣诞节的旺季。可惜，他们既没有销售网，也错过了旺季。

然而，此刻已是“箭在弦上，不得不发”，他们只有背水一战。艾迪把希望寄托在情人节上。在节日期间，他们穿上养蜂人的衣服，站在大商场门前，亲自上阵促销，向来往的人群赠送涂有杀人蜂蜂蜜的小饼干。但是，这样做收效并不明显，实际销量与他们的期望值相差太远。

情人节无声无息地过去了，艾迪他们只好盼望着下一个圣诞节。他们不懈地做了许多努力，比如，参加新产品展览会，组织销售代理人，到全国各地做宣传，等等。然而，一切努力都无济于事，没有人再去注意“杀人蜂蜂蜜”。艾迪终于灰心丧气，他解散了公司，偿清了债务，自己又重新操起笔，成为报刊的自由撰稿人，并准备写一本关于企业经营方面的书。

“杀人蜂蜂蜜”的创意失败了，其中的原因是多方面的。首先，艾迪过低地估计了成本，而又过高地估计了市场的需求。对于没有企业经营经验的人来说，低估成本是常见的现象；而高估需求则与他们的推销不力有关。消费者的有些需求是潜在的，可以由厂商激发出来，但是，激发需求的范围和力度必须足够强大，才能产生预期的效果。当创意实施以后，艾迪最大的弱点，就是缺少一种非成功不可的内在欲望。他没有像许多企业家那样，每天拼命工作12小时，周末也不休息，而且他也没有“与企业共存亡”的意志，他只打算“轻轻松松赚大钱”，这显然是一种童话。

客观地说，“杀人蜂蜂蜜”是一个比较好的创意，并非没有大获成功的可能性——如果能够由一群经验丰富的经营行家进行精心谋划、精心操作的话。

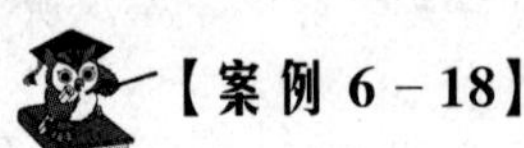

【案例6-18】

“太阳浴池”

日本太阳工业团体总领导人能村龙太郎取得了一项新产品专利——“太阳浴池”，即可以在家庭里装上让小孩浴水玩耍的泳池，其构造可折可叠，用塑料制成。

能村对这个产品相当有信心，认为狭小的日本家庭的庭院中拥有一个泳池，是被视为奢侈的事，在寸土寸金的环境中，一般家庭不敢梦想家中会有私人泳池，而他设计的“太阳浴池”却是家用的，是可以供小孩玩耍的活动泳池，做父母的一定愿意拿出存款买这种家用泳池，所以卖时一定顺利。凭着这个构想，能村本以为凭此发明就可以创下畅销纪录。然而当产品问世后，销路却一直停滞不前，采取了各种方式都无法使团体赢利。

能村为此废寝忘食、坐卧不安，但最后也不得不在残酷的事实面前，宣布“太阳浴池”产品彻底失败。事后，能村龙太郎认真检讨了失败的原因，认为主要原因是为保证产品坚固耐用而导致的高价格。尽管当时日本经济已经有了惊人的发展，但人们只是刚刚步入消费时代，消费能力很有限。在一般家庭的经济状况远未达到丰裕的时期，以高价出售这种奢侈的儿童泳池，其失败是必然的。

第七章 创业与创造

创业与创造有着密切的联系。离开创业，我们前面探讨的创造力的种种性质、关系、开发技巧等都失去了依据和基础，也没有意义和目的；而不首先弄清楚科学的创造力及其开发问题，创业就缺乏理论支持和灵魂。进入21世纪以来，创业行为已成为世界范围内规模空前、备受关注的“运动”，与国家、民族和个人息息相关；创造与创业之间从来没有现在这样“亲密无间”。

第一节 需求与发展

大学生的创业热潮起源于20世纪80年代，由美国硅谷的大批学生独立成功开创了以小型计算机为主的一批企业，对美国经济的刺激和推动大大出乎人们的预料。在我国，20世纪90年代以来，北京的智力密集地中关村也开始出现了由在校大学生或新毕业大学生创办企业的现象。例如清华大学在校生邱虹云创办的视美乐高科技发展有限公司，开始就获得上海一笔2500万风险投资，一跃成为中关村的一大热点。

据了解，当今的青年学生对创业有两种倾向，一是多数人有一种创业冲动，尚未毕业就去“深入社会”，时刻梦想着干一番大事业。可以理解，这是人生的自然规律。另一种则十分被动和消沉，缺少拼劲，认为谋生难。其实这两种行为的共同本质是一样的，不能正确认识创业的难和易。从打工妹起家的中国广东美思内衣集团总经理吴艳芬说得好，“所有人心中都有一个梦，不过有人喜欢在梦中流连忘返，有人在为实现梦想去拼命。把梦想变成现实，就叫成功。”如果把需求与发展认识清楚，有了思想和行动上的准备，认为易者就会有破难的心理；认为难者早做求易的准备，二者归于统一。这样，就不是看着人家事业火红而羡慕，自己干不起来而发愁，你自己是可以实实在在地成为事业有成之人的。

一、人类发展的需要

其实，即使在美国，仅就大学生的创业活动看，也不局限于硅谷一地，著名的麻省理工学院的毕业生们，已经开办了4000多家企业。若从人类历史上看，创业是从来都存在的，是一个十分古老的话题，人类的历史就是各种创业的历史，人类的现在，是不断创业的结果。人作为发展起来的高等动物，在很早以前就开始了创造和以创造行为为前提的创业活动，否则我们就继续在受冻、挨饿，也过不上固定的生活。粮食的生产、畜禽的饲养、服装房屋的出现等一切人类基本生存需要，都是创造和创业的结果。不过，这一切在以前的时代没有从理论上予以认识，全是人类自觉或不自觉的生存活动而已。可是到了近代社会，人类对创造已经由自发转为自觉，知道了利用创造促成创业，并成了人类继续进步、不断追求的必经之路，所以在创造理论指导下研究创业、总结创业、提倡创业就成为理所当然。

人类不断创业的结果是在社会上形成了众多的“业”，这些业的集合叫做行业，体现在每一个个体身上就是职业。当今社会,人人都从事一业或多业,从这个意义上说,社会由职业组成,没有职业不成社会。但是,人类不是完全被动地适应职业,如果那样,事业不会发展,社会难以进步。人类总是不断推出新的职业和行业,不断地提升各种职业到新的高度,这就必须靠创造。

从整体上看,创业催生着职业的萌生,也淘汰着死亡的职业,因为职业具有时代性。人类的职业由简单的几种发展到现在的上万种,同时在漫长的历史过程中,有许多职业消失了。随着时代的发展,有许多新的职业会出现。今天的年轻人,你要谋求什么样的职业可以达到"长治久安",你要开创什么样的基业以保"千秋万代",那就要看你对社会的估计了,但是决不要梦想创建永久不变的职业!

例如,我国改革开放以来出现了大批新型职业,什么洗头、洗脸、洗脚,前不久又出现洗牙、洗血。继此之后,上海前一段时间又出现了一种洗眼的休闲新时尚,与滴眼药水很相似,目的是达到舒筋活血、消除疲劳的目的。

人的需求有物资的,有精神的。在物质需求中,有地域的差别,有文化的异同,有资源的限制,有社会性质的提倡或限制;同时,人类发展,科技进步,社会分工越来越细,分工的细,带来的行业就多,专业化的岗位也会更多,每一个人都必须具有创造精神和创新能力,才能满足越来越新、越来越高的职业要求。这种状况,使职业形式五花八门。

例如,仅酒文化的职业中,就有酿造师、调酒师、品酒师;现在一个大的行业,要产生无数个不同性质的小行业,里面又有无数小岗位。例如发电业,第一步就要分出发电、配电、送电等几个小行业,发电里面又要分运煤工、粉煤工、炉前工、仪表工、架线工,等等。

随着新科技的发展、推广和应用,以前的小行业和岗位还要不断地更新和改造,又会有新的小行业和岗位出现。过去没有的职业不断产生,如文化经纪人出现了,心理医师也已经很普遍,而导游以前却很少有。

精神需求现在有发展壮大的趋势。随着人的素质的提高,精神需求的方面比物资需求更多,许多新的精神产品会应运而生,精神产品的行业也会逐步开创出来,这个趋势已初见端倪。

例如,美国的文化产业,其产值已占到国内生产总值的6%,从业人员达130多万,超过了矿产、林业等部门的人数。其音像产品出口已占美国出口的第二位,仅次于航空航天业。目前国内一些地方兴起的陪餐妹,决不是物质的需要而是精神职业。前些年,日本大阪市一个叫有本宪二的人别出心裁创办了一个"爱爱服务公司",以满足现代人的精神需求,其业务之一是帮顾客寻找初恋情人。该业务还很受欢迎,不少人,特别是老年怀旧者、事业不顺者,都踊跃来公司登记,大约一天能收到上百的业务信件,每个业务收取5000日元,一年下来很可观。

到了现代,创造与创业对一个国家和民族比以往任何时候都显得更加重要,由开发创造力而得到的企业竞争力已经成为国家核心竞争力的核心组成部分。以创造创新为手段而兴建强大竞争力的企业,是一个国家由弱变强的重要道路,即所谓"实业兴国"。创业对于每一个企业、每个国家都是议事日程上的大事,无论是科技、产品、工艺、市场、经营、组织领导体制等,都有不断创业的问题。过去许多"皇帝女儿不愁嫁"的企业,面临着重新创业才能生存的困境;日本等一度辉煌的国家,在许多领域也得靠创业才能保住现有经济地位;大部分不发达国家,只有在这一轮世界竞争中,看准一些行业,加大创新创业的步伐,才能有机会赶上发达国家。站在整个人类的角度,我们生存发展中的许多问题,也与创造、创业有关,例如人口问题、环境问题、贫富问题、生活质量问题等,都留下了创造创业的巨大空间和机遇。

进入知识经济社会以来，产品的生命周期在不断缩短，企业得不断开发新产品，创立新产业，计算机的发展道路是最好的例证：从20世纪70年代以来，其产品的创新速度十分惊人，使广大用户都感到难以追赶，美国等国因此而得到的高额利润难以计数。

其实，从创业与国家关系的角度分析，创业是处于先行位置的。马克思主义告诉我们，国家是阶级的产物，阶级的出现是生产力发展到人们有了剩余物资的时候。当人类还在饥寒交迫中挣扎，还在为生存而奋斗，国家没有出现时，创业行为就有了，由此我们得出结论是先有创业，而后才有国家。那么，到了文明时代，创业与国家又是一个什么样的关系呢？从另一角度看，由于有了业，人群变得复杂了——业多了产品要交换，生活的面扩大了，内容增加了，人与人之间的作用、地位等各种复杂关系产生了，于是需要统一的机构来管理，这样的民众和机构就组成了国家，国家应运而生。国家产生以后要办事，要养活一大批管理人员，这得需要经费，于是产生了税，任何国家都是靠税收生存的。税收从何而来？来自于业。如果没有创造任何职业，别说个体的人不能生存，国家也根本维持不下去，这也间接说明了国家与创业密不可分。

从第一、第二、第三产业划分标准来看，人类大的行业还要继续发展下去。有人已经提出，在第三产业服务业出现后，已经又有了第四产业——信息业。那么第五、第六是什么产业呢？这恐怕就要靠大家努力去开创了。

总之，社会出现什么职业是由人的需求决定的，人类需求的不断扩大及其多样化，就是我们创造和创业的舞台和天地。

二、个人生存的需要

创业随人类的产生而产生，随人类的发展而发展，概言之，有人必有业，人生必创业。这绝非人们有意而为之，是不以人们的意志而改变的。

首先，人必须生存延续，这就要有衣食住行，按常规的说法得“有钱”。有钱只有两个办法，一是创立自己的公司、企业，这既有了钱，当然也创了业；二是依附别人，即是为了生存去谋求一个职位，在某种意义上也还是创业。总之，是为生存而创业。到了现代，创业需求更加强烈。一个人必须具有良好的创业本领才能适应当前的时代。特别在中国，人多资源少，经济不发达是一个长期的矛盾，现有的职业岗位不敷需求，谁给我们解决？得靠自己！已有的产品和企业岗位有随时被淘汰的可能，怎么办？只有不断创造新的产品和企业岗位。现在已经进入经济全球化时代，即使某国、某人能够暂时偏安一隅，也绝不可能长久，这也是人类发展的必然。

其次，人是社会动物。何为“社会”？社会就是人的一种特殊的共存关系。这种共存关系第一体现为劳动分工。每一个人从事不同的劳动，为别人提供产品，同时也获得其他人提供的产品。没有什么人不依靠其他人能够生存。因此可以认为，创业既是个人生活的必须，也是社会的必须。社会发展了，人的需求多了，于是创造创业的渠道也就多起来了。

第三，人的共存关系还体现在一种抽象的人的生存价值上。人类发展到高级阶段的时候，一个独立的人就不仅仅是为自己而活着，他（她）还需要为别人做点什么，这就是人的生存价值，绝大多数人把能否实现这种价值当成人生目的，自觉去追求、去实践，是崇高精神的表现。这个价值的实现也是由进入一种行业来体现的；能发挥创造精神，自主创立事业，体现的人生价值更高，创的业越大，人生越辉煌。人是生生不息的，行业也会伴随人们永远存在下去。

三、创业的概念

要弄清楚什么是创业,必须首先明白业是什么。

业的说法古已有之,《国语·周上》说:“庶人工商,各守其业”;《荀子·王霸》有“百亩一守,事业穷,无所移之也”(这里的事业指“耕稼”)。这些业的概念是职业。《汉书七八·萧望传》:“家世以田为业”,这个业指产业。《国语·楚上》说的“不谷不德,失先君之业”指基业。在现代社会,尽管情况更为复杂,但是,业的内涵都还是超不过“职业”“产业”“基业”这样三个范畴。不过,在本书里面,为了说清楚当代人创业的方方面面,不仅仅追求这个字面上的定义,主要想把它和创业紧密结合起来考察。因此,要以新的视野界定什么是业,需要从不同的角度下定义。

从物质和精神的生产角度看,从事生产的某种行业里的“业”,是指某种已由别人创立出来的性质相同或相近的工作岗位或岗位群。这些岗位或岗位群,就是每一个占据它们的人的业。有了这个业,人就开始了自己的奋斗历程。奋斗成功了,人们称之为“创了业”。世界上很多人,包括那些十分有成就的名人,往往都是从这样的业开始起步的。还有很少一部分人,他们的业尽管也是一种岗位或岗位群,但是并不是依赖他人的创立,而是从谋生开始,靠自己开创,走的是一条独立开业的路子,如开个小饭馆、小修理铺什么的,自己当老板。我们把这种情况称为“创业”。为讨论方便,我们把后者称为“自主创业”,前者叫“依附创业”,有时也称“就业”“从业”。

以从业人数或创造的产值而论,业有大小之分。对整个社会来说,每一个行业无疑是大业,如教育事业、建筑行业、服务业、养殖业等,无论在人数或产值方面,一般情况下它们都会大于个人从事的业。行业之间也有大小。以从业人数看,商贸行业大于制造业,教育行业大于律师业;从创造的产值而论,交通运输行业大于旅游业。对于个人,同样的业,也有大有小,如比尔·盖茨的事业显然大于我国柳传志的联想集团。

业有广义狭义之别。社会上各种各样的行业是广义的业;一个包罗了许多岗位或岗位群的大型企业也应列入广义的业的范围。而对于个人,在这些广义的行业内选择的一个岗位,也是他的业,是狭义的业,对他们是“从业”“就业”,大多数情况下称为“职业”。

职业是一种社会分工,是人类社会进化到一定时期后的产物。马克思历史唯物主义告诉我们,即使有了初期的人类社会,也不存在职业。只是随着人类的进化,生产力发展了,出现原始的社会分工,这时候职业才真正出现。

经过几千年的发展,人们从事的职业已经由最初的种植、养殖、打猎等几种发展到几千种。前几年有人做过统计,人们从事的职业分类越来越多,越来越细,越是发达的国家职业越多。美国有6000多种,我国在20世纪80年代以前大约有几百种职业,随着第三产业等的发展,现在已有10000多种职业了,远远不是过去的“72行”了。

职业的存在和发展有它的历史性和地域性。历史上,由于生产力水平低下或者人们的认识水平的局限,出现过现在人们难以理解的“业”。有一些人类历史上十分古老的职业,只在世界上现在还十分原始的地区和人群中能够看到,大部分已不复存在。

例如,我国历史上很有名的“炼丹”曾经是一个大“业”,风行几千年,现在已消亡;过去巫师也是一个十分普遍的行业,目前也基本绝迹了;几十年前在我国农村广泛流行的用一种类似巨大的小提琴弓子弹棉花的弹花匠职业,现在也已经基本没有了;妓女行业在各国历史上都曾出现过，现在也只有部分国家和地区存在。

同时，随着生产的发展和文明程度的提高，一些新的“业”以惊人的速度出现并消亡，几乎可以称为“昙花一现”。

例如，人们称为“自来水笔”的书写工具，进入我国也就是几十年，曾经一度，修“钢笔”是“很俏”的业，现在街头上很难再现他们的影子。随着手机的广泛应用，修手机是很赚钱的职业，但我们估计，要不了多久，当手机变得不再昂贵的时候，手机修理业也会消亡。

既然业是一个从无到有，由少到多的发展变化过程，有人就会问，业是怎么来的呢？答案很清楚，业是创出来的！不是靠国家、靠政府，而是那些有头脑、有创意、有资金、有勇气……甚至什么也没有的人，为生存逼迫而创立的。所创的这个业，可能是一个大型企业，也可能是一个几十公顷的农庄。一个领导指挥千军万马的统帅，一个终身为之奋斗的大型工程或科研项目负责人，最初的创业成果很可能仅仅是一个工作岗位。根据这种分析，我们因此可以给创业下一个定义，就是：凡是依靠自身的力量，开创了除能维持自己生存之外的岗位或岗位群的，就叫创业。

【案例 7－1】

网上书店

从古到今买书要去书店，在那里的书架上查看、选取、开票。即使在家用电脑出现后，人们也只在上面读新闻、打游戏、发邮件，但是就有人独辟蹊径，利用网上优势办了世界上第一个“网上书店”。他就是美国的杰夫·贝索斯。

杰夫·贝索斯1986年大学毕业后，曾在一家信托公司做计算机系统的管理员，不久，又成了一家银行有史以来最年轻的高级副总裁，可谓前途无量。但是，他是一个富有创新精神的人，在一次冲浪时，他偶然进入一个网站，知道了网络用户的剧增情况，决定自己独立干一番事业。几周后，他决定在既有现成的技术人员，又离大的图书馆很近的西雅图的一栋破旧的小楼内，成立了亚马逊书店，希望他的公司像世界上最大的河流之一的亚马逊河一样财源滚滚，成为网络时代的世界零售业的巨头。

杰夫·贝索斯之所以决定开办网络书店，是因为在当时，书籍销售还是电子商务领域里的一块空白，没有对手。同时，他一开始就注意网上书店的特色：让读者粘贴网上书评，请专家与读者聊天，储存读者的地址和信用卡，让读者方便、放心等。亚马逊网上书店为读者提供了310万个书目，比全球最大的书店提供的数目多15倍，而且不需要费巨资修建大楼，不用雇聘大量员工，减少了一般书店因长期库存而占用的大量资金，还很方便的就可分析到顾客的购买信息和消费习惯与心理。几年来，其股票总市值已超过了拥有2万员工的美国最大的庞诺书店。

网上书店是我们以前没有听说过的，由于杰夫·贝索斯慧眼识珠，有胆量毅然独立创业，带来的是一个在市场经济条件下没有竞争对手的优势。他丢掉了一个岗位，却创造了无数个岗位，而且从此世界上有了“网上书店”这个新事物。

从以上例子来看，通俗地讲，创业是人们通过一定手段，依赖一定形式的劳动，开创出一种实业。例如，办企业、开门市、搞养殖、跑运输等。大凡依靠知识的转化、能力的发挥以及所有生产要素的使用，促使新行业、新部门的出现，产值的提高，事业的扩大等结果，都是创业和创业成功的事例。

因为人的特殊性，决定了人类的创业一直没有停止过，以后也绝不会停顿下来。有一定知识和技能的青年学生，比其他社会人群更具有创业的资本和创业的冲动。他们的知识需要运用，需要转化为解决实际问题的能力，这一过程就是创业，只有创业才能实现。许多事实说明，你掌握的知识再多，记得的公式、定律再准，在遇到实际问题时不能运用，也是没有意义的。只有在应用的过程中，才能检验知识的准确性、牢固性、灵活性，才能转化为实际生产力。因此，创业也是知识和人才的试金石。

第二节　创业与创造的关系

从本质上看，创业与创造的密切联系在于都有"开创"的意思，两者都是力求开创出新的事物。当然，从概念的内涵分析，创造是一个更加初始、广泛而又严格的概念，凡是你做出了别人没有做过的事，就是创造，具有绝对性。而创业大多是指在实业领域内做出了别人没有做，有时即使是别人在彼时彼地做过但此时此地自己没有做过的事，具有创造的相对性。换言之，创业多是实业领域里的创造。创业涵盖在创造的范围内，是创造理论的果实，也是创造的目的。创业结果的状况是对人们创造能力的检验。创造统帅创业，促进创业；离开创造，谈不上创业。许多事例说明，在创业问题上如果不能发挥创造性，只是一味地跟风模仿，不会有大的作为。所以我们说，创造能力是创业的基本能力。

【案例 7－2】

在电尚未产生，冰箱没有出现的时候，你想过没有，热带地区的人们靠什么来消暑？18 世纪时，美国一个二十多岁叫图多的人就创造了为热带地区的人们运送冰块的职业。他把产于英国等北半球地区的冰块，用轮船运到古巴、印度、新加坡等热带地区销售，这成了当时波士顿的主要商业活动之一，图多也获得了可观的利润。同时，为了使冰块在海上长距离的运输中不致融化，图多还发明了一套储藏、运输、隔热保鲜的物品和方法，发明了现在仍在使用的冷冻库的原型，建立了具有初步意义的物流系统。正是这种创造促创业，创业带创造的因果互动，才使图多以"冰块之王"的名声流传千古。

一、业是创出来的

如今人们看见很多人都在从事某一职业时，会变得习以为常，好像从来就有这样的行业，进而自然形成一种思维：一个人长大了就要进入一个行业，在那里去工作。进入的行业随自己的兴趣、知识、专业等情况而定。挣了大钱，就认为这是好职业，否则认为是不理想的职业。其实，职业不是社会固有的，也不是国家为大家早已准备好了的，而是许多有头脑的前人"创"出来的，往往是第一个"敢于吃螃蟹的人"首先创立的，或者是这些人在某种情况下被"逼"出来的。

【案例 7－3】

英国人霍布代尔是一所中学里的一位勤勤恳恳的清洁工，已经在那所学校工作了25年。一次偶然机会，学校新来的校长发现霍布代尔是个文盲，连签到也不会，这位校长不能容忍自己的学校中有一个文盲，于是，将他解雇了。霍布代尔痛苦万分，因为，对于他这样一个文盲，又没有多少钱财，到哪儿去工作都将面临困难。更要命的是，这许多年除打扫垃圾外没有干过其他任何事情。痛苦中的霍布代尔几乎不想活了，把自己关在小屋里，望着墙壁发呆，直到晚上10点钟还颗粒未进。由于想吃东西，想起了香肠，因为他平常习惯于每天晚饭吃一小碟香肠。他曾经做过腊肠，还深受学校师生的欢迎。基于此，霍布代尔产生了做腊肠生意的念头。他做得很好，几年后，在英国有人不知道莎士比亚，不知道劳斯莱斯，但没有人不知道霍布代尔的腊肠。

由于习惯，现在更多的人想到的是到别人那里去就业而不是自主创业，这是一种错误的惯性思维，是十分被动的人生决策。尤其是现代社会，人们首先应该想到的是创业，主要是自主创业。即使从谋生的角度分析，就业也只能算是被动的谋生手段，创业才是积极的人生之路。创业不仅能比较稳定地解决自己的就业问题，还会给他人创造出无数个就业机会，给社会带来无穷的财富。

【案例 7－4】

在世界范围内，当社会进入到18世纪以后，创业成了家常便饭。往往一种新的创造成果出现，很快就会有一个或多个新的行业诞生。18世纪工业革命的显著特点就是有一大批新的行业随着新的动力的发明而产生。20世纪中叶以来，新一轮科技革命又把人类的创业理念推向一个前所未有的高度。以美国为首的发达国家之所以发达，就是在过去的30年里大抓了创业革命。他们把人类创造的新理论、新技术、新知识、新制度与创业精神相结合作为法宝，以创业作为转化它们成为现实生产力的转化器，极大地开发了新的领域和行业。20世纪70年代，美国一年的创业投资仅5000万～1亿美元，现在每年达到20亿；10年前，它每年只有2600种新产品投放市场，现在翻了10倍。试想，有这样多的新业和新产品出现，能产生多少创业者，能为国家创造多少财富，解决多少人的就业呢？

二、职业不等于创业

在前面我们说职业与创业有时是相同的，但是严格讲，职业与创业并不等值。在很大程度上，职业是个中性含义。一个人在某个岗位上可以待上几十年以至终身，不要求工资的提高，职位的升迁，这是其一；其二，从事职业的人总是大多数，绝对大于创业的人数；其三，也是最重要的一点区别，职业一般不包括创新的成分，而创业必须有创新。没有任何创新的创业是不存在的。我们可以打一个比喻，职业是一壶人人可用的纯净水，而创业是含有治病功效的药液。

创业和职业又是有联系的。多数情况下，创业总是从依附一个职业开始的，一开始就进入自主创业阶段的很少。我们可以说，创业的机遇隐藏在职业中，进入职业是创业的基础。相反，即使你一生中不自主创业，只要你在原有的事业中有所创造，有所发明，也能使你所从事的事业有数的发展或质的提高,你此时的职业就不再是彼时的职业了,广义上看这也是创业。

三、创业大于职业

这里的创业特指独立创业,指创造一个独立的行业或岗位。这样的创业应该大于职业。其原因有三:第一,人们依附的那个职业一般仅仅是一个岗位,这里的创业是创造一个企业甚至行业,因此其岗位或人数都大于一个岗位;第二,它创造的效益大于职业岗位;第三,它的难度和深度大于职业岗位。

如果从创造的角度看,创业大于职业的含义更深刻。业要有人创,才能从无到有,从小到大。创业之后,仅从就业谋生角度看,它解决的不仅仅是一人一家的生计,可以为许多人提供就业岗位,谋取更多利益。截至 2003 年,我国创业比较活跃的民营、个体和私营经济为全社会提供了 1500 万个就业机会,相反,创业不活跃的国有经济受改革的影响,还减少了 5000 万个就业岗位。其实质是,在它们的创业活动中,真正具有创造性的是少数,最明显的一个特点是 96%的创业没有创造新的市场,而仅仅是在现有市场中找机会。全球范围也大致如此,93%的创业活动是不创造新市场的。这样的创业比仅仅谋求职业好不了多少。但如果是开发新市场的创业,有时候对国家的安全、国家的地位,都有不可估量的重要意义。比尔·盖茨创办的微软业,对加快美国的经济发展、增强美国经济实力所作的贡献,是尽人皆知的。

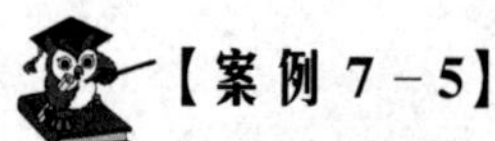

【案例 7-5】

如今的西安翻译学院,早已在西安南郊迷幻般地耸立,它南依翠华仙境,中贯太乙长河,校园依山藏水,天空明亮湛蓝,是一个潜心读书的好地方。如今,它已经拥有 30000 名住校生(本科生 20000 余名),为社会输送了大量优质合格的毕业生,许多人以这里为起点,开始了辉煌的人生事业。但是提供如此多创业机会的人当初却是一个几乎找不到创业起点的"落魄者"。

在 1957 年的一个夏夜,年方 18 岁的丁祖诒,是南京久负盛名的南大附中(原第十一中学)的高材生,南京市中学生数学竞赛优胜者,以高考门门 90 分以上的优异成绩被名牌大学青睐,却因当年特有的"政审不合格"而落榜。

也是一个漆黑的夜晚,他徘徊在秦淮河的生死边缘线上,他想到了死。同时另一个声音也徘徊在心中:"挺起胸脯,去迎接人生的挑战!为自己的价值活着,更要为别人的幸福活着!"

就从那个夜晚开始,他三年自学了四门外语,在一所业余大学用三年时间读完了六年制本科。在经历了无情的"十年浩劫"之后,终于被落实知识分子政策,当了一所高中的外语教师。从此,他人生的航程由狂热的爱因斯坦崇拜者转向了神圣的教育殿堂。

不久,丁祖诒凭借他的执著和才华敲开了一所国办大学的大门,担任了外语教研室主任。一个从未进过正规大学校门的人,30 年后登上了大学讲台。

30 年后的今天,他又不得不面对他所创办的西安翻译协会招录的几百名高考落榜生作出人生的第二次抉择。他无法兼顾他的大学本职工作和为落榜生深造的分外义务。他要与魂牵梦绕的落榜生同行,做一个光荣的殉道者。"高考落榜生就像烧了七八十度的水,如果给他们添上一把柴,让他们在民办大学里继续深造,他们就完全可能成为我国的高等技术人才,这应该是第二个'希望工程'。因为他们同样是中华民族未来的希望。"丁祖诒如是说。

白手起家的丁祖诒在一无经费、二无后盾的情况下,租了一间教室、一间办公室。从这里起步，丁祖诒踏上了他社会办学新征程的“零公里”。丁祖诒的执著信念意外地得到省高教局成教处的青睐。终于，1987 年 9 月，西安翻译培训学院成立了。

弹指一挥间，西安翻译学院已成为具有本科学历证书颁发资格的民办院校。西安翻译学院办学多年，没花国家一分钱，没有任何人赞助，仅靠低廉的学费，发展成为占地 2000 亩，校舍 52 万平方米，校产 6.5 亿元的超级大校，以全日制住校生 30000 名的全住校规模，雄踞中国 1300 所民办大学的王者之位。

如果说，当年 18 岁的丁祖诒顺利通过了大学最后的“政审”，那么，今天中国科研领域也许会出现一位“数学奇星”，他个人的事业当然不乏辉煌。但是，他今天的光辉，在于为千百万嗷嗷待哺的失学青年架设了一条天梯，让他们走进了实现理想的天堂。

第三节 创业教育的方向及重点

创业教育在世界一部分国家已经进行多年，取得了很好的效果。从 20 世纪末开始，市场经济和经济国际化浪潮席卷而来，世界范围内的发展实践对计划经济提出了严重挑战。在我国，各方面的情况也发生了相当大的变化：中国人口爆炸的压力如泰山压顶，人们开始注重创业实际，学校开始提出创业教育。目前我国的创业活动十分活跃，近十几年来也开始注意对青年人尤其是大中专学生、再就业职工开展这方面的教育。

一、培养创业意识和创业素质

在我国，创业教育的首要问题，是让人们树立起创业的观念和意识。对比分析古今中外的创业案例和历史，目前青年人的创业难点不是缺乏基本素质，也不主要是因为创新思维和技巧的落后，首先要解决的是创业观念的建立。

现在的许多年轻人习惯于等职业或寻找现成的职业，形成这一状况是有历史原因的。从 1949 年开始，我国在相当长的时期内，人们理解的社会主义制度的一个明显特点（或好处）是人民依附于国家，进而依附于单位、组织。还是个小孩，就成为“国家的人”；亲朋好友一见面问的是“你在哪个单位工作”；孩子长到 18 岁，要由国家安排工作。大学毕业了，也就被称为“分配工作”，这一点从国家领导人到普通百姓，深信不疑，根深蒂固。否则，就没有 20 世纪 60、70 年代的知识青年大下乡运动。

我们学习创业的知识和案例，首先就要破除这种思维定势，树立创业的观念。在树立创业观念、建立创业思想、学习创业方法、付诸创业行动这四个创业要素中，解决观念问题是首要的。无论创业个人或创业团体，如果没有牢固的观念，创业过程中可以红火一时，或者顺利时皆大欢喜，一遇困难，就作鸟兽散；观念不一样，明明是创业的大好机会，你会视而不见；换一个观念，你会觉得创业的机遇多多。观念正确，才会出现好的创业成果，而不再是过去那种有创业行动就会有好的结果。

首先应建立一个重要观念：职业不是社会固有的，也不是国家为大家早已准备好了的，而是许多有头脑的前人“创”出来的，往往是第一个“敢于吃螃蟹的人”首先创立的，或者是这些人在某种情况下被“逼”而创出来的。苯茨和戴姆勒不发明汽车，就不会有汽车驾驶这个行业。没有生活的艰难，黄道婆不会远去海南学习种棉织布技术进而传播开来。楞茨发现闭合线圈在磁场中移动能产生电，才有后来的很多人从事电力发送的工作岗位。

在人类的早期，肯定是没有任何职业的。低下的原始生产力不可能产生明确的与现在类似的职业。但是，我们可以设想，即使在一个原始人群的内部，也会有一些根据个体体力、能力、爱好的劳作分工，哪怕是自然形成的。例如女人能做什么，小孩能做什么，一些人力气大最适合做什么，有些人特别喜欢做什么，等等。这种分工取得了好的结果，就会得到他人的赞同和肯定，久而久之，在人群内就会成为一种习惯或约定俗成；相反，这样的赞同和约定俗成又会鼓励和支持这些人继续加强、巩固他们的分工，有意识地锻炼、学习有关的能力、技巧、技术等。有的男子因为他们身强力壮，奔跑特快，也喜欢捕猎，实践证明效果也非常好，一旦得到别人的肯定，他会在这方面强化自己，包括改进武器，创新办法，一生中成为一名专业的猎人。这就是人类职业的雏形。类似这样的分工扩大了，例如有了专事采摘、专事饲养、专事种植、专事烹煮的人，人类的职业就正式诞生了，而且到一定的规模和时代，还正式出现了行业。

对现代人，我们当然不提倡个个都像原始人类那样，一开始就独立地去创造一个职业，也没有那么多新的职业需要创造。现在需要的是，绝大多数人要趁依附性创业这个生存机会，学习知识技能，摸索创业经验，筹集创业资金，培养创业品格，伺机进行独立创业。因此说，在人生的起步阶段，对于绝大多数人来说，自主创业与依附创业是一回事。在一无经验，二无本钱阶段，先依附于别人找一分职业，解决自己的生存问题，是明智之举。经过一段时间的积累，自己各方面羽翼丰满了，再走出去独立创业，大干一番，成为社会栋梁之才。世界上无数精英巨子，走的都是这条路。我们更积极呼吁那些有能力、有机会、看准了的同学，大胆地迈开独立创业的步子。

那么一辈子就待在原岗位，能不能以此独立创业呢？我们认为也完全可以。这是一种以自己本岗位为基点，先做好、后做大、再做强，最后创出一片自己的天地，具有辉煌的事业。例如开始当技术员，最后当了总工程师；当初是一个秘书，十几年后做了局长、县长等等。不过若从严格意义上讲，它与自主创立企业是有区别的。事实上，有一些人，由于一些基本素质的缺陷，要实行前一种自主创业是有困难的。据上海商业职业技术学院对部分学生进行的创业培训情况看，要独立开始第一种创业，只有15%～20%的人能够通过第一阶段的培训。因此，对于青年大学生，第一步多数是以谋求职业为创业之始。

以上这三种情况都是本书里提倡的创业概念。不如此，现代社会，任何就业也只能是被动的谋生手段。在充满竞争的市场经济条件下，被动的就业是时刻充满危险的。我们反对那种一提到前途，想的就是到国家行政事业单位工作，到别人那里去打工，进而怎样又拿高工资，又不费大力气，舒舒服服过一生；或者平平常常，既不创新，也不求上进，保住"位置"就行。这是一种错误的惯性思维，是十分被动的人生决策，创业才是积极的人生之路。创业不仅能解决自己的就业问题，还会给他人创造出无数个就业机会，给社会带来无穷的财富。

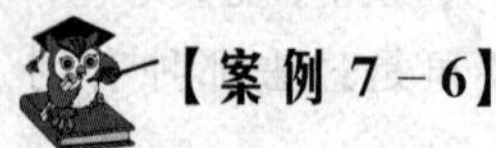

【案例 7－6】

马里蒙·斯通的创业步子

当今有名的美国联合保险公司是由保险推销一步步发展起来的。该公司的董事长马里蒙·斯通的母亲是搞保险推销的，16岁念中学时，他也学母亲出去推销保险。他相信：如果你做了，没有损失，还可能有大收获。

第一天他去一个办公室推销，但只有两个人买他的保险，第二天四份，第三天六份，从此他的事业也就开始了。后来，他利用假期时间开始推销健康与意外保险，慢慢份数越来越多。他20岁的时候就在芝加哥开了一家保险经纪社——“联合登记保险公司”，可是全社只有他一人。但开业的第一天，他居然售出了54份保险。开业大吉。然后开始在其他地区发展，事业一天比一天兴旺，曾经创造了一天售出3122份的纪录。

这时斯通开始想办法扩大业务，招收其他的推销员，搞推销讲座，并利用一些推销术。到1938年年底，马里蒙·斯通已是一名百万富翁，他还以160万元把宾夕法尼亚州伤损公司也买了下来。

任何创业都是由小到大的，关键是你要一步一步做好，然后才能到大，这里面包含了多少创新精神！马里蒙·斯通由一般的保险推销到推销健康与意外保险，到办保险经纪社，到搞推销讲座，最后购买伤损公司，成立美国联合保险公司，事业就这样做大了。

“就业靠国家”是一个需要破除的错误观念。作为国家，当然有责任为人民提供就业机会，解决人民生计问题。但是国家解决就业岗位，只能通过政策调控，大力发展生产，提高生产规模和速度，而不是由国家直接去增加生产行业，多办工厂，这是让国家直接去创业。如果这样，那就本末倒置了。创业意识的培养必须明白如下两个问题：①是我创业养国还是国家创业养我？②是我创业养人还是人创业养我？

第一个问题，从人民与国家的整体上看，不是国家创业养我。第一，人，人民，是先于一个国家出现的概念。国家是生产力发展到一定时期的产物，没有国家之前，人民就存在了。人发展到一定时候，就存在业，不然何以为生？第二，正是由于有了业，就产生了税收。创业的人多了，创的业大了，收益好了，税就多，税多国力就强。所以说是人民创业后以税收的方式在支持着国家的运行，归根结底是人民养活了国家。

第二个问题，仅从就业谋生的角度看，如果你一门心思只想到哪里去打工，或找个国家提供的岗位，可以肯定地说都不是我创业养人而是人创业养我。如果没有张老总、李老板接受你，国家也不能提供合适岗位，你可能只有靠父母朋友资助或领取国家最低生活保障费了。无疑这是一种十分消极的人生态度，不是青年人，尤其是有知识、有技能、有志气的青年人应取的态度。人人都这么想，还有什么业，还有什么国？因此，我们不应等就业，不该靠国家就业，而是要靠自己的能力主动地去创一份业，既有利于个人，还有利于他人，更有利于国家。

远大总裁张跃先生不是一位校园里的创业家，但他的创业故事对广大创业学子同样有益。

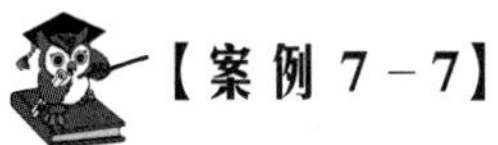

【案例7-7】

“远大”创业之路

1999年12月6日晚，远大中央空调有限公司执行总裁张跃先生应“清华创业者协会”之邀，特意从长沙飞抵北京，在清华大学经管学院伟伦报告厅里做了关于“远大”创业的报告，并回答了同学们的提问。

非常感谢大家用业余时间来参加这个研讨会。

我首先介绍一下我自己和我们的公司。

我读的书很少，跟在座的不能比。1978年读了大专美术，1980年毕业，后来教了三年中专，又在图书馆工作一年。1984年年底，我就辞去公职，下海创业。从那时开始，直到今天，整个心态是一样的，时时刻刻有这样的一种准备，就是一切都要靠自己。尤其是私营企业，更要靠自己。

从1984年到1987年，我自己从事的只是一般贸易，包括建筑装修、广告。那时的公司很小，两三个人、三五个人的样子。直到1988年，我和我弟弟创办“远大”空调时，几乎没什么资本，也就3万块左右，当时在一个比较小的专业范畴，做无压锅炉，事实上是供暖设备。1991年开始开发了用于供暖和制冷联合的中央空调主机，就是直燃机，1992年开发成功。1992年到1995年，又对产品进行了很多的改进，三年时间大约做了四代的改进，1995年以后的产品就已经很成熟了，已经达世界最高水平；1998年又对产品进行了一次大改进，这时，我们的新一代的产品已经远远超出同行业原来的最高水平——日本。

1988年开始创办远大时的资金只有3万元左右，到1992年也就只有100万的资本，也就是开发直燃机时的资本。到1995年我们的资本就过亿了，以后就节节高升，到现在，我们的资产已有13亿。

从3万到13个亿，我们的资本积累方式是滚雪球的方式，而且资本积累来源完全是依赖自己目前的这种产品，没有依赖资本运作，没有依赖任何额外的资助。甚至从1995年以后，我们就没有贷过款，完全是运用自有的资本在运作。到1997年、1998年，我们的资本就非常的多了，按照一般的意义来说，我们应该发展很多很多的行业了，因为长期有五、六个亿的闲置资本放在银行里，但是我们还是按照以往的方式，在我们认为最擅长的领域发展。直到今天，公司的方方面面的情况没有太大的改变，但是每一天都在进步。今天的远大，在中央空调领域是全国最好的企业。规模最大，营业额最高，税收最高，后劲最强，在全球同行业的水平也是最高的。

与国内很多很成功的、发展很快的私营企业相比，远大还有很多的不足。远大现在的员工才有1200人，规模不够大，所以远大在扩大企业规模方面还是有些保守的。今天的论坛的题目不太好，题目不应该叫做“远大成功之路”，应该叫做“远大创业之路”。直到今天，远大仍然在创业，怎样进一步提高企业的竞争力，进一步为社会作贡献，这是远大很重要的任务，所以在这里，我除了想向大家介绍远大的经验外，还需要知道大家对远大的评价和宝贵意见。

在我国知名度很高的“远大”企业，是由一个中专毕业生创立的。张跃本来是有一个舒舒服服的图书馆工作的，但他并不“安分”，非要去创业不可。他带来的结果恐怕大家都清楚，看两点就够了：他现在的人生起码比做图书馆员要好，他起码为1200人解决了工作（当然，这个数字肯定不包括各地那些“远大”空调的销售、维修人员）。

二、确立创业方向

要确立好创业方向，首先要从创业分类谈起。根据前面我们对创业的分析，可以看出，尽管现代社会要创的业很多，但大类只有两个，一是自主性创业，二是依附性创业。所谓自主性创业，是指靠技术、资金或者人力资源等有形或无形资产，自主开创的除自身所需以外的岗位或岗位群。自主创业还可以分为两种情况，一是从踏上人生之路开始就自己独立创业，二是从找一个就业岗位起步，待条件成熟后或被形势所逼（例如被辞退或下岗），才拉出来独立创业。依附性创业就是在别人创立的岗位上主要靠无形资产，扩大自身所需要的岗位或岗位群。

但是如果从不同的方面和角度看，以上两大类创业又可以再次分出知本创业、技术创业、资金创业、人力资源创业等子项目。

1. 知本创业

知本创业指以知识作为一种生产要素进行的创业。有人提出，在知识经济时代，资本的形态表现为知识资本。知识经济时代各国的竞争是知识资本之争。传统的工业经济时代的产业，在知识经济时代已被新的高科技产业所代替。把美国和日本相比较，前者的有形资产投入比后者少(例如，日本的钢铁企业是美国的四倍，摩托车企业是五倍，汽车企业是三倍)，但是其国内生产总值和经济增长率却远远大于后者。他们还提出了知本创业的八条要素，即专业知识、创新、洞察力、善于用人、筹融资能力、人格魅力、勇气和组织能力。

【案例 7-8】

1923 年福特公司有一台大型电机发生了故障，全公司所有工程师会诊两三个月都没有结果，后特别邀请德国电机专家斯泰因梅茨进行"诊断"。他检查了三天，在电机上面爬上爬下，仔细听电机发出的声音，反复进行计算，最后又测量了一番，然后在机器桌处画了一条线。他对福特公司的经理说，"打开电机，把作记号地方的线圈减少 16 圈，故障即可排除。"工程师们半信半疑地照办了，结果电机正常运转了。众人为之一惊。事后，斯泰因梅茨向福特公司要了一万美金作为报酬，他说："用粉笔画一条线，一美元；知道在哪里画线，9999 美元！"再后来，福特公司为了引进斯泰因梅茨这个人，把斯泰因梅茨所在的公司一起买了进来，可见知识在那些具有远见的企业家那里，早已成为创业资本了。

2. 资金创业

资金创业是指以资金投入作为主要手段的创业。这是一种传统的创业方式，但在现在的社会状态下仍然具有积极的推动力。一般情况下，它主要指利用各种融资手段，巧妙地进行资金运作来创业。

【案例 7-9】

世界著名的美国石油大王洛克菲勒集团是资金创业的典型。创业之初，洛克菲勒以较低利息贷款 1000 万美元与克拉克成立了洛克菲勒公司，搞农产品经营，不太长的时间里就赢利了，年利润曾经高达 17000 万美元。南北战争后洛克菲勒看准战争后带来的无限商机，1863 年投资 4000 万美元转开石油公司，从此大把的钱如流水一样滚进他的腰包，成了美国有史以来第一位亿万富翁，创下洛克菲勒的伟大基业。

3. 点子创业

所谓点子创业，实质是以各种各样的创新的理论、观点、策略、建议、方案等开创事业。这些观念性的东西，一旦用于实际，就可以获得经济效益或社会效益。有人还专门成立了这样的公司提供点子，俗称"点子公司""智囊团"，正式名称叫"咨询公司"。

【案例 7-10】

在城市里经营商业被认为是最难成功的事情之一，因为现在商店太多，购买力不足。但是大连市一家"左撇子商店"靠常人难以顾及的点子一举闻名。这家商店专门为左撇子设计和制作生活用品,吸引的顾客除了真正的左撇子外,许多"右派人士"因为好奇也纷纷前来光顾,开业一年多,成为当地最热门的商铺之一。

4.人力资源创业

人力资源创业是指依靠开发和利用人的劳动力作为资本而进行的创业。众所周知,人力在劳动力三大要素中是最活跃的因素,即使在知识经济时代,哪怕是没有受过任何教育的文盲,也仍然是一种可资利用的人力资源。这些年在国际经济结构大调整中,许多传统的劳动密集型产业仍然存在,只不过转移到了比较贫困的第三世界国家去了,由此而出现了许多仅仅依靠人力资源创业成功的例子。

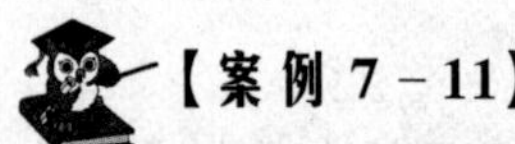

【案例 7-11】

我国的双星集团就是一个劳动密集型企业,刚开始它还背上了原国有企业的一切沉重包袱,但却通过重组改造,加强培训管理,创出了名牌,成为国有制鞋业的一枝独秀。现在还进入跨行业发展,涉足橡胶业、轮胎业,把市场做大做优,使双星轮胎奔向世界。

5.管理创业

党的十六大报告明确提出,管理也是一种生产要素。既然是生产要素,也是可以作为创业的资本的。其实,越是现代化和科学化,管理越是一种不可代替而且十分重要的资本,管理用以创业,往往会收到极其巨大的成果。

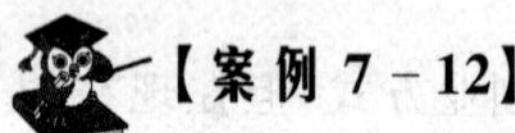

【案例 7-12】

1974年世界石油危机,日立公司受到冲击,此时它采取了管理上的新招。一是让工人们回家待命,并不是为了节约工资,而是使他们有危机感,同时也能保持原来的工作习惯和热情,因为现在工作量并不饱满,只达到70%~80%,勉强留在原岗位近乎"磨洋工";二是出于同样目的,把管理层的工资也削减5%~15%不等;三是让新进职工推迟20天上班,以使他们一开始就具有正规的纪律和作风。这三招的结果,使日立公司后来比其他公司恢复都快。

6.信誉创业

信誉创业即依靠创业者个人良好的信誉开创事业。在市场经济条件下,信誉已经成为一种无形资产,既然是资产,就可以用作创业的资本。这些年在我国出现的"代销"业务,其实质就是信誉创业的一种。

【案例 7-13】

蒙哥马利·华德所经营的零售商店实在是太普通了,因此只能勉强度日。长期以来,他一直梦想着别出新招,扩大营业额。办法终于有了:现在顾客普遍担心的是商店信誉不足,怕买到假货。于是他提出了"信用担保"售货法,打出"本店商品如有质量问题,愿将货款如数奉还"的宣传广告。这一举动在顾客中引起了十分强烈的反响,此后他的商店门庭若市,生意火红。

深入分析了以上创业的大类别,创业者可以根据自己的明显特长、浓厚兴趣以及某些特殊优势,确定自己的创业大方向。

三、创业实践的准备和模拟

同学们在接受了创业教育或培训之后，肯定产生了创业的理念和冲动，恨不得马上一试身手。但是，这里还有一个创业教育环节没有进行，而且几乎是不可或缺的，那就是在学习期间开展以社会调查和实际模拟为主的准备。

简单易行的社会调查是访问自己身边的人和事。如果你有亲戚朋友已经创业，不管成功与否或成绩大小，都可以作为调查对象，从这里往往能学到非常具体可信而宝贵的经验（失败也是经验）。如有可能的话，其他的人和事也可作为对象。再不然，从书籍报纸杂志上也能获益。凡是与创业有关的事，如素质的要求、资金的准备、登记、税收、营销、市场等都是调查的内容。

在此基础上，应该有意识地进行自身素质的准备。例如，补充有关知识技能，查阅储存有关资料等。

关于模拟，即是利用节假日，到需要去的地方实习或见习，亲身感受创业环境和创业要求，达到心理上的初步适应，国外的很多在校大学生都在进行这样的工作，即使主要是以获得经济利益为目的，客观上也达到了创业准备的效果。

第八章　创业指导

第一节　大学生创业形式及素质培养

一、大学生创业的形式

大学生参与创业的方式不同，面临的风险也不同。特别是在学习创业的大学生不仅面临巨大的学习压力，还要应对创业的各种风险，一旦处理不好学业和创业的关系就可能导致双重失败。

大学生在选择创业方式时，必须根据自身条件，认真权衡利弊，慎重做出抉择。大学生创业的形式主要有：

(1)在学创业。大学生利用课余时间，在校内或校外从事各种创业实践活动，积累创业经验。

(2)模拟创业。大学生创业运动的兴起与创业计划大赛密不可分。从国外到国内各种形式的创业计划大赛为广大学子提供了模拟创业的平台，也为其提供展示创业梦想，变梦想为现实的契机。

(3)休学创业。随着教育部允许大学生、研究生休学创业政策的出台，一种新的大学生创业形式悄然诞生。部分大学生可根据个人意愿，选择暂时性中断学业，投身创业。

(4)直接创业。大学生毕业时不做就业岗位的竞争者，而是选择自我雇用、自主创业。

(5)兼职创业。大学生毕业后先就业，然后等条件成熟时，再进行创业。很多人也选择边工作，边尝试创业，不断积累创业资源和经验。

创业不同于就业，创业者在面临更多机遇的同时，也会面临更多的风险与挑战。可能导致创业失败的因素很多，其中一个关键性因素就是创业者的基本素质与能力。

二、成功创业者的基本素质与能力

创业者就是指那些利用有限资源，锐意创新，不断发掘并实现潜在机会和价值的人。越来越多的研究显示，创业成功者身上具有某些共同的特征，正是他们身上的这些突出特点，帮助他们走出创业困境，获得创业成功。

美国管理学家威廉·D. 拜格雷夫曾将优秀创业者的基本特征归纳为 10 个“D”：有梦想(dream)、果断(decisiveness)、实干家(doer)、有决心(determination)、有奉献精神(dedication)、热爱事业(devotion)、思维缜密(detail)、敢于挑战命运(destiny)、金钱(dollar)和懂得分享(distribute)。

成功的创业者往往能选择一个自己的爱好并制定一个奋斗目标，他们常常拿着薪水学习、与成功者为伍、相信自己、努力工作、以自己的专长发家致富、善于提问、不循规蹈矩、不墨守成规。

《科学投资》杂志对国内上千例成功创业者案例进行分析，也发现成功创业者具有多种共同特性，其中最为重要的有10个，将其称为"中国创业者十大素质"。它们是：欲望、忍耐、眼界、明势、敏感、人脉、谋略、胆量、与他人分享的愿望、自我反省的能力。

综上可以看出，作为创建并经营管理企业的人，不仅要有应对各种创业风险的勇气，还要具备克服创业压力，摆脱创业危机的各种素质和能力。

三、大学生创业的素质与能力要求

大学生年轻、乐观、富有激情，在专业知识和技术特长方面具有独特优势，是极富潜力的创业生力军。有关资料显示，美国高校毕业生创业的比例高达23%～25%。但《全球创业观察(GEM)2005年中国报告》的调查结果显示，从学历层次看，目前中国创业者的学历以高中为主。可见，我国大学生的创业素质和潜能没有得到充分开发。要改变目前这种状况，必须从激发大学生创业热情、培养大学生创业素质与能力着手。

1. 创业意识

创业意识首先表现为创业的欲望。欲望是一个人追求理想的内在驱动力。当一个人有了创建一番事业的强烈欲望时，他才会拥有为实现心中的梦想努力奋斗的动力。可以说，强烈的创业欲望是创业成功的前提。

创业意识还表现为处处留心商机，勇于实践的态度。创业欲望一旦点燃，就要在生活中有意识观察和学习各种创业行为，培养对商机的敏锐观察力。创业面临很多不确定因素，随时有失败的可能，必须有意识地克服对失败的恐惧，激发我们的冒险精神，积极投身到创业实践。

2. 创新精神

创新就是用一种与众不同的、新颖的和敢于冒险的方法和精神去解决所面临的问题，通过提出新思想、新认识，探索新规律，做出新发明，创造新成果。创新的本质在于善于发现问题，勇于解决问题。创业是一个复杂而变幻莫测的领域，简单的模仿和复制别人的成果只能走向失败。在激烈的市场竞争中，只有摒弃陈规俗律，求新求变才是创业制胜的法宝。从某种意义上讲，创业的过程就是不断创新的过程。从创业构想到产品开发、经营销售各个领域都要将创新植根于头脑，以创新求发展，以创新求成功。

创新精神还表现在良好的市场应变能力上，随时关注企业内部和外部环境的变化，以创新的姿态迎接各种挑战，用创新的方法解决遇到的各种问题，让创新真正成为企业发展的不竭动力和力量源泉。

3. 风险承受能力

风险承受能力的强弱取决于对风险的预期和准备。创业风险无处不在。根据创业者的经验，再充分的创业准备都是不完善的，再周密的商业计划书也难免有疏漏的地方，再团结的创业伙伴也会产生摩擦，再雄厚的资金也有周转不灵的时候——在瞬息万变的创业环境中，失败和挫折可能随时降临。因此，在创业之前必须作好充分的心理准备，对创业可能遇到的困难和阻力有清醒的认识，既不能过分悲观，也不能盲目乐观。

良好的风险承受力还表现为坚忍不拔的创业精神。创业之路从来都是布满荆棘的，对初创业者更是如此。没有一个创业者不是经历重重困难，甚至是一次又一次的失败。即使是当前最成功的创业者，像比尔·盖茨在创业初期也是经历了各种失败。他们成功的关键在于他们有良好的风险承受能力和坚定的信念，正是这些素质支撑他们在最困难的时候也不退缩，顽强奋斗直至成功。有时候，成功者与失败者的最大差别就在于成功者将失败当做前进的起点而不是终点，因为“失败是成功之母”，挑战与机会并存。

4.人际交往能力

创业是复杂的社会行为，创业者必须学会与形形色色的人物打交道。积累良好的人脉既是创业者面临的重要任务，也是创业成功需凭借的重要资源。在某种程度上，社会资源的拓展能力与企业发展的规模有直接关系。因此，要摆脱孤军奋战的局面，必须努力学习与人交往的艺术，争取各方面的理解和支持，帮助企业取得成功。

人际交往的关键环节就是沟通。无论是与投资商、客户，还是企业自己的员工都要建立畅通的沟通渠道，为各方意见交流搭建平台。这样不仅有利于各种意见的收集和反馈，而且为及时发现问题、迅速解决问题创造条件。

5.经营管理能力

经营管理能力包括规划、营销、理财、组织等各方面的能力，这些能力是保障企业良性循环的基础。从企业发展规划、产品定位到资金管理各个方面都受创业者经营管理能力的影响，而经营管理水平的高低在很大程度上取决于实践经验的多少。对一个企业初创者来说，这些能力需要在创业实践中不断磨炼和加强。对立志创业的大学生来说，树立正确的经营理念和良好的财务观念显得尤为重要。

除此之外，大学生还应该具备自信、自强、诚实、守信的高贵品质和良好的文化素养，充分体现出新一代高素质创业者的良好风貌。

四、大学生创业素质的培养途径

大学生作为未来创业大军的新生力量，其创业素质的培养直接关系到未来创业的成效，必须采取措施加以培养。创业必需的素质和能力是综合性的，因此大学生创业素质也必须从多个途径综合培养。

1.在高校普及创业教育

创业教育就是要根据社会的发展变化，从学生的实际出发，通过各种教学手段在教育过程中提高大学生发现问题、分析问题和解决问题的能力，尤其要培养其自我意识、参与意识和实干精神，树立创新和创业意识，掌握创业技能，积极开展创业活动。作为高校素质教育的重要内容，必须把创业教育纳入学校的培养体系，把培养具有创新创业精神的大学生作为合格大学生的标准，从而在教育环节上为大学生创业素质和能力培养创造条件。

2.开展大学生创业计划大赛

大学生创业计划大赛的宗旨就是要通过大学生创业计划书的评比来挖掘有价值的创业构想，从而激发大学生的创业激情和潜能。在创业计划大赛中获奖的作品可以得到一定奖金，还可能吸引到风险投资。这被看做大学生获得资助，实现创业梦想的捷径。通过创业小组的组建、创业计划书的撰写，参与者在纸上进行了一次模拟创业，其中要思考很多问题，学习很多相关知识，无疑是大学生创业练兵的好战场。

3.提供各种实践锻炼机会

通过组织各种社团活动，一方面，锻炼大学生的综合能力；另一方面，有利于积累社会实践经验，学会与人交往，培养社会参与精神。要求并鼓励大学生利用业余或寒暑假参加有益的社会活动，在不影响学业的情况下，也允许大学生从事各类“打工”活动，在实践中积累市场调查、销售、组织、人力资源管理、财务管理、物流管理等方面的知识和经验，使自己的综合能力得到进一步提高。

4.免费提供创业技能培训

为有创业意向的大学生提供免费的专业培训和咨询，可以由学校聘请有关专家在学校进行，也可以让大学生参加校外各种创业培训组织提供的创业培训活动。通过这些活动，一方面，大学生可以系统掌握基本的创业知识，培养基本的创业技能；另一方面，还可以结识一群志同道合的创业伙伴，互相切磋，交流经验，从中获得创业的间接经验。

5.建立大学生创业孵化器

创业孵化器是指为创业者提供良好的环境和条件，帮助创业者把发明和成果尽快形成商品进入市场；提供各种综合服务，帮助新兴小企业成熟长大形成规模，为社会培养成功的企业家和创业家。很多高校借鉴国内外企业孵化器的模式，在高校建立大学生创业园、科技园等，通过提供场地和其他创业条件和服务，帮助大学生将自己的创业构想变成实体，为其快速成长创造条件。

第二节 创业准备

创业成功将带来财富和荣耀，你是否立志把创业作为自己事业的新的开端？面对一个全新的、充满挑战的新领域，你是否作好了充分的准备？

一、了解市场知识

创业是一个复杂的过程，不仅对创业者素质和能力有较高的要求，而且需要创业者了解与创业有关的一系列专门知识。创业者不仅要掌握所从事领域的专业知识和技能，而且要了解涉及调研、选项、产品开发、市场营销、人员招募、财务管理等一系列企业管理的专门知识，还要有一定的法律、税务知识。创业者如果缺乏一定的创业知识储备，就贸然进行创业尝试，难免要在残酷的市场竞争中处于劣势。

初次创业者可能最关注的是当今市场上最短缺什么？也就是说做什么才最赚钱，并在最短的时间内收回投资。这个问题当然非常重要，但是在市场经济已经日渐发达的今天，想要在市场上长期生存并发展，还有更重要的问题，那就是服务、品牌和信誉，经济学家将其称之为市场永远的稀缺资源。经营好的人才能成为最后的赢家，这其实就是一个经营理念的问题。

1.服务品质

第三产业中的“服务”是指在顾客支付费用之后，商家为顾客提供的等价服务。服务本身是商品，当今时代是商品过剩的时代，同时也是服务业兴旺的时代，归根结底是一个以客户为尊、客户至上的时代。不管是制造型企业，还是服务型企业都必须通过提升服务的品质，以优质服务来赢得客户的青睐，战胜对手，实现创业成功。在创业的过程中创业者要经常回忆，就能体会到这种服务的内在品质。

2.品牌效应

品牌效应是品牌在产品上的使用，为品牌的使用者所带来的效益和影响，是品牌使用的作用。品牌是商品经济发展到一定阶段的产物，最初的品牌使用是为了使产品便于识别。品牌迅速发展起来是在近代和现代商品经济的高度发达的条件下产生的，其得以迅速发展即在于品牌使用给商品的生产者带来了巨大的经济效益和社会效益。品牌效应正是在这种背景下受到世界各国企业重视的。怎样才能获得消费者的注意力和购买欲？答案只有一个：品牌、品牌加品牌，最终形成品牌效应。

3.信誉无价

追求利润最大化是企业经营的目标，但如果为了获取短期利润，不惜夸大其词，甚至坑蒙拐骗，其后果必定是遭到消费者唾弃而被市场淘汰。良好的信用，尤其是着眼于长远利益的商业信用，可能不会使你马上获得最大的经济利益，但会获得花多少钱也难以买到的好口碑，从而使自己赢得合作者和广大客户的信任，并最终走上良性发展的道路。

任何一个创业者不仅需要掌握营销的相关知识，还应有实际的体验。因此，创业前应认真学习有关市场营销方面的知识，最好通过打工等形式体验并积累相关的经验，才能使创办的企业顺利开展业务。

二、做好市场调查

1.市场调查的目的

市场调查就是对消费者需求和偏好所进行的调研，是为了帮助产品供应商更好地了解顾客需求，对特定数据进行科学的收集和评价。市场调查是市场营销规划的起点，通过了解相关信息构建良好的企业信息系统，为决策和战略规划提供支持。

为了考察创业项目的可行性，找准自己的市场定位，以及为制定适合的营销策略提供依据，人们常常运用多种市场调查方法来收集相关信息和数据。市场调查要实现以下职能：识别、定义市场机会和可能出现的问题，制定、优化营销组合并评估其效果。

2.市场调查的内容

市场调查是指创业者系统收集、整理并分析有关市场信息和情报的过程。市场调查是制订创业计划的前提，它可以减少创业的盲目性，降低创业风险，也是制定市场营销策略并进行营销的依据。市场调查的内容非常广泛，主要包括如下几方面：

(1)要了解国家和地方政府制定的相关法律法规，关注与行业相关的国家和地方政府政策，如政府对产业的扶持政策、货币政策、地区发展规划、对外经济政策、国民经济发展规划、国家重点投资项目等。

(2)要了解市场情况。这包括了解本地区的人口密度、分布、构成及增长情况；地区收入水平与个人收入状况；了解行业在本地区及全国的发展状况、趋势及速度；了解目标市场的容量、消费者的购买能力与消费习惯、需求结构和商品的供求状况；了解商品、原料的供应情况，来源的可靠性、稳定性；寻找营业地点，了解房屋类型、店铺布置及房价、房租；了解从业人员的基本要求、劳务费用；了解消费者的消费心理、可靠的营销策略等。

(3)还要了解竞争对手的产品、技术、价格和服务质量、基本营销思路等。

3.市场调研的方法

在制定好有针对性的调研目标的前提下，采取恰当的时机、手段和方法进行市场调研是实现调查目的的重要因素。只有调查手段恰当，调查方法科学，收集的资料才能及时、准确和全面。每种调查形式都有其独特的功能和局限性，要搞好市场调研，取得预期的效果，就要根据调查的目的及被调查对象的特点选择合适的调查方法。常用的市场调查方法有实地观察法、面对面访谈法、电话调查法、网络调查法、实验法等。

实地观察法是由调查人员直接或通过仪器,在现场对调查对象的行为进行记录和分析,从而获得信息的一种方法。面对面访谈法是把调研人员事先拟定的调查项目或问题以某种方式向被调查对象提出,要求给予回答,由此获得信息资料。访谈法的优点是回答率高;缺点是人力和经费消耗较多,对调查人员的业务水平要求高,适于小范围使用。电话调查法是由调查人员通过电话向被调查者询问来了解有关情况的一种方法。网络调查法是随着网络技术的发展而兴起的,是将传统调查法与网络资源有效结合的一种新型调查方法。实验法是指在控制的条件下,对所研究的对象的一个或多个因素进行测量,以测定这些因素之间的关系。

4. 市场调查应注意的问题

(1)要确保收集的信息准确、全面。例如,中国灯芯绒想打入俄罗斯时,曾对俄罗斯灯芯绒市场进行了调研,结果显示灯芯绒的产品来自多个国家,而且种类很多,认为灯芯绒市场已经饱和,但后来经过详细的调查分析发现,其他国家的灯芯绒都是混纺的,而中国的灯芯绒是棉质的,很受俄罗斯人喜欢,于是决定向俄罗斯出口,结果大受欢迎。

(2)选择调查方式时要充分考虑费用、人力和时间等因素。每种调查方法都有各自的优点和局限性,涉及的费用、人力和时间要求也有很大差异。因此,要根据调研的目的和自身实力来设计调查方案。现在有很多专门的调研咨询公司,可以提供非常专业的服务,但费用很昂贵,一般小企业难以承受。在创业初期经费紧张的情况下,创业者往往采取亲自查阅相关资料和有针对性的实地考察等方式来收集相关信息。

(3)市场调查前要拟定调研提纲。为了使调查更有针对性,一般在调查前要拟定详细的调查提纲,主要包括调研目的、范围、内容、方法、工具、所需时间、经费等内容。调查人员根据调研提纲进行调研,不仅有利于节约调研成本,而且极大地提高调研效率。

(4)注意市场调查结果的时效性。市场调查的结果都是有一定时效性的,随着社会、经济的发展,外部市场环境也在飞速变化。因此,市场调查不是一劳永逸的事,要随时关注市场动态变化。

总之,市场调查是创业者科学决策的基石。掌握有效的市场调查方法,不仅可以帮助创业者准确定位目标市场和目标顾客,而且有助于提高创业者的调查、分析、预测、决策的综合能力。

三、筛选创业项目

创业是一个高风险的活动,如何选择适合自己的创业项目无疑是迈向成功的关键一步。如果选项失败,创业者再努力也摆脱不了失败的命运,就好像在错误的路线上奔跑,只会离目标越来越远。那么,如何选择合适的创业项目呢?首先要了解适合自己的企业类型,然后结合自身创业条件,挖掘并把握最具市场价值的创业机会。

1. 选择适合自己的企业类型

(1)主要企业类型。

综观工商业全景,最主要的行业有四种类别:零售业、服务业、制造业和批发业。

零售业是我们非常熟悉的一般性行业。零售商从批发商或供货商那里购买现成的商品,通过转手卖给顾客而获利。零售业比其他三个行业更容易进入,以现金为交易的主要形式使投入的资本相应较低,如杂货店、书店等。

服务业是指服务商通过出售一种特定服务创造价值的行业，是四个行业中增长最快的。该行业占用资金少，成本低，如咨询服务、货运等。

制造业是指制造商使用原材料来制作新产品的行业，是四类行业中最耗费资金的行业，但也提供巨大的潜在报酬，特别是一些高科技产业能在短期内创造巨大财富。

批发业是指批发商以折扣价从制造商手中购买大量的产品，把它们分成较小的批量，再在批发价基础上加价卖给零售商或顾客的行业。和制造业一样，批发业也需要大量的资金。

(2)个人创业条件分析。

什么类型的企业才真正适合自己呢？判断一个创业项目是否真正适合自己必须综合考虑多方面的因素。

①个性因素制约创业项目的选择。每个人的个性差异很大，不同行业对创业者的要求也不同，是否符合创业者个性是首先要考虑的问题。如果你喜欢与人打交道，喜欢在匆忙和激情中工作，那就考虑服务业；但如果你不喜欢与人打交道，而更喜欢解决工程技术性问题，那你应该考虑制造业。很多人放弃原有工作不是因为不能胜任，而是由于性格问题。为了兴趣和爱好工作，而不是仅仅为了挣钱会让人获得极大的满足感和自豪感。在构思创业想法时，不妨认真考虑一下自己的兴趣和爱好，也许能获得某些灵感。

②技术专长和工作经验也影响创业的成败。技术专长是指一个人具备的所有专业知识和技能，这是一份非常重要的创业资本。从事你最擅长的行业，也是创业成功的重要保障。所谓"隔行如隔山"，具有某个行业的从业经验无疑是创业者的最大财富。据调查，60%的成功创业者都倾向于做他们先前熟悉的行业的产品或服务。

③资金需求是创业者必须面对的问题。任何创业项目都需要一定资金投入，没有资金可以说是寸步难行。当然企业类型不同，所需投入的资金也不同，资金回收的周期也不同。资本需求量最大的是制造业，资金投入大，回收较慢；而资本需求量最小的是服务业。资金需求量越大的行业，创业风险越大。根据自己的资金与创业项目所需资金的权衡选择适当投资项目非常重要。

④人脉也是创业需要凭借的一个重要资源。如果在你要从事的行业里有你的亲人、朋友或认识的专家，那么他们会给你提供很多有价值的信息、建议和帮助。除了获得行业技术方面的帮助以外，你也可以通过自己的社会关系获得资金等各方面的帮助。

根据各类企业的特点和要求，结合创业者自身的创业条件，可以初步确定要从事的行业，但具体做什么项目我们还需要进一步考虑。

2.发现商机

商机是指市场中客观存在的未被满足的需求，以更好的方式满足这种需求，并获得赢利就意味着商业机会，也称市场机会，它是驱使创业者进行创业的直接动因。

(1)商机来自哪里。

①需求就是商机。企业存在的价值就在于满足市场需求。有的市场需求是显性的，有的市场需求是隐性的，需要创业者去识别和把握。例如，汽车最初是为贵族阶层设计制造的，但随着经济和技术的发展，设计和生产适合普通人的汽车成为巨大的潜在市场，福特公司的崛起正是由于发现并把握住了这一市场机会。

②变化带来商机。经济全球化及科技的飞速发展给人们的生活带来巨大变化，也为各行各业的发展带来了良机。例如，网络技术的发展改变了人们的生活方式，也带来了各种商机，

像网吧的诞生、网络产品的衍生、电子商务的普及，以及新型创业模式——网上开店的兴起等。

③问题孕育商机。在生活中总是存在这样或那样的困难，给人们的生活带来不便，而寻求解决这些问题的方法往往给创业者带来创业的契机。例如，吉列剃须刀的发明者就是看到旧式剃须刀给父辈及同辈带来的不便和苦恼，决心发明更方便、更安全的剃刀，从而创建了市值400亿美元的跨国企业。

(2)发现商机的方法。

发现商机的方法有很多，下面介绍两种比较常用的方法。

①头脑风暴法。头脑风暴法是产生创业想法的重要方法。所谓“头脑风暴法”，就是让人们围绕某一问题，打开思路，充分发挥想象力，提出尽可能多的、有助于解决该问题的建议和想法。运用头脑风暴法可以激发每个人的创造力，使每个人从中受到启发，最终找到合适的创意或解决办法。头脑风暴法作为开发创造力最早的方法，应用也最为广泛。在以创新为核心要素的创业过程中，掌握并灵活运用这种方法将有助于开发创业者的创造潜能，提高创新与创业能力。

②实地考察法。实地考察法是避免创业项目与现实市场需求脱节的重要方法。创业者通过实地考察可以把握市场需求，发现有价值的创业机会。所谓“实地考察法”，就是对周围地区进行实地考察，了解人们的需求或生活中存在的问题，从中寻找可以把握的商机。创业绝不能闭门造车，只有能真正满足消费者需求的创业项目才具有生命力。实地考察既可以从调查顾客需求出发，也可以从了解已有项目存在的问题出发，通过对周边地区的调查获得宝贵的第一手创业资料。

(3)商业机会的筛选。

创业的过程就是寻找和识别有价值的商业机会的过程，但商业机会不等同于创业项目。创业成功要依赖可利用的、有价值的商业机会。

评价有价值商业机会的标准，主要从以下四个方面考虑：

①应该考虑该商业机会是否能真正满足顾客需求，发现并努力满足顾客需求是企业成功的关键。顾客的需求是多层次的、不断变化的，创业者必须通过创新产品或服务，努力以不同的方式来满足他们的需求。

②商业机会的大小和发展前景也是创业者必须考虑的问题。不但要考虑该商业机会能提供可赢利的空间大小，还要判断导致大批企业涌入该行业的可能性有多大，该行业面临的风险如何。对创业实力较弱的创业者来说，选取高赢利、高风险的行业时必须格外慎重。

③与竞争对手相比是否具有竞争优势也是判断商机是否有价值的重要指标。市场竞争是非常残酷的，是否具有与同类企业竞争的优势是新创建企业成功的关键。在创业过程中，必须时刻关注竞争对手的情况，做到“知己知彼，百战百胜”。当企业在实力上与对手差距较大时，必须靠创新取胜。

④创业者是否具备所需的基本创业条件，也可以作为判断商机价值大小的标准。创业项目是否符合创业者的能力水平也是非常重要的条件。由于初创企业抗风险能力弱，为了创业成功，创业者要尽量选取那些依靠个人技能、知识和经验可以驾驭的创业项目。

创业者在选取创业项目时，必须综合考虑以上几个方面的因素，选择那些既有市场发展前景又符合创业者自身条件的创业项目。

3.适合大学生的创业领域

大学生创业既有优势，也有局限。一方面，他们通过学校的学习具备了一定的专业知识，同时也处于思维活跃、容易接受新事物的时期，这有利于创业的展开；另一方面，由于他们没有进入社会，商业意识、社会经验、企业管理经验、财务管理经验及营销经验等方面都比较缺乏，这为大学生的创业增加了风险。因此，大学生在创业方向和领域的选择上应该扬长避短，寻找适合自己发展的道路。目前，以下几个领域比较适合大学生创业。

(1)高科技领域。

大学是科技人才和科研成果比较聚集的地方。大学生在这一领域除了可以利用自己的技术优势创业以外，还应该充分利用学校内其他人的科技成果、技术，以及校内有效设备、老师和同学等学校资源。由于缺少应用方面的开发，大学许多科技成果都被束之高阁。大学生可以利用自身的知识及学校资源，进行科技成果的应用开发。例如，把食品科技的成果应用于休闲食品领域；把种植、养殖方面的科技成果应用于家庭种植和养殖方面等。在该领域创业，大学生不但要关注自主创新技术的开发和利用，还应把科技服务作为创业基础而积极开发和参与。一些企业在发展过程中有很多科技难题需要解决，大学生可以通过学校、老师加强与企业的联系，运用自己的专业知识和技能为企业解决科技难题，为企业提供科技服务，通过这种科技服务，为将来的创业奠定基础。

(2)智力服务。

随着社会经济的发展，服务业在社会经济生活中越来越占有重要的地位。智力是大学生的资本，大学生应该发挥自己的智力和知识优势，选择一些需要知识和专业的智力服务行业，为他人提供智力服务，为自己开创事业之路。智力服务创业项目一般来讲具有成本较低、见效较快的特点，如咨询、家教、中介、翻译、计算机维修维护、设计工作室等。

(3)信息技术。

信息产业一直被誉为创业"金矿"。电子信息以其便捷、高效的传递方式为人们的工作和生活提供了便利，网络的普及使计算机和电子信息成了人们生活的一部分。目前，信息技术领域的创业热点主要有：建立专业网站，开发网络游戏，以及各类电子商务。它们具有成本低、不受时空限制等特点。大学生在计算机使用方面具有优势，因此可以用自己的知识技能进行网上创业。大学生在网上除了可以进行传统商品的买卖服务外，还可以结合自己的知识技能提供一些网上智力服务或开发一些有创意的电子商业服务。例如，学习国际贸易的学生可以通过网络寻求国际订单，为要走出去的中小企业提供外部信息等。

(4)连锁加盟。

连锁加盟是一种成功的商业模式，发达国家的连锁加盟在商业经营中占有很高的比例。我国连锁加盟的比例还不高，还有很多市场空间。统计数据显示，在相同的经营领域，个人创业的成功率低于20%，而加盟创业的成功率则高达80%。对创业资源十分有限的大学生来说，通过连锁加盟形式创业，可以弥补自身的不足，快速掌握经营所需要的知识和经验，从而降低风险，提高创业成功率。但连锁加盟也并非没有风险，因此大学生在选择加盟项目时要寻找一个连锁加盟体系相对完善、适合自己的项目，以更进一步降低创业风险。一般来说，大学生创业者由于资金较少，适合选择启动资金少、人员配备要求不高的小本经营加盟项目。

此外，大学生创业最好选择运营时间在5年以上、拥有10家以上加盟店的成熟品牌来加盟。

(5)创意小店。

社会的进步和人们生活水平的提高使人们的生活理念、时尚思想等发生了很大转变,越来越多的世界各地文化思想的渗入,为许多有个性、有创意的事物带来了商机。大学生思维活跃,喜欢接受新鲜变化的时尚事物,可以发挥自己的长处开办一些有创意的小店。例如,陶艺、绣艺DIY店,幼儿绘画坊,玩具吧,个性礼品店,个性饰品店,美发屋,文具店,咖啡屋等。而规模不大的小店经营相对简单,对社会经验、管理、营销、财务要求也都不高,比较适合初次创业者。另外,大学生开店应将主要服务对象定位在同龄人身上,因为对同龄人的心理及消费习惯比较熟悉,入门比较容易。同时,走"学生路线",要注意以价廉物美来吸引顾客。

四、制订市场营销计划

1.市场营销的概念

市场营销(marketing)就是指企业以顾客为中心,有计划地组织企业的生产经营活动,通过满足顾客的需求来达到企业的经营目标。

2.基本营销理论

营销理论是在总结企业经营管理实践经验的基础上产生的,它是创业者制定自己营销战略的理论依据。目前,影响较大的两个营销理论就是4P和4C理论(见表8-1)。4P理论被誉为经典营销理论,而4C理论则体现了以消费者为中心的理念。

表8-1 4P、4C理论的相关知识

营销理论名称	4P理论	4C理论
提出时间	1964年	1990年
具体内容	产品(product) 价格(price) 地点(place,即分销) 促销(Promotion)	消费者的需求与欲望(consumer needs-wants) 消费者愿意付出的成本(cost) 购买商品的便利(convenience) 沟通(communication)
理论内涵	开发或提供合适的产品(即可满足顾客需求的商品); 制定合理的价格(即让生产者有利可图,又让顾客乐于接受); 将产品送到合适的地方(即顾客能方便地得到你的产品); 促销(向潜在顾客提供信息,吸引其购买)	把产品搁到一边,先研究消费者的需求与欲望,不要再卖你能制造的产品,而要卖某人确实想要买的产品; 暂时忘掉定价策略,赶快去了解消费者要满足其需要与欲求所必须付出的成本; 忘掉通路策略,应当思考如何使消费者方便购得商品; 与消费者沟通,忘掉促销
出发点	从企业角度看营销	从消费者角度看营销

在制订营销计划时,创业者要围绕产品、价格、分销和促销四个核心要素,灵活运用4P和4C理论,既要着眼于企业发展需要,又要兼顾企业的实际情况,确保企业与顾客双赢。

3. 制订营销计划的基本步骤

(1)市场调研。一方面,收集与企业相关的信息;另一方面,要着重进行竞争因素分析,充分了解竞争对手的营销策略,知己知彼,才能百战不殆。

(2)灵活运用 4P 和 4C 理论,详细制订企业的营销计划。在营销计划中必须清楚地回答下列问题:

①谁是企业产品或服务的消费者,他们的需求状况如何?

②企业将提供什么样的产品,以满足顾客的需要?

③什么样的价格企业和顾客都能接受?

④顾客将通过什么渠道获得产品或服务?

⑤企业将采用什么方法和手段推销产品或服务?

(3)进行营销预算,有效控制营销成本。为了保证计划的实施,必须对每个营销环节做出详细的预算,了解营销费用在创业投资中所占的比例,合理控制营销成本。

(4)随时监控营销效果,不断修正企业营销计划。

五、进行投资预算

1. 投资预算的目的

预算就是对某一事物进行的预测和推算。预算是经营的基础,是实现预期经营目标的基石。进行投资预算,一方面,可以了解创业项目到底需要多少资金;另一方面,要根据掌握的资金进行合理规划和利用,从而使效益达到最大化。对创业投资项目的资金预算本身就是对创业者自身创业、管理水平的大检验。一个想得到成功的创业者,应该对自己投资项目所需要的资金有明确、细致的了解,制订出具体的预算计划,在项目投资实施过程中具体执行,并根据实际情况加以修正和完善。如果投资预算没有做好,哪怕是一笔没有预计到的支出,都有可能使你的企业像刚刚扬帆出海的小船一样触礁搁浅。

2. 投资预算的内容

投资预算主要是对开办企业的支出与收入进行合理的预测和推算。投资预算的内容主要包括以下几方面:

(1)一次性投资支出。

这部分支出是创业中需要一次性投资支出的,是不可避免的固定性支出,是整个投资支出中很重要的一部分。主要包括:场地的购置或租金支出(季付、年付)、经营场所装修支出、生产经营设备采购支出、一次性备货支出、工商税务等政府部门注册登记费用支出等。

(2)经营性支出。

创业者一般都对创业中一次性支出有较为全面、充分的认识和准备,但对于经营性支出,即整个项目开始运转过程中需要支出的费用往往认识不足。因为这部分支出比一次性支出数额小,容易被创业者忽视,但它是投资预算中不可或缺的部分,它会影响到整个项目的正常运转。这部分支出主要包括:店面租金(月付)、人工费用(人员工资、奖金)、水电费、采购成本、税费、办公用品耗材费用、借贷利息(借款利息)、广告费等。

(3)不可预见费用。

不可预见费用主要指预算时所处的时间、环境制约而无法预计到实际操作中可能发生的一些费用,以一些杂费为主。这种费用在预算较为全面的情况下,数额较小。

(4)资本回收期。

资本回收期即预计收回投资所需年限,也就是投资损益的平衡点。作为创业者要对这一期限有所预期,因为这会影响到创业者对保本收入额的预算及创业者整个投资的盈亏计算。

(5)保本收入额。

作为创业者,除了要对支出有比较准确的预算以外,还要对收入进行预期测算,以便对企业的盈亏情况有较为准确的把握。在预算中,创业者首先应对在正常情况下,月经营收入与支出达到平衡的收入水平做出测算,这个刚好能够达到收支平衡的收入水平就是保本收入额。保本收入额的计算方式为:

月保本收入额=一次性投入/预计资本回收期(月)+月经营性投入+银行月利息

3.投资预算的基本原则

合理的投资预算应遵循以下几个原则:

(1)全面原则。

所谓全面原则,就是要求创业者对整个项目资金投入方向尽可能做到考虑周全。例如,在投资服务业时,不光要考虑到场地租金、设备支出等投入,还要考虑到与这些项目相关的维修成本支出、水电支出等。只有全面考虑了各种资金投入因素,才能准确预算投入资金的多少。

(2)精细原则。

所谓精细原则,就是要求创业者对资金投入的金额尽可能细致、精确,不可笼统地估计,避免因数字的核算误差而造成不必要的资金浪费或资金紧张。

(3)客观原则。

所谓客观原则,就是要求创业者对项目投资计划中的各种投资方向及金额预算都应该符合实际情况,而不能凭空想象估计投资方向和主观臆测投资金额。如果不遵循客观原则,则可能导致投资计划不切合实际,要么造成资金的浪费,要么造成资金投入的不足等,最终导致整个投资计划的失败。许多创业者,在创业初期往往会错误地高估经营形势和经营收入,而低估经营成本和日常开销等导致创业失败。

4.确定创业需要的启动资金

开办企业所需的启动资金要根据投资预算来确定。一般启动资金等于一次性投入加上经营性支出(3～6个月),这是因为初创企业在没打开销路时,一般都要经历3～6个月的微利甚至亏损期,为了保障企业正常运作必须多准备资金应对企业的日常开支。

六、规避创业风险

1.创业风险来源

创业风险可能来自方方面面,一部分风险来自企业外部环境,另一部分风险则与企业内部经营密切相关。来自企业外部的风险主要与国家政策调整、社会经济发展变化、行业竞争态势、外部投资环境变化、人口条件、消费者观念、习惯改变、竞争者介入及自然灾害等不可抗因素有关。

企业内部经营风险主要体现在创业者缺乏创业经验、信息闭塞、经营管理不善、用人不当、资金流失、决策失误等方面,更重要的原因则在于创业者自身缺乏风险意识。

2.降低创业风险的要诀

降低创业风险的要诀是:“认真分析、客观评估、积极预防、合理规避。”

(1)认真分析风险。创业者要密切关注企业内外各种影响因素的变化,认真分析这些变化可能对各个经营环节产生的影响。在规划中不能满打满算,要留有余地,对可能出现的风险要有明确的认识和应急预案。

(2)客观评估风险。冷静客观地评估风险会带来的负面影响。例如,投资环境的变化导致投资决策失误,将给企业带来多大经济损失;资金周转出现不良,对正常经营会造成哪些影响等;判断哪些风险会使企业陷入困境,而哪些风险将直接导致企业失败。

(3)积极预防风险。对可能存在的风险必须采取措施积极预防。例如,对投资方案进行评估,对市场进行周密调查,制定科学的资金使用政策等。一旦某个环节出了问题,要有采取补救措施的预案,尽可能减小负面影响;同时,还要加强管理,建立健全企业各种规章制度,特别是合同管理、财务管理、知识产权等。在平时的业务交往中要认真签订、审查各类合同,加强对合同履行过程中的监督。通过强化这些环节来切实提高企业抗风险的综合能力。

(4)合理规避风险。创业风险随处存在,难以避免,但可以合理规避。例如,财产投保可以规避投资意外事故风险;购买商品可以规避筹资风险;以租赁代替购买设备可以规避投资风险等。初创企业还可以通过改变企业性质来分散创业风险,如个人独资企业要承担无限责任,而几个人共同投资的企业则承担有限责任。

总之,要在创业大潮中成为成功的弄潮儿,就必须牢固树立风险意识,提前制订风险应对计划,在企业经营过程中随时根据外界变化调整自身的发展定位,将创业风险降到最低。

当你的创业构想趋于成熟,你已经做好投身创业的各项准备,那么现在就是你变创业梦想为创业计划的时刻了。制订创业计划是我们迈向创业成功的重要一步。

七、制订创业计划

创业计划也称企业(商业)计划,是创业者描述创业机会、创业条件、创业过程和创业前景的书面文件,主要包括企业概况、企业目标与战略、运营计划、营销策略及财务预测等内容。

创业计划是论证企业构思的可行性分析报告,是将创意变成现实的第一步。据资料显示,在美国每年开业的大约100万家新企业中,只有1/5的企业能够存活5年或更长时间。是什么原因导致大部分企业的夭折呢?其中一个重要的原因就是没有制订企业的发展计划。通过制订创业计划,创业者可以更加明确创意实施的可行性,在资金运作、产品营销等方面有更清晰的认识,从而降低创业风险,取得创业成功。创业计划至少要考虑企业未来3～5年的发展情况,并在实施过程中根据需求进行相应调整。

创业计划一般包括以下主要部分:

1.封面

封面内容包括企业名称、创业者联系信息及简单的保密说明。

2.目录

目录是创业计划的内容大纲,使读者迅速找到他们感兴趣的部分。

3.计划摘要

计划摘要就是浓缩创业计划的精华,用凝练的语言在较短的篇幅内高度概括创业计划各部分内容的要点,使读者在较短的时间对创业计划的核心内容有较全面的认识。摘要的内容要完整,条理要清晰。一般在完成整个创业计划之后才撰写这一部分,但要列在创业计划的首页。

4.企业概况

(1)企业宗旨和目标:主要界定企业经营范围,介绍企业的主营项目,描述产品和服务的特点和用途,以及企业要达到目标所采取的策略。

(2)创业者的基本情况:着重介绍创业者是否具备经营活动所需的知识、经验和技能要求。

(3)企业的基本情况:介绍企业名称、法律形式、注册资本、经营场所等基本情况。

5.产品与服务

介绍企业的产品和服务项目,描述产品和服务的性能、用途和优点,对产品的市场前景进行预测。

6.市场分析与营销计划

市场分析主要确定目标市场,分析现有(潜在)竞争对手的状况,分析各自的优势和劣势,阐述战胜竞争对手的策略和方法。

根据市场分析,确定企业营销目标,包括市场占有率、利润等,制订企业的营销计划,有效组合产品、价格、分销和促销等要素。

7.组织计划

制订组织计划,确定组织机构的职能范围及完成这些职能的人员必须具备的素质。对企业管理团队的核心人物进行介绍,包括他们的职务、工作经验、受教育程度等。简要介绍企业的全职员工、兼职员工人数,以及职务空缺情况。

8.财务计划

财务计划主要是对企业未来财务状况进行分析和预测,并通过财务报表的形式对所做的计划予以支持。财务报表主要包括资产负债表、损益表和现金流量计划。它是以营销计划为基础的,如销售量、价格等因素都直接影响企业的收入。因此,财务计划要与营销计划相一致。财务计划中还要确定资本的退出方式,如公开上市、股票回购、出售、兼并或合并等。

9.风险评估

预测企业可能遭遇的各类风险,制定应对对策。

10.附录

附录包括支持上述信息的资料,如管理层简历、组织结构图、销售手册、产品图纸等。

需要注意的是,创业计划的内容和结构并非一成不变,可以根据需要对创业计划的内容进行补充或删减。撰写创业计划应注意以下几个问题:

(1)创业计划的文字要简练,内容要翔实,重点要突出。创业计划应通俗易懂,避免专业词汇堆砌。要第一时间让读者了解公司的业务类型、发展目标和为实现目标所制定的策略和战术。

(2)创业计划要切实可行。必须牢记创业计划应该是一份经过认真推敲的、切实可行的文件,它将用于实际执行,而不是一份异想天开的宣传资料。对于那些基于推测而编写的内容应提供支持材料,如收集并利用专家的意见、相关研究成果等材料来支持你的预测。

(3)要充分利用信息技术。一方面,可以利用因特网资源,收集最新资讯;另一方面,可以利用现代的计算机软件,完成创业计划中最为复杂的财务报表等。

(4)注意创业风险规避。创业计划在描述企业竞争优势的同时,还要说明企业面临的经营风险,并为投资者制订清晰、符合逻辑的撤资方案。例如,通过出售、被并购、上市、股权出售等方式回收投资。

(5)注意保护商业机密。由于创业计划的内容具有巨大的商业价值,有些内容甚至涉及尖端技术或商业机密,因此为保护创业者权益,应要求阅读者对创业计划内容保密。

(6)创业计划制订后还要根据市场实际变化进行定期修改,把各种变化因素考虑在内,不断完善创业计划。

第三节　创业计划的实施

通过撰写创业计划,进一步理清你的创业思路,创业战略初步制定,接下来就是实施创业计划,实现创业梦想的时候了。撰写创业计划只是开业筹备的第一步,新企业的诞生还需要做大量的前期工作。

一、确定企业法律形式

1. 企业的法律形式及特点

民营企业的法律形式有很多种,其中适合中小企业的法律形式主要有个体工商户、个人独资企业、股份合作制企业、有限责任公司等。不同企业的组织形式、成立条件和承担的法律责任也不同,表 8 - 2 是上述四种企业组织形式的简单对比。

表 8 - 2　四种企业法律形式的比较

比较内容	个体工商户	个体独资企业	股份合作制企业	有限责任公司
业主数量及注册资本	业主是一个人或一个家庭,无资本数量限制	业主是一个人,无注册资本限制	股东包括全体企业成员,无资本数量限制(有地方规定除外)	由 2 人以上 50 人以下的股东组成,注册资本因不同经营内容规定相应的下限
成立条件	有相应的经营资金和经营场所即可,可以为企业起字号	自然人;有合法的企业名称;申报出资款;有固定的生产经营场地和必要的生产经营条件;有必要的从业人员	无具体规定	股东符合法定人数;出资额符合法定最低要求;制定公司章程;有公司名称与符合有限责任公司的组织结构;有固定的生产经营场所和条件
经营特征	资产属于私人所有,可以雇帮手或徒工(不超过 8 人);业主本人既是所有者,又是劳动者和管理者	财产为投资人所有;雇工 8 人以上,业主既是投资者,又是经营管理者	企业成员入股,一般实行全员入股,建立资本金制度;职工既是参股人,又是劳动者	公司设立股东会、董事会和监事会,并由股东会聘请职业经理管理公司经营业务

续表 8-2

比较内容	个体工商户	个体独资企业	股份合作制企业	有限责任公司
利润分配及债务责任	利润归个人或家庭所有。由个人经营的,以其个人资产对企业债务承担无限责任;由家庭经营的,以家庭财产承担无限责任	利润归个人所有,投资人以其个人资产对企业债务承担无限责任	合伙人按照协议分配利润,并共同对企业债务承担无限连带责任	股东按出资比例分配利润,并以出资额为限承担有限责任

2. 选择合适的企业法律形式

不同法律形式的企业有其各自的优点和缺点。成立条件简单的,往往要承担无限责任;承担有限责任的,则对成立条件有严格要求。创业者要根据投资数量、企业规模、行业类型及创业者的观念(倾向于个人决策还是协商合作)等因素来决定选择怎样的企业法律形式。对于创办有限责任公司或规模较大的合伙企业,应该聘请律师等专业人士进行相关指导和法律援助。

二、筹措启动资金

任何项目的运作都需要资金支持,没有资金,创业者寸步难行。创业资金不足是很多创业者面临的最大困难。开业准备的第一步就是根据创业计划中的投资预算筹措创业启动资金。

1. 选择可靠的筹资途径

筹措资金的方式和途径主要有个人积累、向亲戚朋友借款、向银行申请贷款、取得风险投资和申请针对创业者的小额免息贷款等几种。

一般创业者很难完全具备创业所需的资金条件,大多数创业者最常用的筹资方式是向亲戚朋友借款,但这种途径易受个人社会关系和家庭背景等因素制约。因此,创业者也可选择向银行申请贷款的方式筹措资金。

由于银行贷款的门槛较高,既要符合贷款条件,还要有相应的贷款抵押品或质押品,这对于初创企业的大学生不太适合。风险投资商一般比较青睐高科技领域的新创企业,因此大学生参加各类创业计划大赛是吸引风险投资的一条捷径。

此外,为支持创业,由国家担保对创业者提供的小额免息贷款,目前也面向大学生创业者,他们可申请 2 万～5 万元的创业启动资金。

下面介绍几个国家鼓励参与的创业支持项目。

(1)彩虹工程:这是共青团中央发起的,由中国青少年发展服务中心组织实施的一项旨在引导、鼓励和支持广大青年通过创业,实现就业的大型社会公益活动。该工程通过创业教育、创业培训、创业支持和创业环境改善等活动,转变广大青年的就业观念,营造全社会的创业氛围,传播符合时代精神的创业文化,激发青年的创业热情,培养青年的创业精神,提高青年的创业本领,扶持青年积极参与创业实践,通过创业带动就业,为全面实现小康目标培养成千上万的创业人才,为经济社会全面协调可持续发展贡献力量。该项目的网址为“http://www.yoll.com”。

(2)中国青年创业国际计划(Youth Business China,YBC):这是由团中央、全国青联发起的一个旨在帮助中国青年创业的国际合作项目。该项目参考总部设在英国的青年创业国际计划(Youth Business International)扶助青年创业的模式,动员社会各界特别是工商界的力量为青年创业提供咨询,以及资金、技术、网络支持,以帮助青年成功创业。该项目的网址为"http://www.ybc.org.cn"。

(3)创办和改善你的企业(SIYB)中国项目:这是由劳动和社会保障部(MOLSS)实施,由国际劳工组织(ILO)提供技术支持,由英国国际发展部(DFID)提供资金支持的国际合作项目。项目的总体目标是为消除社会贫困和创造就业机会作出贡献。项目的直接目标是通过培训和技术支持提高失业人员尤其是下岗工人的能力和技能,使他们能够创办和发展自己的微型和小型企业,并在此过程中为社会上的其他人提供体面的就业机会。该项目的网址为"http://www.siyb.com.cn"。

2. 制订筹资计划

为了筹到足够的资金,可能需要运用多种方式,制订相应的筹资计划(表格形式见表8-3)。通过制订筹资计划进一步落实筹资金额及其责任人,保障该项工作的顺利实施。

表8-3 筹资计划

筹集时间	筹集方式	筹集金额	负责人	完成情况
总结				

三、确定开业地点

1. 寻找适合的开业地点

企业设在什么地方合适,不同行业对营业地点的要求也不同。要根据创业计划中制定的营销策略选择合适的开业地点。对于零售和服务行业来说,如何为顾客提供方便最为重要,一般要求将营业地点设置在居民集中或客流量较大的地段;而对制造业来说,则需要离原材料供应地较近,有便利的交通路线。

2. 选址应考虑的因素

(1)要考虑店面费用。对初创企业来说,店面费用是一笔重大的开销,必须慎重抉择。要根据投资预算额度,综合考虑经营项目特点和企业资金承受能力,确定最合适的经营地点。

(2)要考虑商圈特点。所谓商圈,简单来讲就是以店铺为中心,其主要顾客分布的区域和范围。评估与调研未来店铺经营时顾客的分布状况,对于企业经营者来说十分重要。商圈中主要顾客群的消费水平、消费习惯,同一商圈中竞争对手的数目、影响力等都是选址必须考虑的重要因素。只有选择与企业产品、服务对象一致,竞争对手影响势力较弱的商圈,才有利于企业开展业务。

(3)要考虑市政建设规划。店铺设置必须服从市政建设规划,因此在选址时要到规划局等相关部门了解拟开业地点是否处于改建地段,以免造成无法挽回的损失。

3. 签订房屋购买或租赁合同,保障自身合法利益

选好开业地点要及时签订购买或租赁合同,明确房屋的使用权限、使用期限、相关费用等,

最终获得房屋的合法使用权，为开业作好准备。

四、组建创业团队

创业团队在创业过程中发挥的重要作用，越来越受到人们的关注。对于一个有巨大发展潜力的企业，组建优势互补的高素质创业团队尤为重要。

1. 一般小企业的人员构成

创业团队一般由核心创业者、合伙人、关键雇员及其他雇员等组成，具体的企业人员类型和数量要根据创业者理念和企业性质来决定。一般小企业主要由以下人员构成：业主(经理)、合伙人(需订立合作合同)、雇员(需签订岗位责任书)、企业顾问等。

2. 确定企业人员组成

首先根据工作内容确定所需岗位并制定岗位职责，然后确定岗位任职资格及雇员数，拟定工资标准等。企业人员规划示例简表如表 8-4 所示。

表 8-4 企业人员规划

岗位	岗位职责	任职资格(所需经验、技术等)	是否雇员	雇员数	预期工资
经理	计划、组织、协调等	预测、决策组织协调能力等	否		2000 元
财务	出纳、收款、记账、管理现金等	有资质、相关从业经验等	需要	1 人	1200 元
采购					
生产					
销售					
人事					
其他					

3. 人员招聘

高素质的雇员是保障企业成功的最重要因素，而招聘到好的雇员是小企业面临的最具挑战性的工作。人员招聘的基本步骤是：首先发布人员需求计划和招聘条件；然后进行面试，必要时进行笔试，根据面试结果，拟定聘任人员名单；最后与雇员签订雇用合同。

企业人力资源的结构和质量关系到企业经营的成败。创业者要花费时间为每个工作岗位寻找最合适的雇员，这样不仅可以避免企业资源的浪费，而且有助于提高企业效率，增强企业竞争实力。

五、相关的法律和税务知识

在资金落实到位、营业地点确定之后，就可以着手办理相关证照，使企业获得合法经营权利。不同类型、性质的企业申领证照的种类、程序也不相同。

一般开业手续主要包括下列环节：工商登记、注册(企业名称核准、会计事务所验资)—取得营业执照—刻制公章—申请企业代码证—银行开户—税务登记—其他相关经营许可—开业。

私营企业办理开业手续的基本步骤如下：

1.工商登记、注册

(1)在拟办企业所在地区县工商局领取申请表格。

(2)查询拟办企业名称。

(3)由会计事务所验资。

(4)准备私营企业开业所需文件。

(5)向工商局提交申请表及相关准备文件，审核申请文件。

(6)工商局颁发营业执照。

2.刻制公章

凭营业执照到公安局指定部门刻制企业公章、法人章、财务章等。

3.申请企业代码证

凭营业执照、介绍信去技术监督局办理企业代码证书，一般需1周左右时间。

4.税务登记

(1)在企业所在地就近开立银行账户。

(2)向企业所在地的区县税务局申领税务登记申请书。

(3)向税务局提交税务登记申请书及相关准备文件。

(4)税务局审核后颁发税务登记证。

(5)领购发票。

第四节　做好自我评估

创业谋划实际上是在学校的指导下进行创业的个性化设计，因此，知己知彼是第一步。

某些人一生最大的悲哀是从来不能正确地评价自己，因此步步走错，困苦终身；或者起步失利，满盘皆输，最后一事无成。其实，人是可以对自己进行分析估计的，而且十分有必要在干任何事情之前都应进行自我评估，目的是在制订计划的时候实事求是，恰如其分。对于对个人影响重大的创业之举，更有必要先衡量自身，找出自己的特长和不足，也就是“知己”。自我分析评估大体上是从性格、兴趣、特长、智能、情商、气质、目标等几方面着手。

每个人根据其先天的特质和后天形成的性格特征，是有不同的职业适应性的。一个五音都不全的人，是根本当不了歌唱家的；性格孤僻，不善言谈的人，硬要他去搞行政管理，行吗？很多例子告诉我们，在学校里考试成绩很好的学生，走进社会往往一筹莫展，这就说明了智能和情商、气质往往是不统一的。在许多情况下，情商和气质起着非常大的作用。

创业者性格自我测试分为：①气质自我测试；②分析能力自测；③行动能力自测；④管理能力自测；⑤经营能力自测；⑥情绪类型自测；⑦情绪稳定性自测；⑧成功方向自测；⑨职业选择测试；⑩职业满意度测试。下面，我们对每一方面提供一套自测题，供大家参考使用。

应该说明的是，自我测试这些年十分流行，提供的方法和标准各不相同，不免使人有无所适从之感。大部分测试当然都有一定的合理性，但是否具有严密的科学性就值得商榷了。即使是同一套测试方法，用于不同民族、不同个体，结论恐怕也不会一样。这里的10套测试题虽然比较合理，但仅供大家参考，作为自我衡量的参考体系，而绝不是“最高法院”的“判决书”。如果你认为很准确，那么就请记住，有不少特征和能力是完全可以通过不断地有目的地训练而得以改变和提高的,不然,各种教育就失去了最本质的意义。

一、自我性格测试

1. 测试说明

下面是性格自测 23 题,每题有若干可选择项,请你在认真思考的基础上,以最快速度诚实地作答,每题只选一项,并根据答题时间加不同值的 E 或 I 分:5 分钟以内完成,加 25E 分;5～6 分钟,加 20E 分;6～7 分钟,加 15E 分;7～8 分钟,加 5E 分;8～15 分钟,不加分;15～16 分钟,加 5I 分;16～17 分钟,加 10I 分;17～18 分钟,加 15I 分;18～19 分钟,加 20I 分;20 分钟以上,加 25I 分。最后,将 E 和 I 分别相加,得出各自总分,再用较大项的分值减去较小项的分值,同时以大项的字母(E 或 I)冠在差分值后,即为最后得分,将此分与结果对照,即可对你的性格类型作出判断。

2. 测试题目

(1)你的选择与你的朋友的选择常常一致吗?

A. 不一致。(0 分)　　B. 一致。(5E 分)

(2)对于交际,你的态度或自我认识是:

A. 希望自己健谈,并且正在为此努力。(3E 分)

B. 很健谈,并且在一伙人中居领先地位。(5E 分)

C. 不太健谈。(3I 分)

D. 与其说喜欢谈,不如说喜欢听。(0 分)

E. 自己在谈话时总处在一种局促不安的境地。(5I 分)

(3)你使用电话的态度或情形是:

A. 能在电话里很好地交谈,可能的话还是喜欢面谈。(3E 分)

B. 不喜欢电话交谈,因为看不到对方。(3I 分)

C. 必要时也使用电话,但电话是有局限性的通讯工具。(0 分)

D. 能愉快地进行电话交谈,并且能表达很深奥的情感。(5E 分)

E. 一打电话就感到局促不安。(5I 分)

(4)假如你赢得了一次公费度假机会,你喜欢哪种度假方式:

A. 在豪华的度假场所,伴以阳光、海浪、音乐、聚餐,与伴侣度过。(5E 分)

B. 在偏僻、宁静的乡间很小却是上等的旅馆,以散步、钓鱼等幽静的方式度过。(3I 分)

C. 在富有的艺术家朋友那里度过,并积极参加朋友举行的各种社交活动。(2E 分)

D. 做自己一心想做,但没有时机去做的事情。(5I 分)

E. 和家人或朋友一起,在一个宁静的旅馆度一个宁静的假期。(2I 分)

F. 游历全国文化和历史中心。(3E 分)

(5)在上题中,你最不喜欢的是哪种度假方式:

A. 同上题 A(5I 分)　　B. 同上题 B(3E 分)

C. 同上题 C(2I 分)　　D. 同上题 D(5E 分)

E. 同上题 E(2E 分)　　F. 同上题 F(3I 分)

(6)在晚间电视节目中,你最喜欢下列哪个节目:

A. 老故事片。(0 分)

B. 时事问题讨论会。(4I 分)

C. 不重要的讲话。(0 分)

D. 放纵不羁的喜剧节目。(2E 分)

E. 具有潜在心理学性质的现代剧。(2I 分)

F. 生活指南方面的节目。(4E 分)

(7)在上题中,你最不喜欢哪个节目:

A. 同上题 A(0 分)　　B. 同上题 B(4E 分)

C. 同上题 C(0 分)　　D. 同上题 D(2I 分)

E. 同上题 E(2E 分)　　F. 同上题 F(4I 分)

(8)对于夜晚的空闲,你最喜欢以哪种方式度过:

A. 和七八个朋友在一个愉快活泼的酒吧里伴着音乐和舞步度过。(3E 分)

B. 和最亲密的朋友在影院度过。(1I 分)

C. 同伴侣参加真正地道的舞会,同时伴以美食。(5E 分)

D. 在家里听音乐和读书。(5I 分)

E. 在朋友家的小型聚会上,谈论一些令人兴奋的话题。(1E 分)

F. 在家里看好的电视节目。(3I 分)

(9)在上题中,你最不喜欢哪种度过夜晚的方式:

A. 同上题 A(3I 分)　　B. 同上题 B(1E 分)

C. 同上题 C(5I 分)　　D. 同上题 D(5E 分)

E. 同上题 E(1I 分)　　F. 同上题 F(3E 分)

(10)对于做一项决定,你的态度或做法:

A. 害怕决定的后果,因此常常拖延做决定的时间。(5I 分)

B. 要有充裕的时间进行考虑。一旦决定,就会坚决执行。(1E 分)

C. 能很快地作出决定,而且通常是正确的,丝毫也不草率。(5E 分)

D. 决定快了,往往错误;决定慢一点,往往是正确的。(5E 分)

E. 能够极迅速地作出决定,但有时不希望自己有这种糊涂的做法。(3E 分)

F. 觉得做决定是一件很困难的事情。(1I 分)

(11)对有关社会伤害问题,你的态度是:

A. 除非自卫,绝不会在肉体上伤害任何人。但愿意在战斗中奋勇拼搏。(0 分)

B. 一想到发动战争,就感到厌恶。(5I 分)

C. 虽然不想自找麻烦,但有时不得不依靠暴力解决。(3E 分)

D. 常被卷入导致暴力行为的争吵中。(5E 分)

E. 任何情况下都不会与人打架。(3I 分)

(12)对自己的工作能力或水平,你觉得以下哪种评价适合你:

A. 工作能力不强,但工作很繁重。(5E 分)

B. 觉得自己的工作干得很一般。(3I 分)

C. 能够胜任稳定而且是高水平、高效率,但并不十分繁重的工作。(5I 分)

D. 有时工作能力强,有时显得弱一些,但大多数时间显得一般。(0 分)

E. 想干时,能以极大的热情和工作量投入。(3E 分)

(13)对于你自己,别人有何种看法:

A. 有时是个好伙伴,但有时缺乏主见。(0分)

B. 极其活跃开朗,甚至可能好强。(3E分)

C. 有时是个极讨厌的家伙。(5I分)

D. 是个活泼、友好、充满生气的伙伴。(5E分)

E. 在社交活动中表现平庸。(0分)

F. 是个相当压抑的人物。(3I分)

(14)如果别人对你的评价是正确的,你的态度是:

A. 为别人可怜的想象力而失望。(3E分)

B. 比预期的更高兴。(2I分)

C. 非常高兴和满意。(5E分)

D. 感到恐惧。(5I分)

E. 对别人不了解自己感到惊奇。(0分)

F. 对自己缺点的暴露感到很平常。(0分)

(15)对于花钱买东西,你的态度或做法是:

A. 花钱大方,认为钱就是让人花的。(5E分)

B. 对于买东西表现得相当笨拙,以至于经常买自己不想要的东西(3E分)

C. 根据自己的愿望,非常负责地买东西。(0分)

D. 不喜欢买东西,觉得买东西很有可能上当。(3I分)

E. 最讨厌的事就是买东西。(5I分)

(16)对于下列命题,你最赞成的是:

A. 人应该在行动之前,被迫向什么人解释一番自己的计划。(5I分)

B. 人是一种服从动物,必须根据社会需要来调整自己。(0分)

C. 信用卡是一种威胁,它使人们的消费超过支付能力。(3I分)

D. 没有比被审查更糟的事情了。(2E分)

E. 神经质的人倾向于放纵他们自己的问题。(3E分)

F. 变化是生活的调味品。(3E分)

(17)对于上述命题,你最不能确定赞成与否的是:

A. 同上题A(2I分) B. 同上题B(2I分)

C. 同上题C(2I分) D. 同上题D(2I分)

E. 同上题E(2I分) F. 同上题F(2I分)

(18)对上述命题,你表示反对的是:

A. 同上题A(3E分) B. 同上题B(0分)

C. 同上题C(3E分) D. 同上题D(5I分)

E. 同上题E(5I分) F. 同上题F(3I分)

(19)对于下列工作,你最喜欢的是:

A. 在大图书馆从事重要的编目工作。(2I分)

B. 做体育馆或社交俱乐部的出纳员。(2E分)

C. 在剧院担任领导工作。(5E分)

D. 复兴某一陷入困境的社会团体。(5E分)

E. 研制一种绝对有市场的智力玩具。(5I分)

F. 研究心理学的进展等工作。(3I分)

(20)对于上题,你最不喜欢的是:

A. 同上题A(2E分)　B. 同上题B(2I分)

C. 同上题C(5I分)　D. 同上题D(5I分)

E. 同上题E(5E分)　F. 同上题F(5E分)

(21)不考虑现在的职业,下列哪项工作最适合你的心意?

A. 名牌大学图书馆的领导工作。(2E分)

B. 著名影视机构的文秘工作。(5E分)

C. 国际水平的运动员。(2I分)

D. 成功的模特儿。(5E分)

E. 声名显赫的心理学家。(5I分)

F. 现代实验学校的校长。(2E分)

G. 幸福家庭的家长。(5I分)

H. 成功的作家。(2I分)

I. 电影、电视或歌唱明星。(5E分)

J. 一位成功的孤寂的艺术家的伴侣。(5I分)

K. 不确定的职业。(5I分)

(22)在上题中,哪项最不适合你的心意?

A. 同上题A(2I分)　B. 同上题B(5I分)

C. 同上题C(2E分)　D. 同上题D(5I分)

E. 同上题E(5E分)　F. 同上题F(2I分)

G. 同上题G(5E分)　H. 同上题H(2E分)

I. 同上题I(5I分)　J. 同上题J(2E分)

K. 同上题K(5I分)

(23)在上题中,认为你的密友会为你选择什么?

A. 同上题A(2E分)　B. 同上题B(5E分)

C. 同上题C(2I分)　D. 同上题D(5E分)

E. 同上题E(5I分)　F. 同上题F(2E分)

G. 同上题G(5I分)　H. 同上题H(2I分)

I. 同上题I(5E分)　J. 同上题J(5I分)

K. 同上题K(5E分)

3. 测试结果分析

100E分以上:是外向型性格,并且已经达到了变态的程度,处于紊乱的性格状态。

76E～99E分:性格极其外向,达到了需要限制的地步。要密切注意自己的言行。

51E～75E分:强外向型性格,能将你引向成功,但要力戒激进的做法。

31E～50E分:显然是外向型性格。正常,心理健康,要尽可能保持这种状态。

11E～30E分:性格相对外向。自己并没意识到,组织能力很强,容易获得成功。

10E～10I 分:属于“平衡性格”,既不外向,也不内向。善于建立轻松的人际关系。

9I～30I 分:轻微内向性格。在社会交往中你是中立者。

31I～50I 分:显然是内向性格,有点羞怯。

51I～75I 分:性格显著内向。

76I～100I 分:非常内向,并且无法改变。

100I 分以上:内向且变态,几乎过着封闭的生活。要改变这种险境。

二、自我气质测试

1.测试说明

在回答下面问题时,你认为很符合自己情况的,记 2 分;比较符合的,记 1 分;介于符合与不符合之间的,记 0 分;比较不符合的,记－1 分;完全不符合的,记－2 分。

2.测试题目

(1)做事力求稳妥,不做无把握的事。

(2)遇到可气的事就怒不可遏,想把心里话全说出来才痛快。

(3)宁可一人干事,不愿很多人在一起。

(4)到一个新环境很快就能适应。

(5)厌恶那些强烈的刺激,如尖叫、噪音、危险镜头等。

(6)和人争吵时,总是先发制人,喜欢挑衅。

(7)喜欢安静的坏境。

(8)善于和人交往。

(9)羡慕那种善于克制自己感情的人。

(10)生活有规律,很少违反作息制度。

(11)在多数情况下情绪是乐观的。

(12)碰到陌生人觉得很拘束。

(13)遇到令人气愤的事,能很好地自我克制。

(14)做事总是有旺盛的精力。

(15)遇到问题常常举棋不定,优柔寡断。

(16)在人群中从不觉得过分拘束。

(17)情绪高昂时,觉得干什么都有趣;情绪低落时,又觉得什么都没有意思。

(18)当注意力集中于某一事物时,别的事物很难使我分心。

(19)理解问题总比别人快。

(20)碰到危险情境,常有一种极度恐惧感。

(21)对学习、工作、事业抱有很高热情。

(22)能够长时间做枯燥、单调的工作。

(23)符合兴趣的事情,干起来劲头十足,否则就不想干。

(24)一点小事能引起情绪波动。

(25)讨厌做那种需要耐心、细致的工作。

(26)与人交往不卑不亢。

(27)喜欢参加热烈的活动。

(28)爱看感情细腻、描写人物内心活动的文学作品。
(29)工作学习时间长,常感到厌倦。
(30)不喜欢长时间谈论一个问题,愿意实际动手干。
(31)宁愿侃侃而谈,不愿窃窃私语。
(32)别人说我总是闷闷不乐。
(33)理解问题常比别人慢些。
(34)疲倦时只要短暂地休息就能精神抖擞,重新投入工作。
(35)心里有话,宁愿自己想,不愿说出来。
(36)认准一个目标就希望尽快实现,不达目的,誓不罢休。
(37)与别人学习、工作同样一段时间后,常比别人更疲倦。
(38)做事有些莽撞,常常不考虑后果。
(39)在听讲授新知识、新技术时总希望讲慢些,多重复几遍。
(40)能够很快忘记那些不愉快的事情。
(41)做作业或完成一件工作总比别人花的时间多。
(42)喜欢运动量大的剧烈体育活动,或参加各种文艺活动。
(43)不能很快地把注意力从一件事转移到另一件事上去。
(44)接受一个任务后,就希望迅速完成。
(45)认为墨守成规比冒风险强些。
(46)能够同时注意几件事。
(47)当我烦闷的时候,别人很难使我高兴。
(48)爱看情节起伏跌宕、激动人心的小说。
(49)对工作认真严谨,具有始终如一的态度。
(50)和周围人的关系总是相处得不好。
(51)喜欢复习学过的知识,重复做已经掌握的工作。
(52)希望做变化大、花样多的工作。
(53)小时候会背 20 首诗歌,我似乎比别人记得清楚。
(54)别人说我"出语伤人",可我并不觉得这样。
(55)在体育活动中,常因反应慢而落后。
(56)反应敏捷,头脑机智灵活。
(57)喜欢有条理而不麻烦的工作。
(58)兴奋的事常常使我失眠。
(59)老师讲新的概念,常常听不懂,但是弄懂以后就很难忘记。
(60)如果工作枯燥无味,马上就情绪低落。

3.测试结果分析

(1)将分数分类,并汇总各类得分。

胆汁质题号:2、6、9、14、17、21、27、31、36、38、42、48、50、54、58,总得分( )。

多血质题号:4、8、11、16、19、23、25、29、34、40、44、46、52、56、60,总得分( )。

黏液质题号:1、7、10、13、18、22、26、30、33、39、43、45、49、55、57,总得分( )。

抑郁质题号:3、5、12、15、20、24、28、32、35、37、41、47、51、53、59,总得分( )。

(2)如果其中一种气质得分明显高出其他三种，且均高出4分以上，则可定为该类气质型。此外，如果该类气质得分超过20分，则为典型；如果该类气质得分在10～20分，则为一般型。

(3)两种气质类型得分接近，其差异低于3分，但又明显高于其他两种，且高出4分以上，则可定为这两种气质的混合型。

(4)三种气质得分均高于第四种，而且彼此接近，则为三种气质的混合型，如多血—胆汁—黏液质混合型或黏液—多血—抑郁质混合型。

三、自我行动能力测试

行动是实现目标的必要条件。行动能力差的人，在机会到来时也会轻易让机会溜掉；相反，行动能力强的人，不但能抓牢机会，而且能主动创造机会。

1.测试说明

下面的命题，根据你的实际情况，表示肯定的计1分，反之0分。做完后将总分与结果对照。

2.测试题目

(1)既定的目标一定要实现。

(2)一旦事情考虑成熟，立即付诸实施。

(3)失败再多也不气馁。

(4)有比一般人更强烈的实现目标的愿望。

(5)有“只要做，便能成功”的自信心。

(6)对工作能集中精力，有持久性。

(7)对于大脑中的一闪念，也能努力去实现。

(8)认准的事一定要干到底。

(9)对合作者能一直信赖。

(10)对要做的事，一件一件地去完成它。

(11)为了实现目标，往往会全力以赴。

(12)经常盼望机遇的到来。

(13)与专心思考相比，更多的是身体力行。

(14)一直得到许多人的帮助。

(15)方案的确定周密详细，操作性很强。

3.测试结果分析

0～4分：行动能力很差，或者是你不想行动，害怕失败而谨小慎微。

5～8分：行动能力较差，或者是你不轻率行动，极力主张“等等看”。过于消极，缺乏机敏。

9～11分：行动能力一般。行动取决于自己的好恶和情绪，不具有稳定性。

12～13分：行动能力较强，对情况的变化在行动上表现得非常敏捷，不过有时可能会出现故弄玄虚的现象，要引起注意。

14～15分：行动能力很强，可以说非常超群。能仔细准确地观察周围事物的变化情况，打破自我，开放思路，渴望取得大成就。

四、自我管理能力测试

1.测试说明

以下 15 道题,表示肯定的计 1 分,表示否定的计 0 分。做完后将总分与结果对照。

2.测试题目

(1)习惯于行动之前制订计划。

(2)经常因效率上的考虑而更改计划。

(3)能经常收集他人的各种反映。

(4)实现目标是解决问题的继续。

(5)临睡前思考筹划明天要做的事情。

(6)对事务上的联系、指令常常是一丝不苟。

(7)有经常记录自己行动的习惯。

(8)能严格制约自己的行动。

(9)无论何时何地,都能有目的的行动。

(10)能经常思考对策,扫除实现目标中的障碍。

(11)能每天检查自己当天的行动效率。

(12)经常严格查对预定目标和实际成绩。

(13)对工作的成果非常敏感。

(14)今天预先安排的工作绝不拖延到明天。

(15)习惯于在掌握有关信息基础上制定目标和计划。

3.测试结果分析

0～5 分:管理能力很差,但你具有较高的艺术创造力,适合从事与艺术有关的具体工作。

6～9 分:管理能力较差,这可能与你言行自由、不受约束有关。

10～12 分:管理能力一般,但对自己专业方面的事务性管理尚可,管理方法经常受到情绪的干扰是最大的遗憾。

13～14 分:管理能力较强,能稳重、扎实地做好工作,很少出现意外或有损组织发展的失误。

15 分:管理能力很强,擅长有计划地工作和学习,尤其适合管理大型组织。

五、自我经营能力测试

1.测试说明

为了大致了解你在经营方面的才能,对下列问题请回答"是"或"不是",并将分数记下来。虽然这一测试并不完备,但它至少能为你作出最后的选择提供重要的指导。

2.测试题目

(1)你当学生时是优等生吗?令人惊奇的是,几乎很少的经营者将自己列入读书时代的"尖子学生",而 2/3 的公司职员却是学校的优等生。其他一些研究也显示了相同的结果。如果你回答"是"就减 4 分,回答"不是"则加 4 分。

(2)你读书时热衷于集体活动吗?如参加俱乐部、体育运动队,甚至同时参加两项活动。如果你不喜欢参加集体活动,别担心,37%的经营者说他们做学生时不是各种集体活动的积极分子，而 92%的非经营者却热衷于集体活动。回答“是”减 1 分，回答“不是”加 1 分。

(3)孩子时代，你常常喜欢独处吗？结果表明，37%的经营者年少时更喜欢独来独往，而 85%的非经营者交际频繁。回答“是”加 1 分，回答“不是”减 1 分。

(4)你小时候当过报童去挨家挨户送报纸，或者干过其他这类活儿吗？从小经商预示着未来成功的可能性很大。将近 80%的经营者少年时代都或多或少地做过生意，相对来说，只有 31%的非经营者这么干过。回答“是”加 2 分，回答“不是”减 2 分。

(5)你曾是个执著的孩子吗？坚忍不拔、持之以恒是绝大多数成功经营者的特征，这使得他们能够按照自己的意志去做任何事情。承认小时候固执、倔强的经营者人数几乎是非经营者人数的 3 倍。如果“是”加 1 分，“不是”减 1 分。

(6)你曾是个小心谨慎的孩子吗？在左邻右舍中，你是最后一名尝试高台跳水运动的吗？如果你从小就不愿意冒险，这也许是你将来做生意时很不利的因素。90%的经营者认为他们曾是勇敢的少年，非经营者当中，只有 15%的人认为自己大胆。回答“是”减 4 分，回答“不是”加 4 分。如果你小时候特别胆大，再加 4 分。

(7)你常为别人怎样看待你而感到忧心忡忡吗？经营者们常常谈到，不管别人怎么说，他们都有信心坚持走不同的路。有 50%的经营者不在乎别人怎样评价他们，而只有 8%的非经营者能做到这一点。在这一项测试中，经营者表达了比非经营者更加需要独立自主的强烈愿望。如果他人的议论对你至关重要，减 1 分，否则加 1 分。

(8)对一成不变的常规惯例，你感到厌烦吗？厌烦常常激发人们的进取心。61%的经营者将“渴望变革”作为他们开办自己企业的一个因素。许多情况下，挫折是他们走上经营的主要动力。如果你觉得改变常规很重要，加 2 分，如果不是，减 2 分。

(9)你乐意拿出你的大部分资金，在有可能损失所有投资的情况下，单独从事经营吗？绝大多数成功的经营者愿意拿出自己的大部分资金兴办企业，而仅仅一半的非经营者说他们愿意冒这么大风险。如果回答“是”加 2 分，回答“不是”减 2 分。

(10)如果你新开张的公司亏了本，你会马上重整旗鼓再兴办一个吗？有 94%的成功经营者回答是肯定的，而仅有 8%的职员这么做。真正的经营者不会被失败所吓倒，他们在困境中发现了机会，而大部分人看到的只是障碍。如果你与上述描述相符，加 4 分，如果不符，减 4 分。

(11)你是个乐观者吗？作为一名经营者，具备积极的态度至关重要。如果你觉得自己是个乐天派，加 2 分，如果不是，减 2 分。

3.测试结果分析

如果你的分数在 20 分以上，说明你在经营方面具有较强的能力，具有经营特长，如果从事经营工作，成功的概率则较高。

11～19 分之间，说明你有一定的经营能力，如从事经营工作，也有可能获得成功。注意，这里用了“可能”两字。可能性的大小，就看你的努力程度了。

0～10 分之间，说明你的特长在其他方面，你基本上不具有经营能力，最好不要从事经营工作。如从事经营工作，成功的概率很小。

这是对于一般情况而言的，当然也不排除特殊情况，自测分数很低，却在经营方面获得成功的例子也有。

六、自我情绪类型测试

1.测试说明

回答以下问题，将每题分值相加的总和与结果对照，可以确定情绪状况与类型。

2.测试题目

(1)如果让你选择，你更愿意：

A.同许多人一起工作并亲密接触。(3分)

B和一些人一起工作。(2分)

C.独自工作。(1分)

(2)为解闷而读书时，你喜欢：

A.读史书、秘闻、传记类。(1分)

B.读历史小说、社会问题小说。(2分)

C.读幻想小说、荒诞小说。(3分)

(3)对恐怖影片的反应：

A.不能忍受。(1分)　B.害怕。(3分)　C.很喜欢。(2分)

(4)以下哪种情况符合你：

A.很少关心他人的事。(1分)

B.关心熟人的生活。(2分)

C.爱听新闻，关心别人的生活细节。(3分)

(5)去外地时，你会：

A.为亲戚们的平安感到高兴。(1分)

B.陶醉于自然风光。(3分)

C.希望去更多的地方。(2分)

(6)你看电影时会哭或觉得要哭：

A.经常。(3分)　B.有时。(2分)　C.从不。(1分)

(7)遇见朋友时，经常是：

A.点头问好。(1分)

B.微笑、握手和问候。(2分)

C.拥抱他们。(3分)

(8)如果在车上有烦人的陌生人要你听他讲自己的经历，你会怎样：

A.显示你颇有同感。(2分)

B.真的很感兴趣。(3分)

C.打断他，做自己的事。(1分)

(9)是否想过给报纸的问题专栏写稿？

A.绝对没想过。(1分)

B.有可能想过。(2分)

C.想过。(3分)

(10)被问及私人问题时，你会怎样？

A.感到不快和气愤，拒绝回答。(3分)

B. 平静地说出你认为适当的话。(1 分)
C. 虽然不快，但还是回答了。(2 分)
(11)在咖啡店里要了杯咖啡，这时发现邻座有一位姑娘在哭泣，你会：
A. 想说些安慰话，但却羞于启口。(2 分)
B. 问她是否需要帮助。(3 分)
C. 换个座位远离她。(1 分)
(12)在朋友家聚餐之后，朋友和其爱人激烈地吵了起来，你会：
A. 觉得不快，但无能为力。(2 分)
B. 立即离开。(1 分)
C. 尽力为他们排解。(3 分)
(13)送礼物给朋友：
A. 仅仅在新年和生日。(1 分)
B. 全凭兴趣。(3 分)
C. 在觉得有愧或忽视他们时。(2 分)
(14)一个刚相识的人对你说了些恭维话，你会：
A. 感到窘迫。(2 分)
B. 谨慎地观察对方。(1 分)
C. 非常喜欢听，并开始喜欢对方。(3 分)
(15)如果你因家事不快，上班时你会：
A. 继续不快，并显露出来。(3 分)
B. 工作起来，把烦恼丢在一边。(1 分)
C. 尽量理智，但仍因压不住火而发脾气。(2 分)
(16)生活中的一个重要关系破裂了，你会：
A. 感到伤心，但尽可能地正常生活。(2 分)
B. 至少在短暂时间内感到痛心。(3 分)
C. 无可奈何地摆脱忧伤之情。(1 分)
(17)一只迷路的小猫闯进你家，你会：
A. 收养并照顾它。(3 分)
B. 扔出去。(1 分)
C. 想给它找个主人，找不到就让它安乐死。(2 分)
(18)对于信件或纪念品，你会：
A. 刚收到时便无情地扔掉。(1 分)
B. 保存多年。(3 分)
C. 两年清理一次。(2 分)
(19)是否因内疚或痛苦而后悔？
A. 是的，一直很久。(3 分)
B. 偶尔后悔。(2 分)
C. 从不后悔。(1 分)
(20)同一个很羞怯或紧张的人谈话时，你会：

A. 感到不安。(2 分)

B. 觉得逗他讲话很有趣。(3 分)

C. 有点生气。(1 分)

(21)你喜欢的孩子是:

A. 很小,而且有点可怜巴巴。(3 分)

B. 长大了的时候。(1 分)

C. 能同你谈话的时候,并且形成了自己的个性。(2 分)

(22)爱人抱怨你花在工作上的时间太多了,你会怎样?

A. 解释说这是为了你们两人的共同利益,然后仍像以前那样去做。(1 分)

B. 试图把时间更多地花在家庭上。(3 分)

C. 对两方面的要求感到矛盾,并试图使两方面都感到满意。(2 分)

(23)在一场特别好的演出结束后,你会:

A. 用力鼓掌。(3 分)

B. 勉强地鼓掌。(1 分)

C. 加入鼓掌,但觉得很不自在。(2 分)

(24)当拿到母校出版的一份刊物时,你会:

A. 通读一遍后扔掉。(2 分)

B. 仔细阅读,并保存起来。(3 分)

C. 不看就扔进垃圾桶。(1 分)

(25)看到路对面有一个熟人时,你会:

A. 走开。(1 分)

B. 招手,如对方没有反应便走开。(2 分)

C. 走过去问好。(3 分)

(26)听说一位朋友误解了你的行为,并且正在生你的气,你会怎样?

A. 尽快联系,作出解释。(3 分)

B. 等朋友自己清醒过来。(1 分)

C. 等待一个好时机再联系,但对误解的事不作解释。(2 分)

(27)怎样处置不喜欢的礼物?

A. 立即扔掉。(1 分)

B. 热情地保存起来。(3 分)

C. 藏起来,仅在赠者来访时才摆出来。(2 分)

(28)对示威游行、爱国主义行动、宗教仪式的态度是:

A. 冷淡。(1 分)

B. 感动得流泪。(3 分)

C. 使你窘迫。(2 分)

(29)有没有毫无理由地觉得过害怕?

A. 经常。(3 分)

B. 偶尔。(2 分)

C. 从不。(1 分)

(30)下面哪种情况与你最相符?

A. 十分留心自己的感情。(2分)

B. 总是凭感情办事。(3分)

C. 感情没什么要紧,结局才最重要。(1分)

3. 测试结果分析

30～50分:理智型情绪。很少为什么事而激动,即使生气,也表现得很有克制力。主要弱点是对他人的情绪缺乏反应。爱情生活很有局限,而且可能会听到人们在背后说你是"冷血动物"。目前需要松弛自己。

51～69分:平衡型情绪。时而感情用事,时而十分克制。即使在很恶劣的情境下握起拳头,但仍能从情绪中摆脱出来。因此,很少与人争吵。爱情生活十分愉快、轻松,即使配偶陷入情感纠纷,也能不自觉地处理得妥帖。

70～90分:冲动型情绪。是个非常重感情的人。如果是女人,一定是眼泪的俘虏。如果是男人,可能非常随和,但好强,且喜欢自我炫耀。可能经常陷入那种短暂的风暴式的爱情纠纷,因此麻烦百出。想劝你冷静,简直是不可能的事情。这里有必要提醒你,限制自己。

七、自我情绪稳定性测试

1. 测试说明

有的人能力一般,却能冷静地处理和判断事物,因而取得成功;有的人虽然智力发达,但情绪却不稳定,因而改变了其成功的发展方向。情绪的这种重要意义愈来愈被人们所关注。是否需要检查一下自己的情绪稳定程度,请分析下列各题,并作出判断。表示肯定的计1分,表示否定的计0分。

2. 测试题目

(1)即使发生了不快,也能毫不在乎地去思考别的事情。

(2)不计小隙,经常保持坦诚的态度。

(3)遇到担心的事情,喜欢写在纸上进行分析整理。

(4)做任何事都规定具体可能实现的目标。

(5)失败时仔细思考、反省原因,不会愁眉不展。

(6)具有悠闲自娱的爱好。

(7)发生问题时,常常倾听众人的意见。

(8)工作学习能有计划地进行,遇挫折不气馁。

(9)无路可走时,往往改变生活的形式、节奏。

(10)在工作或学习上,尽管别人高于自己,仍然我行我素。

(11)常常满足于微小的进步。

(12)乐于一点一点地积聚有益的东西。

(13)很少感情用事。

(14)尽管很想做某件事,但认为不可能时也会打消念头。

(15)往往能理智周密地思考和判断问题,不拘泥于细微之处。

3. 测试结果分析

0～3分:情绪很不稳定,有可能是神经质,患得患失。

4～6 分:情绪不太稳定,常常拘泥于一些小事,总是忙忙碌碌,耗费心机。

7～9 分:情绪一般化,时好时坏,对一些重大事情自己不能作出决策。

10～12 分:情绪比较稳定,擅长处理问题,不拘细节,胆大心细。

13～15 分:情绪非常稳定,能沉着大胆地处理任何一件事,而且从不畏惧困难。

八、自我成功方向测试

1. 测试说明

将成功倾向作一解剖,希望你能对自己有一个正确估价。对以下问题,我们分非常同意、有些同意、有些不同意、不同意四种状况,按顺序分别给出一个分值,然后对照不同的得分结果,判断你的成功倾向。

2. 测试题目

(1)快乐的意义对我来说比钱更大。(0、1、2、3)

(2)假如我知道这件工作必须完成,那工作的压力和困难并不能困扰我。(3、2、1、0)

(3)有时候成败的确可以论英雄。(2、3、1、0)

(4)对犯错非常严厉。(1、3、2、0)

(5)极为重视自己的名誉。(3、2、1、0)

(6)适应能力很强。知道什么时候自己的环境会改变,并为这种改变作好了准备。(3、2、1、0)

(7)一旦下定决心做一件事,肯定会坚持到底。(3、2、1、0)

(8)非常喜欢别人把自己看成是个身负重任的人。(3、2、1、0)

(9)喜欢高消费,并且有能力享用。(3、2、1、0)

(10)如果知道这个计划会有正面的和积极的成果,将全力以赴。(3、2、1、0)

(11)作为团体成员,认为团体成功比个人被认可更重要。(3、2、1、0)

(12)宁愿看到一个方案延迟,也不愿无计划、无组织地随便完成。(3、2、1、0)

(13)经常以能正确地表达自己的意思为荣,但必须确定别人是否了解自己。(3、2、1、0)

(14)工作热情很高,有用不完的精力,很少有枯竭。(3、2、1、0)

(15)大体说来,常识和良好的判断力对事情的解决来说,比了不起的主意更有价值。(3、2、1、0)

3. 测试结果分析

0～15 分:对你来说,所求的是圆满的家庭生活和精神生活,而不是权力和金钱的获得。你能从工作之外得到成就感,所以不适应向上爬官位,只需去实现自我目标。

16～30 分:也许你根本就没想到去争取高位,至少目前如此。即使你具有这种能力,但是你还不准备作出牺牲和妥协。你对上司的不满导致你在工作的责任和业余爱好间寻求平衡。这是你发展自我业余目标的最好时机,要抓紧抓牢。

31～45 分:你有获得权力和金钱的倾向,要爬上任何一个组织的高峰,对你来说都是非常容易的事情,而且你通常办得到。

九、自我职业选择测试

1. 测试说明

职业选择是人生大事。希望你能通过如下测试，为自己选择职业提供参考。

2. 测试题目

父亲将两条10公尺长的绳子交给两个儿子，让他们分别围成一个长方形。绳子虽然同样长，但弟弟围的土地却比哥哥多9平方公尺，这是为什么？

A. 哥哥老实，而弟弟做了手脚。

B. 不为什么，两兄弟各用各的方法测量。

C. 不知道为什么。

D. 其他原因。

3. 测试结果分析

选择A。你是个认真负责的职员，尤其是从事总务工作最合适。你不炫耀，不被人敌视，人际关系良好，是个含蓄而善良的人。

选择B。你适合当经理或担任业务方面的职务，很懂得赚钱，也可以自己做生意。但别人都认为你是个需要加以防范的人。

选择C。对自己喜欢的工作能集中精力全力以赴。人际关系仅限于工作上，私生活相当孤寂，朋友较少。

选择D。心境常随环境而改变，应留心别人对你的影响，你能胜任工作，但觉得意犹未尽，希望能实现自身的价值。

十、自我职业满意度测试

1. 测试说明

要选择一种适合自己的职业，有许多因素的限制。这里我们所能做到的是，确认你对你目前的职业是否满意。以下每题的三个答案都有确定的分值，请你回答完以后算出总分值，然后与结果对照。

2. 测试题目

(1)你工作时看表吗？

A. 不断地看。(1分)

B. 不忙的时候看。(3分)

C. 不看。(5分)

(2)到了星期一早晨：

A. 你愿意回到单位去。(5分)

B. 你渴望摔伤腿而住进医院。(1分)

C. 开始觉得勉强，过一会儿就想回到单位去上班。(3分)

(3)一天快结束时，你的感觉是：

A. 疲惫不堪，全身不舒服。(3分)

B. 为能维持生活而感到高兴。(1分)

C. 有时感到累，但通常很满足。(5分)

(4)对自己的工作忧虑吗？

A. 偶尔。(5 分)

B. 从来没有。(3 分)

C. 经常。(1 分)

(5)你认为你的工作：

A. 对你来说是大材小用。(1 分)

B. 使你很难胜任。(3 分)

C. 从没想过要做这份工作。(5 分)

(6)你对自己的工作：

A. 不讨厌。(5 分)

B. 感兴趣，但有困难。(3 分)

C. 厌烦。(1 分)

(7)你用多少时间打电话或做一些与工作无关的事？

A. 很少一点时间。(5 分)

B. 在个人生活遇到麻烦时用一些。(3 分)

C. 很多时间。(1 分)

(8)你想换个职业吗？

A. 不太想。(5 分)

B. 不想，但想在本职业中找个好位置。(3 分)

C. 想。(1 分)

(9)你觉得：

A. 你总是很有能力。(5 分)

B. 你有时很有才能。(3 分)

C. 你总是没有能力。(1 分)

(10)你认为你自己：

A. 喜欢并尊重同事。(5 分)

B. 不喜欢同事。(3 分)

C. 和你的同事比差不多。(1 分)

(11)哪种情况与你最相符？

A. 不想再钻研有关工作的知识。(1 分)

B. 开始工作时很喜欢学习。(3 分)

C. 愿再学点有关工作的知识。(5 分)

(12)你具有哪些个性特点？你认为工作时需要什么？(两问每重叠一项计 5 分，不重叠计 2 分)

A. 专心。　　B. 幽默。

C. 体力好。　　D. 有同情心。

E. 思维敏捷。　　F. 好创新。

G. 镇定。　　H. 有专长。

I. 记忆力好。　　J. 有魅力。

(13)你最赞成以下哪种说法?
A. 工作即赚钱谋生。(1 分)
B. 主要为赚钱,如有条件,希望能做令人满意的工作。(3 分)
C. 工作即生活。(5 分)
(14)工作加班加点吗?
A. 如果付加班费,就加班。(3 分)
B. 从不加班。(1 分)
C. 经常加班,没有加班费也如此。(5 分)
(15)除假日或病假外,你是否缺勤?
A. 一点也没有。(5 分)
B. 仅仅几天。(3 分)
C. 经常缺。(1 分)
(16)你对自己的工作:
A. 劲头十足。(5 分)
B. 没有劲头。(1 分)
C. 一般化。(3 分)
(17)你认为你的同事们:
A. 喜欢你。(5 分)
B. 不喜欢你。(1 分)
C. 一般化。(3 分)
(18)关于工作上的事,你:
A. 只与同事谈论。(3 分)
B. 同家里人和朋友谈。(5 分)
C. 尽量少谈或不谈。(1 分)
(19)你经常患小病或说不清的病吗?
A. 难得患一次。(5 分)
B. 不太经常患。(3 分)
C. 经常患。(1 分)
(20)目前的工作你是怎样选择的?
A. 父母或老师帮助决定的。(3 分)
B. 你唯一能找到的。(1 分)
C. 当时觉得很合适。(5 分)
(21)当家庭与工作矛盾时,哪方取胜?
A. 家庭一方。(1 分)
B. 工作一方。(5 分)
C. 根据具体情况而定。(3 分)
(22)如果少付 1/3 工资,你还愿做这份工作吗?
A. 愿意。(5 分)
B. 内心愿意,但负担不了家庭,只好作罢。(3 分)

C. 不愿意。(1 分)

(23)如果你被迫离开工作,但最想念什么?

A. 钱。(1 分)

B. 工作本身。(5 分)

C. 工作单位。(3 分)

(24)你会为了消遣一天而请一天事假吗?

A. 会。(1 分)

B. 不会。(5 分)

C. 如果工作不忙,可能会。(3 分)

(25)你觉得自己在工作中不受赏识吗?

A. 偶尔觉得。(3 分)

B. 经常觉得。(1 分)

C. 很少觉得。(5 分)

(26)你最不喜欢你的职业哪方面?

A. 时间太死板。(3 分)

B. 乏味。(1 分)

C. 不能按自己的想法做。(5 分)

(27)你爱人认为你把个人生活与工作分开吗?

A. 严格分开。(1 分)

B. 时常分开,但也有不分开之处。(3 分)

C. 完全没分开。(5 分)

(28)你建议自己的孩子将来做你的职业吗?

A. 是的,如果他有能力并且合适。(5 分)

B. 警告他不要做。(1 分)

C. 随孩子的便。(3 分)

(29)如果你有了一大笔钱,你会怎样?

A. 辞职,再也不干工作了。(1 分)

B. 找一个你一直想找的职业。(3 分)

C. 继续做现在的工作。(5 分)

3. 测试结果倾向

30～50 分:极不满意自己的职业。毫无疑问,没有必要再干下去。如果你还年轻,应立即鼓足勇气去寻找令你满意的工作。

51～80 分:不满意自己的职业。有可能你选错了职业,也有可能对自己估价过高,因此而产生失落感,工作的热情总是调动不起来。

81～144 分:比较满意自己的职业。觉得工作环境挺好,同事也不错,有被提拔的机会,但你不一定喜欢艰苦的领导职务。

145～175 分:非常满意自己的职业。工作对你十分重要,对工作有高度的责任感。你是工作中的成功者和愉快者。

176 分以上:你的职业已使你产生了变态。

第九章　编制创业计划书

第一节　编制创业计划书的意义和原则

《辞海》中指出，计划是人们为了达到一定目的，对未来时期的活动所作的部署和安排，它包括长期计划、中期计划和短期计划。作为从事经济活动的私营企业主在进行社会生产活动中，随着生产社会化程度越高、分工越发达、生产过程越复杂，就越需要在行动前预先拟订行动的内容、目标、办法和步骤等，即制定完善周密的企业计划书。

多年来的研究表明，小企业为了生存，需要计划，应该计划，且必须计划。

一、编制创业计划书的原则

要编制一份内容翔实、准确，对今后的经营活动有指导意义的创业计划书，需要体现以下原则：

1. 信息的正确性

要制订一份较为完善的创业计划书，需要创业者收集和利用大量的信息，并对所有信息进行综合分析，以便充实创业计划。完善的计划是企业基本运作的主要工具，也是企业管理的主要文件，是为漫长的创业旅程准备的最有价值的文件。处在信息社会的今天，创业者可以通过许多方式获得信息，如电话黄页、报刊、职业介绍所、计算机互联网、广播和电视等传播媒体、人际交往、各种会议等。对于收集到的信息进行去伪存真，去粗取精，选择对自己创业有价值的信息加以保存、使用。正确的信息不但可确保创业者计划的准确，而且对阅读计划者更具有说服力。

2. 内容的完整性

创业计划书是一份篇幅较长的书面文件，文中要详细描述企业的方方面面和创业者的想法。一份内容完整、详细的计划是企业构思变为现实之前在纸上的一次演示，一个出色的企业构思意味着企业的成功。创业计划要做得尽可能详尽，如果企业构思不止一个，就要对每一个构思做一个计划，再比较哪一个成功的可能性更大，从而做出决断。

3. 叙述的简洁性

篇幅较长的计划书并非意味着语句的冗长、繁杂，相反，计划的行文应当语言平实，通俗流畅，避免由于使用过多的专业术语或华丽辞藻而使阅读者看不懂。

4. 计划的可实施性

计划是对未来行动的一种预测，要将预测变为指导未来行动的依据，就需要对计划进行不断地评估。脱离实际的企业构思，是创办企业的陷阱。通过经常性的评估，可确保企业的正常开业、运转。

二、编制创业计划书的作用

一份合理的创业计划书,可以使创业者少走弯路,节约时间和精力,更有效地实现预期的目标。制订计划本身是一种技能,需要制定者具有管理、销售、人事、财务、法律等多方面的相关知识。良好的创业计划书可使创业者从以下各方面受益:

1. 理清思路,空想变现实

由于没有经验,创业者往往会对创业的前景过分乐观。制订计划可以帮助创业者从千头万绪的信息中理清思路,认准方向,避免盲目性,减少企业风险。

2. 平稳发展,减少不稳定因素对企业的影响

经营企业的过程中,企业竭力所追求的稳定成长总要受到一定程度的不确定性因素的影响,意料之外的事件总会不可避免地发生。虽然计划不能鉴别和消除这些不稳定的因素,但可使创业者在事件发生时有所准备,应对危机,为避免致命的错误提供道路图。

3. 获取所需要的帮助

俗话说"一个篱笆三个桩"。创业者要想实现理想,施展抱负,离不开各方面的支持,比如经营计划是所有资金来源都要求的基本文件,通过合适的计划对资金进行安排,有助于增强投资者的信心和决心,从而取得所需要的帮助。

4. 有助于加强内外部的沟通

良好的计划是一份令人赏心悦目的文件,既可以向局外人展示企业的风貌和创业者的个人魅力,又可通过计划向内部员工提出奋斗目标,指出努力方向,增强企业的凝聚力。

第二节　创业计划书的主要内容

《大学》道:"物有本末,事有终始,知所先后,则近道矣!"经过深思熟虑写下来的计划是作为未来执行、追踪、考核、修正及控制的依据,成功的企业无不深思熟虑,谨慎地进行计划。

一般来讲,一份较为完备的创业计划书的格式与内容应包括:封面、目录、企业概览、市场调查及分析、经营计划、销售计划、人力资源计划、财务计划、个人计划——企业的创办者、附录。

一、封面(标题页)

选择合适、醒目的封面,会给人留下深刻的印象,增加计划的吸引力,一般应标明企业的名称、地址、电话、电子邮件地址、网址、该计划的制订日期、作者等。

标题页,也就是紧跟封面的那一页,也应该重复以上信息,还要给出企业创办者的姓名、地址和办公电话,必要时甚至给出住宅电话。

二、目录

目录实际是一种导读图。企业计划应分成合适的部分,每一个部分都应给出页码。编码有两种合理的方法:一种是顺序编码,这适用于较简短的计划,涉及的问题也并不复杂。另一种则是以单位分别编码(见表 9 - 1)。这种编号方法可让你在准备的过程中插入新的材料,而不至于打乱整个页码序列。

表 9－1 单位编码

部分	页码
1. 企业及其管理	
历史与现状	A
目前的任务	B
近期目标	C
长期目标	D
主要管理人员	E
资本结构	F

三、企业概览

企业概览要高度概括创业计划各部分内容的要点，篇幅最好不要超过一页，一般要等到做完各部分后才能最后完成。概览的内容要全面，条理要清晰。通常要说明以下一些内容：

(1)对企业的表述(说明企业的类型、所有制结构、提供的产品和服务等)；

(2)企业核心管理层(写出直接参与企业的所有者、主管人或经理的姓名和简历)；

(3)企业的经营宗旨及企业文化；

(4)经营方式。

四、市场调查及分析

有人问全世界最大货柜公司的负责人张荣发先生，何以长荣公司做什么都能成功呢？他说："无论任何一项投资，我都坚持务必做过详细彻底的市场调查，具有充分的准备后，才付诸执行。唯有通过扎实的市场调查工作，才能做出正确的决策，掌握住市场脉搏及商机。"

"知己知彼，百战不殆。"实际深入目的地，小心谨慎地调查市场需求及发展趋势，收集多种信息资料，进行创业条件分析，寻找创业机遇，是计划成功的基础。这一部分应包括：

(1)市场调查；

(2)市场定位；

(3)目标市场的确定；

(4)竞争对手。

五、经营计划

制订企业的经营计划就是把战略计划中的大目标落实为小的目标和任务。通常经营计划考虑 12 个月范围之内的事情，处理的是企业业务面临的比较迫切的问题。

(1)生产业——可以确定工厂的布局以及生产过程的每个细节。

(2)流通业——可以说明所选择的供货商进存货控制政策以及供货商的信用状况；营业场所的布局。

(3)服务业——要考虑如何安排各项工作的时间以及在旺季或业务量更多时需要采取的措施。

六、销售计划

在市场营销过程中，完成销售计划是决定性的一步，企业应当在销售计划中力求集中关注特定的顾客群，并从市场卖点的角度尽可能地充分展示公司产品或服务的独特优势。

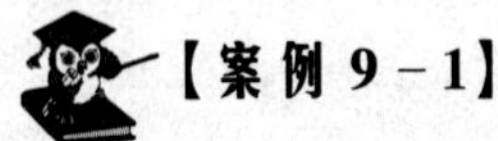

【案例 9-1】

什么都可以改进，而且可以与众不同

皮里埃矿泉水是高质量的产品，公司对其产品进行了细分（有独特的绿瓶子、泡沫和柠檬/酸橙），高质高价，而且在不同的国家之间进行卓越的促销（例如：在美国用幽默的方法），创造了利润。它的产品都是从其唯一的神奇的源头——靠近法国西南部尼姆"源头"分销到世界各地的，它的所有市场组合都集中到关心健康、富裕和年轻的目标消费者身上。

问题：

法国皮里埃矿泉水公司的这一段介绍有哪些方面涉及了销售方面的问题，他们是如何做的？

销售计划应包括：

(1)目标市场的描述；

(2)销售目标；

(3)价格策略；

(4)促销及广告策略；

(5)企业的综合实力、特色优势、劣势；

(6)未来市场的分析。

七、人力资源计划

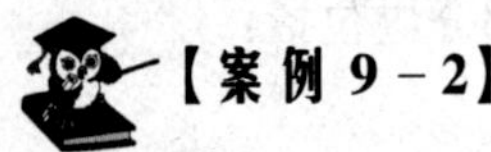

【案例 9-2】

有两位骑士在讨论何谓名驹：

骑士甲："如果我们能拥有世界一流的名驹，那么勤加训练，必然能在世界比赛中扬眉吐气。"

骑士乙："诚然如是，但是我却认为一个真正骑士不在于所骑乘马匹的优劣，而是在于能将每一匹马挥出其最大的能力，我不敢要求每一匹马都是名驹，但却能使每一匹马都能完全展现其潜能。"

人事管理是小企业主的主要绊脚石，能得到天下的英才教之，固然是幸事，但英才也好，庸才也罢，管理者都要善于使他们发挥最大的潜能。企业的成败在于员工，好的员工可以使微不足道的小企业兴旺发达，差的员工会毁掉最好的企业，就像其他管理任务一样，人事管理也需要详细的计划。这里提供小企业人事管理应考虑的问题如下：

(1)现有的人员需求，未来的人员需求，比如五年内的需求？

(2)企业需要什么样的技术人员?

(3)如何招聘员工?

(4)雇工的形式,全日制或是钟点工?

(5)员工的培训规划。

【案例 9-3】

人事描述样例

我公司将在未来六个月内雇用一名零工在柜台上向零售顾客销售海洋食品,他或她将在周末得到每小时 4 元的报酬;没有附加福利和加班费。我们还将根据需要以每小时 6.75 元雇用一名切割工来帮助加工批发食品。我们在夏天有 10 周会需要柜台上的助工,有 16 周会需要切割工,他每周工作 20 个小时(第二年也是这样。第三年,我们计划雇用两个柜台助工外加一名全日的切割工)。第二年我们将再增加一名全日的雇员,薪水是每月 850 元,第三年涨到每月 900 元。

除非企业比预想中增长得快,否则我们不会雇用更多的人手。

八、财务计划

财务目标既是一份好的企业计划的始点,也是其终点。一开始,需要制定具体的目标,包括已使用资本的回报率、利润增长率、毛利润空间、资产负债率和流动性。财务计划要力求以损益账户、现金流量表和资产负债表或资金平衡表的形式反映公司营销计划、人力资源计划和经营运作计划的财务内涵。

(1)所需的固定资金、固定资产的详细情况;

(2)所需流动资金及计算以上资金数额的方法;

(3)已有资金及来源;

(4)资金缺口及筹措方向;

(5)资金周转预测;

(6)盈亏预测。

九、个人计划——企业的创办者

企业创办者的个人资料不但有助于计划阅读者增强信心,而且良好的履历有助于同员工之间的沟通和获得贷款等帮助。

(1)个人资料信息;

(2)联系电话;

(3)职业经历;

(4)工作经验及所获资格证书;

(5)受教育情况。

十、附录

附录主要包括:

(1)有关国家、地方的法律法规要求；

(2)有关意向书；

(3)保险报价；

(4)有关供货商的协议和条件；

(5)资金来源及证明；

(6)市场调查的问卷等资料。

企业计划书的格式从不强求千篇一律，一般来讲应当由企业主本人拟写企业计划书的草稿。

撰写完成的企业计划书要针对阅读对象，内容上有所侧重，以使在最大限度上被对方所接受。

准备提出企业计划时，有以下几条值得思考：

(1)要将各部分内容准备充分，由一个人整理成篇；

(2)阐释清楚企业的理念和宗旨；

(3)倾听各方面对计划的建议，并不断调整；

(4)始终关注市场形势和企业利润目标；

(5)做好产品或服务的展示；

(6)增强金融机构对企业的认同感。

第三节　创业计划书的可行性评估

对计划的评估应当是经常性的。市场变化风云莫测，无论是长期计划还是短期计划，都要经常地进行评估，评估之后，才对实践具有指导意义。

计划的评估应贯彻在计划的每一个细节中。由于计划具有内在的逻辑性和关联性，所以只有对计划实施逐步分析评估，才能保证整个计划的可行性。

为了保证计划的准确性、及时性，请有经验的专业人士阅读你所制订的计划，并征求他们的建议，是评价的重要方式之一。

在计划的执行中，也要随时根据外部环境的特点和内部因素，对其进行不断地调整。通常，外部环境对计划的影响具有导向性作用；而在内部因素方面，我们可以通过不断考核企业的财务、销售、员工效率等方面的情况，随时加以评估。

计划不是也不可能是永久性的，只有不断修改、调整，才能起到指导实践的作用。

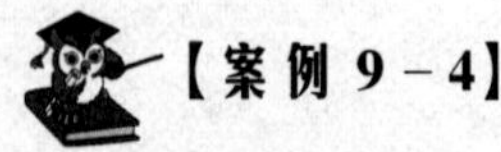

【案例 9－4】

小企业在未来 10 年内的变化趋势

1. 团队合作会加强

2. 授权：重要的决定权下放到赋予该人的权力中

3. 扁平的组织机构

4. 强化培训

5. 开放式培训
6. 拥有广泛的企业网络
7. 增加临时用工
8. 远程通讯的使用
9. 新技术的广泛应用
10. 高质量产品的需求

【案例 9-5】

珍妮特·凡·普莉5年前以100000美元的价格买下了里福的"报摊"。M. 里福在把"报摊"卖给珍妮特时已经经营了10年,并且经济状况良好。他可以从净销售额中得到5%的利润,或者说每年可获利大约15000美元。里福销售所有主要的报纸,兼售书籍、雪茄、香烟、糖果、杂志和彩票,以及出租数量有限的录像带。

自从得到这个商行以后,珍妮特已将其面积扩展到了400平方英尺。她将店内进行了全新装修,在一些重要的节日,还要相应地变换一些装置,以营造节日的气氛。她还增添为所有重大事件所用的全内衬贺卡,从世界各地进口稀有的礼物,甚至购进一些不太昂贵的珠宝饰品。为了留住以前的老主顾,珍妮特保留了国家报纸、杂志和平装书的销售,但是将这些东西移到了一个不太显眼的位置。然而,她不再卖彩票,因为它们带来的麻烦似乎超过了它们所带来的价值。

在购买这家商店6个月以后,珍妮特给它取了一个新名字——"特惠礼品商店"。她逐渐地改变着商店,花时间雇用新的人手,小心谨慎地不出一点差错。一个新的雇员进店以后,他或她必须在所有的岗位上实习,以熟悉经营的各个方面。珍妮特为她的雇员而骄傲:他们忠诚、聪明而富有教养。当然,她得付给他们比在其他一些类似商店所给的多一些的报酬,但是珍妮特的哲学是,如果你想得到好的人手,你就应该付得起他们。

"特惠礼品商店"1995年的收入报表如下:

净销售额	3000000	美元	100%
销售成本	1650000	美元	55%
毛利	1350000	美元	45%
支出	1110000	美元	36.6%
税前净利	250000	美元	
税	80750	美元	
税后净利	169250	美元	5.564%

珍妮特目前对她的生意非常满意,但她认为应该进一步扩大经营。就一件事情来说,她进口的稀有礼品的销售就招来不少城外人有意定购的电话。珍妮特估算了一下,她已从邻近区域之外的顾客中获得了大约250000美元的销售收入。她认为,或许一个商品目录有助于她全国性地分销她的礼品,但她不知道如何制作,也不知道如何邮购经营。她还考虑另开一家商店,进一步扩大规模,她的一些培训过的人员需要进一步熟练,成为合格的经理。

或许珍妮特应该两件事都做——制作目录和另开一家店。无论如何,她需要你的帮助和指导。她希望你告诉她该从哪里做起。她估计，她最大可以投资到250000美元。同时，她也停止了另一项狂热的购买——从波多黎各、多米尼加共和国和安圭拉岛这些她最喜欢的地方进口异国情调的礼品。

问题：

珍妮特的企业计划书对她的经营起到什么作用？

参考文献

[1] 朱炎.成功创业[M].北京:经济科学出版社,2000.

[2] [美]Seth Godin.创业者圣经[M].赵孝盛,等,译.上海:上海译文出版社,2002.

[3] 孙秋柏,等.创新技法[M].北京:中国经济出版社,2002.

[4] 杨志,方宁.知本创业方案[M].北京:中国国际广播出版社,2001.

[5] 李宏,周正训.21世纪人生职业规划[M].北京:金城出版社,2001.

[6] 罗双平.职业生涯规划[M].北京:中国人事出版社,1999.

[7] 熊治梅.大学生职业指导教程[M].北京:中国人事出版社,2002.

[8] 王小平.本领恐慌[M].海口:海南出版社,2000.

[9] 金哲,邓伟志.21世纪世界预测[M].上海:上海文化出版社,1996.

[10] 上海市对外文化交流协会.院士展望二十一世纪[M].上海:上海科技出版社,2000.

[11] [美]Mara Brown.失业后的阳光[M].陈怡如,译.北京:时事出版社,1997.

[12] [美]Ferry Harty,Karen Kerkstra Harty.最后契机[M].安东建,译.北京:经济管理出版社,2002.

[13] 赵东.打工故事[M].延吉:延边大学出版社,2001.

[14] 刘佩金,陈建海.狂想的抉择[M].北京:光明日报出版社,2000.

[15] 彭兆荣.生存于漂泊之中[M].上海:上海文艺出版社,1997.

[16] 甘自恒.创造学原理和方法[M].北京:科学出版社,2003.

[17] 邓泽功.创造能力开发[M].成都:四川人民出版社,2003.

[18] 叶黔达,等.创新能力开发[M].成都:四川大学出版社,2000.

[19] 辜胜阻,等.创新与高技术产业化[M].武汉:武汉大学出版社,2001.

[20] 高绪界,等.就业与创业指导[M].北京:化学工业出版社,2002.

[21] 张建东,等.大学生就业案例教程[M].北京:中国人民大学出版社,2002.

[22] 欧阳焕.思考致富实践法[M].北京:海潮出版社,2004.

[23] 余华东.创新思维训练教程[M].2版.北京:人民邮电出版社,2007.

[24] 贺善侃.创新思维概论[M].上海:东华大学出版社,2006.

[25] [美]丹尼尔·平克.全新思维[M].林娜,译.北京:北京师范大学出版社,2006.

[26] 王文博.创新思维与设计[M].北京:中国纺织出版社,1998.

[27] 何名申.创新思维与创新能力[M].北京:中国档案出版社,2004.

[28] 姚列铭.创新思维观念与应用技法训练[M].上海:上海交通大学出版社,2011.

[29] 魏传宪.创新思维方法培养[M].成都:西南交通大学出版社,2006.

[30] 王传友,王国洪.创新思维与创新技法[M].北京:人民交通出版社,2006.

[31] 梁亮亮,黄牧怡.创新思维训练[M].北京:中央编译出版社,2003.

[32] 邓泽功.创造能力与创业实践[M].南京:河海大学出版社,2005.
[33] 牟艳娟,魏雪.大学生职业生涯规划与就业指导[M].北京:电子工业出版社,2008.
[34] 青岛市教委职业技术教育教研室.创业指南[M].青岛:青岛出版社,2004.
[35] 周明星,咸桂彩.现代职业生涯设计[M].北京:清华大学出版社,2007.
[36] 孙玫璐.生涯规划[M].上海:华东师范大学出版社,2007.
[37] Robert D Lock.把握你的职业发展方向[M].北京:中国轻工业出版社,2006.
[38] 周炳全,谢彩英.职业生涯规划与就业辅导[M].上海:华东理工大学出版社,2007.
[39] 童天.职业生涯发展与规划[M].北京:世界知识出版社,2006.
[40] 邱小林,刘雪梅,陆瑞新.大学生就业与创业指导[M].大连:大连理工大学出版社,2007.
[41] 李仁山.大学生职业道德教育与就业指导[M].北京:首都经济贸易大学出版社,2006.
[42] 陈刚,彭建华.大学生就业创业[M].杭州:浙江大学出版社,2006.
[43] 杨河清.职业生涯规划[M].北京:中国劳动社会保障出版社,2005.
[44] 张丽丽.职场获与惑[M].上海:华东师范大学出版社,2007.